LERNSITUATIONEN

Höhere Berufsfachschule NRW
Jahrgangsstufe 12

Informationswirtschaft

Autoren:
Katrin Biegert
Sabrina Böing
Dagmar Linzenich
Jürgen Spenner

Beratung:
Elke Katerndahl

in Zusammenarbeit mit der Verlagsredaktion

Cornelsen

Dieses Buch wurde erstellt unter Verwendung von Materialien von Hans-Peter von den Bergen, Kai Franke, Christian Fritz, Antje Kost, Claudia Lang, Ute Morgenstern, Klaus Otte, Elena Pestel, Michael Piek, Elke Preckel, Roswitha Pütz

Wir danken Herrn Sebastian Buob für seine beratende Unterstützung und die Überarbeitung der Verlaufspläne.

Materialien in der Reihe W plus V:

BWL mit ReWe

Jahrgangsstufe 11	**Jahrgangsstufe 12**
• Schülerbuch ISBN 978-3-06-450150-8	• Schülerbuch ISBN 978-3-06-450152-2
• Lernsituationen ISBN 978-3-06-450156-0	• Lernsituationen ISBN 978-3-06-450157-7
• Handreichungen für den Unterricht ISBN 978-3-06-450151-5	• Handreichungen für den Unterricht ISBN 978-3-06-450153-9

Informationswirtschaft

Jahrgangsstufe 11	**Jahrgangsstufe 12**
• Lernsituationen ISBN 978-3-06-450852-1	• Lernsituationen ISBN 978-3-06-450853-8
• Handreichungen für den Unterricht ISBN 978-3-06-450875-0	• Handreichungen für den Unterricht ISBN 978-3-06-450876-7

Verlagsredaktion:	Sascha Heinrich
Außenredaktion:	Claudia Brandt, proLectore, Berlin
Bildredaktion:	Gertha Maly
Layout:	sign, Berlin
Umschlaggestaltung:	vitaledesign, Berlin
Technische Umsetzung:	zweiband.media, Berlin
Titelfoto:	Shutterstock/Alexander Raths
Entwicklung Modellunternehmen:	Hans-Peter von den Bergen, Alfons Steffes-lai

www.cornelsen.de/cbb

Die Webseiten Dritter, deren Internetadressen in diesem Lehrwerk angegeben sind, wurden vor Drucklegung sorgfältig geprüft. Der Verlag übernimmt keine Gewähr für die Aktualität und den Inhalt dieser Seiten oder solcher, die mit ihnen verlinkt sind.

Wir weisen darauf hin, dass die im Lehrwerk genannten Unternehmen und Geschäftsvorgänge frei erfunden sind. Ähnlichkeiten mit real existierenden Unternehmen lassen keine Rückschlüsse auf diese zu. Dies gilt auch für die im Lehrwerk genannten Kreditinstitute, Bankleitzahlen und Buchungsvorgänge. Ausschließlich zum Zwecke der Authentizität wurden insoweit existierende Kreditinstitute und Bankleitzahlen verwendet.

1. Auflage, 4. Druck 2018

Alle Drucke dieser Auflage sind inhaltlich unverändert und können im Unterricht nebeneinander verwendet werden.

Druck: Media Print Informationstechnologie GmbH, Paderborn

ISBN 978-3-06-450853-8

PEFC zertifiziert
Dieses Produkt stammt aus nachhaltig
bewirtschafteten Wäldern und kontrollierten
Quellen.
PEFC www.pefc.de
PEFC/04-31-0810

Inhaltsverzeichnis

Die Fly Bike Werke GmbH

1 Unternehmensportrait

Jan Ullmann und Björn Ries, die Gesellschafter der Fly Bike Werke GmbH, sind seit frühester Jugend befreundet und hatten immer ein gemeinsames Hobby, das Radrennfahren. Die Väter der beiden Amateurrennfahrer waren schon frühzeitig im Fahrradmarkt ambitioniert. Dirk Ries, Vater von Björn Ries, betrieb in Oldenburg einen Fahrradeinzelhandel, wobei Rennräder für den Amateurbereich einen Schwerpunkt in seinem Sortiment darstellten. Klaus Ullmann, Vater von Jan Ullmann, produzierte in Oldenburg Standardfahrradrahmen aus Stahl für die Fahrradindustrie.

Die Erfahrungen, die Jan Ullmann als Hobbysportler gesammelt hatte, ließen sich gut mit dem Know-how seines Vaters kombinieren. Die Geschäftsidee, eigene Freizeitsporträder aus Stahl zu entwickeln, erschien ihm so vielversprechend, dass er 1982 die Fly Bike Werke GmbH (als sogenannte Ein-Mann-GmbH) gründete. Die Aufgaben eines Geschäftsführers übertrug er an den ebenfalls radsportbegeisterten Hans Peters.

Der Zwang zu modernen Fertigungsmethoden und die damit verbundenen Investitionen erhöhten den Kapitalbedarf zum Ende des ausgehenden Jahrhunderts erheblich. Da traf es sich gut, dass Jan Ullmann seinen alten Freund Björn Ries bei einem Radrennen traf und von seinen Sorgen erzählte. Der aufgrund eines erfolgreichen Berufslebens vermögende Björn Ries war spontan bereit, sich an der Fly Bike Werke GmbH zu beteiligen, und trat Anfang 2001 als weiterer Gesellschafter in die GmbH ein. Basis für die Geschäftstätigkeit der Fly Bike Werke GmbH ist der Gesellschaftsvertrag auf den folgenden Seiten.

Modellunternehmen Fly Bike Werke GmbH		
Rechtsform und Unternehmensgröße, Handelsregistereintrag	Gesellschaft mit beschränkter Haftung (GmbH) Kleine Kapitalgesellschaft gem. § 267 HGB Oldenburg HRB 2134	
Gesellschafter und Geschäftsanteile	Jan Ullmann 200.000,00 €	Björn Ries 100.000,00 €
Geschäftsführer	Hans Peters	
Geschäftsjahr	Kalenderjahr (01.01. bis 31.12.)	
Umsatz Berichtsjahr	Ca. 6,9 Mio. €	
Bankverbindungen	– Deutsche Bank AG Oldenburg, BLZ 280 700 57, Konto-Nr. 2 114 253 666 IBAN: DE68 2807 0057 2114 2536 66, BIC: DEUTDEHB280 – Landessparkasse Oldenburg, BLZ 280 501 00, Konto-Nr. 112 326 444 IBAN: DE86 2805 0100 0112 3264 44, BIC: BRLADE21LZO	
Kontakt	Post- und Lieferadresse: Rostocker Str. 334, 26121 Oldenburg Telefon 0441 885-0 Telefax 0441 885-9211 Internet: www.flybike.de E-Mail: mail@flybike.de	
Absatzprogramm	Produktionsprogramm	Fahrräder: Cityräder, Mountainbikes, Rennräder, Jugendräder, Trekkingräder
	Handelswaren	Fahrradbekleidung, Fahrradzubehör, Fahrradanhänger
	Dienstleistungen	Vermittlung von Fahrradreisen
Stoffe, Vorprodukte, Fremdbauteile (Beispiele)	Rohstoffe	Rohre und Bleche aus Stahl und Aluminium
	Hilfsstoffe	Farben und Grundierungen, Schrauben und Kleinteile
	Betriebsstoffe	Strom, Gas, Wasser, Heizöl, Schmierstoffe
	Vorprodukte, Fremdbauteile	Räder, Beleuchtung, Sättel, Spezialrahmen, Federgabeln
Fertigungstypen und Fertigungsarten	– Fließ- bzw. Gruppenfertigung – Werkstattfertigung (Rennräder-Profi) – Serienfertigung – Einzelfertigung (Rennräder-Profi)	
Technische Anlagen und Maschinen (Beispiele)	Universalroboter, Rohrschneideanlage, Rahmenrichtmaschine, Schleifmaschine, Schweißmaschine, Montagebänder, Verpackungsanlage, Lackierautomaten	
Mitarbeiter	1 Geschäftsführer, 37 Arbeitnehmer	
Kunden	Großhändler, Filialisten, Cash-and-Carry-Märkte im Inland, Großhändler im Ausland	
Lieferanten	Industriebetriebe und Spezialgroßhändler im In- und Ausland	
Verbände	Oldenburgische Industrie- und Handelskammer, Oldenburg (Pflichtmitgliedschaft); NORDMETALL e. V., Hamburg, Geschäftsstelle Oldenburg, Bezirksgruppe Nordwest (Arbeitgeberverband)	
Betriebsnummer für die Sozialversicherung	26 550 966	
Steuer-Nr. USt-Id.-Nr.	112/8870/0057 DE 236667691	

2 Gesellschaftsvertrag

- Gesellschaftsvertrag -

§ 1 Firma und Sitz der Gesellschaft
(1) Die Firma der Gesellschaft lautet:
Fly Bike Werke Gesellschaft mit beschränkter Haftung.
(2) Sitz der Gesellschaft ist Oldenburg.

§ 2 Gegenstand des Unternehmens
Gegenstand des Unternehmens ist die Herstellung und der Handel mit Fahrrädern, Fahrradteilen, Fahrradzubehör und Dienstleistungen im Fahrradmarkt. Die Gesellschaft darf andere Unternehmen gleicher oder ähnlicher Art übernehmen, vertreten und sich an solchen beteiligen; sie darf auch Zweigniederlassungen errichten.

§ 3 Stammkapital und Stammeinlage
(1) Das Stammkapital der Gesellschaft beträgt 350.000,00 DM (in Worten: dreihundertfünfzigtausend Deutsche Mark).
(2) Der alleinige Gesellschafter, Herr Jan Ullmann, Oldenburg, leistet seine Einlage, indem er alle Vermögenswerte der Einzelunternehmung Fahrrad Ullmann in die Gesellschaft einbringt.

§ 4 Dauer der Gesellschaft, Geschäftsjahr
(1) Die Gesellschaft wird auf unbestimmte Zeit errichtet.
(2) Geschäftsjahr ist das Kalenderjahr.

§ 5 Geschäftsführung und Vertretung
(1) Die Gesellschaft hat einen oder mehrere Geschäftsführer. Sind mehrere Geschäftsführer bestellt, so wird die Gesellschaft durch je zwei Geschäftsführer gemeinschaftlich vertreten.
(2) Zum Geschäftsführer wird bestellt: Herr Hans Peters. Er ist von den Beschränkungen des § 181 BGB befreit.

§ 6 Jahresabschluss
Innerhalb der ersten drei Monate nach Abschluss eines Geschäftsjahres hat die Geschäftsführung den Jahresabschluss und den Lagebericht aufzustellen und zusammen mit einem Vorschlag zur Ergebnisverwendung dem Gesellschafter vorzulegen. Der Jahresabschluss ist nach den gesetzlichen Vorschriften zu erstellen.

§ 7 Bekanntmachungen
Bekanntmachungen der Gesellschaft werden im Bundesanzeiger veröffentlicht.

Oldenburg, 15. Februar 1982

Jan Ullmann

**Änderungen des Gesellschaftsvertrages § 3 (1)
durch Gesellschafterbeschluss am 20.5.2000**
Das Stammkapital der Gesellschaft wird auf 200.000,00 € (in Worten zweihunderttausend Euro) erhöht. Die ausstehende Einlage ist zum offiziellen Umrechnungskurs von 1,95583 DM je Euro bis zum 31.12.2000 auf das Konto der Gesellschaft durch den Gesellschafter Jan Ullmann, Oldenburg, einzuzahlen.

Oldenburg, 20. Mai 2000

Jan Ullmann

Änderungen des Gesellschaftsvertrages § 3 (1) durch Gesellschafterbeschluss am 15.12.2000:

(1) Zu Beginn des Geschäftsjahres 2001 tritt Herr Björn Ries in die GmbH ein. Der Gesellschafter Ries leistet eine Einlage von 100.000,00€ (in Worten einhunderttausend Euro). Das gezeichnete Kapital erhöht sich auf 300.000,00€ (in Worten dreihunderttausend Euro). Davon übernehmen:

a) Herr Jan Ullmann, Oldenburg, 200.000,00€.
b) Herr Björn Ries, Oldenburg, 100.000,00€.
c) Herr Björn Ries leistet eine Kapitalrücklage in Höhe von 100.000,00€ für die erbrachten Vorleistungen von Herrn Jan Ullmann (Know-how, Firmenimage).

Ergänzung des Gesellschaftsvertrages um § 3 (3) durch Gesellschafterbeschluss am 15.12.2000:

(3) Der Gesellschafter Björn Ries, Oldenburg, leistet seine Einlage in Geld. Seine Stammeinlage und die vereinbarte Kapitalrücklage sind zu Beginn des Geschäftsjahres 2001 zur freien Verfügung der Gesellschaft auf das Konto der Gesellschaft einzuzahlen.

Ergänzung des Gesellschaftsvertrages um § 4 (3) durch Gesellschafterbeschluss am 15.12.2000:

(3) Jedem Gesellschafter steht ein Kündigungsrecht mit einjähriger Frist zum Jahresende zu.

Änderung des Gesellschaftsvertrages § 6 Jahresabschluss durch Gesellschafterbeschluss am 15.12.2000:

Innerhalb der ersten drei Monate nach Abschluss eines Geschäftsjahres hat die Geschäftsführung den Jahresabschluss und den Lagebericht aufzustellen und zusammen mit einem Vorschlag zur Ergebnisverwendung der Gesellschafterversammlung vorzulegen. Der Jahresabschluss ist nach den gesetzlichen Vorschriften zu erstellen.

Ergänzung des Gesellschaftsvertrages um § 8 durch Gesellschafterbeschluss am 15.12.2000:

§ 8 Gesellschafterversammlung, Stimmrecht und Erfolgsbeteiligung

(1) Alljährlich findet innerhalb von 6 Monaten nach Schluss des vorangegangenen Rechnungsjahres eine ordentliche Gesellschafterversammlung statt. Diese beschließt über die

- Feststellung des Jahresabschlusses für das vorangegangene Geschäftsjahr,
- Verwendung der Ergebnisse der Unternehmung,
- Entlastung des/der Geschäftsführer/s,
- Wahl eines eventuell zu bestellenden Abschlussprüfers.

(2) Je 500,00€ eines Geschäftsanteils gewähren eine Stimme.
(3) 10% eines Jahresüberschusses fließen ab 2001 in die Gewinnrücklage. Die Gewinnverteilung erfolgt im Verhältnis des gezeichneten Kapitals.

Oldenburg, 15. Dezember 2000

Jan Ullmann   *Björn Ries*

Der Gesellschaftsvertrag samt Änderungen wurde von Rechtsanwalt und Notar Dr. Heinfried Kampen, Oldenburg, notariell beglaubigt.

3 Absatzprogramm, Kunden, Preise

Das **Produktionsprogramm** der Fly Bike Werke GmbH umfasst zurzeit zwölf verschiedene Fahrradmodelle. Das Produktionsprogramm wird durch Handelswaren und Dienstleistungen zum **Absatzprogramm** erweitert.

Produktionsprogramm			
Modell	**Artikel-Nr.**	**Modell-Name**	**unverbindl. Preis**
Cityräder	101	City *Glide*	245,00 €
	102	City *Surf*	274,40 €
Trekkingräder	201	Trekking *Light*	299,25 €
	202	Trekking *Free*	350,00 €
	203	Trekking *Nature*	437,50 €
Mountainbikes	301	Mountain *Dispo*	393,75 €
	302	Mountain *Constitution*	598,50 €
	303	Mountain *Unlimited*	997,50 €
Rennräder	401	Renn *Fast*	1.260,00 €
	402	Renn *Superfast*	2.205,00 €
Kinderräder	501	Kinder *Twist*	196,88 €
	502	Kinder *Cool*	262,50 €

Cityrad Modell 102 *Surf*

Rennrad Modell 401 *Renn Fast*

Handelswaren und Dienstleistungsangebote der Fly Bike Werke		
Handelswaren	Textilien aus Goretex (x = Größen S, M, L, XL, XXL)	– 701 x Shirts *STEFF superfast* – 702 x Shorts *STEFF superfast* – 703 x Jacketts *STEFF superfast*
	Fahrradanhänger	– 601 Modell *Kelly* – 602 Modell *Mini* – 603 Modell *Max* – 604 Modell *Kids* – 605 Modell *Sven*
Dienstleistungen	Vermittlung von Radtouren/Reisen (Veranstalter: UIT und Rebbel)	– 901 Brandenburg und Mecklenburg-Vorpommern (Alleestraßen) – 902 Rheinland-Pfalz (Mosel/Saar) – 903 Niedersachsen (Nordsee) – 904 Südtirol (Pässetour, Teilnahme an Dolomiti Open) – 905 Toskana (Kultur, Tour und Mee(h)r) – 906 Schweiz (Pässetour)

Mountainbike Modell 302 *Constitution*

Kinderrad Modell 502 *Cool*

Kunden der Fly Bike Werke	
Einzelhandel	Umsatzstarke Fachhandelsunternehmen mit eigenen Filialen und abgegrenzten Vertriebsgebieten in Deutschland
Großhandel national	Fahrradgroßhandelsunternehmen, die den Fahrradeinzelhandel in Deutschland beliefern
Großhandel Europa	Je ein Großhändler in Belgien, in den Niederlanden, in Österreich und der Schweiz, die dort landesweit den Fahrradeinzelhandel beliefern
Private-Label-Kunden	Eine Kaufhauskette und ein Cash-and-Carry-Konzern, die Fahrräder unter eigenem Markennamen (Private Label) vertreiben

Die Preise der Fahrräder werden von der Fly Bike Werke GmbH in Preislisten als unverbindliche Preisempfehlungen angegeben (zuzüglich Umsatzsteuer). Auf diese Preise erhalten die Wiederverkäufer (Kunden der Fly Bike Werke) Preisnachlässe in Form von **Rabatten**, **Boni** und **Skonto**. Auftragsfertigungen werden kundenindividuell kalkuliert.

Preisnachlässe	
Rabattstaffel	
Stückzahl	Rabatt
1–10	27,5 %
11–50	29,0 %
51–100	30,0 %
101–250	31,0 %
251–500	32,0 %
› 500	33,0 %
Boni (Jahresboni bezogen auf den Zielverkaufspreis der Gesamtmenge)	
Abnahme von mind. 1.000 Fahrrädern	1 %
Abnahme von mind. 5.000 Fahrrädern	2 %
Skonto	
2 % bei Zahlung innerhalb von 8 Tagen	

4 Leistungserstellung

Die Fly Bike Werke GmbH produziert die meisten Fahrradrahmen und Fahrradgabeln selbst.

Der voll gefederte Y-Rahmen des Modells Unlimited wird zurzeit fremdbezogen. Dies gilt auch für die Federgabeln der Modelle Constitution und Unlimited, die von einem amerikanischen Lieferanten bezogen werden. Alle übrigen Teile werden ebenfalls fremdbezogen. Mit den Lieferanten sind hinsichtlich der technischen Spezifikationen der Bauteile und Baugruppen feste Vereinbarungen getroffen worden. Ein Hersteller liefert immer eine komplette Baugruppe (Komponentengruppe), der eine von der Fly Bike Werke GmbH vergebene Set-Nr. (Komponentennummer) zugeordnet wird.

Ein Fahrrad besteht bei Vollausstattung aus bis zu über 1000 Einzelteilen. Der Fly Bike Werke GmbH ist es in Zusammenarbeit mit ihren Lieferanten gelungen, die notwendigen Teile in Baugruppen so zusammenzufassen, dass die Baugruppe (Komponente) komplett von einem Lieferanten zur Verfügung gestellt werden kann. Der Weltmarktführer für Fahrradteile, Tamino Inc., liefert z. B. für das Modell Dispo alle Teile für die Komponenten „Räder und Schaltung", „Antrieb" und „Bremsen". Das positive Image bestimmter Teilehersteller wird bei den Endverbrauchern auf das Fertigprodukt Fahrrad übertragen. Zu diesen Teileherstellern zählen z. B.

- Tamino Inc., Japan: (Ketten-)Schaltungen, Antriebe, Bremsen
- Dax AG, Deutschland: (Naben-)Schaltungen, Antriebe, Bremsen
- Sella SA, Italien: Sättel
- Shokk Ltd., USA: Federgabeln

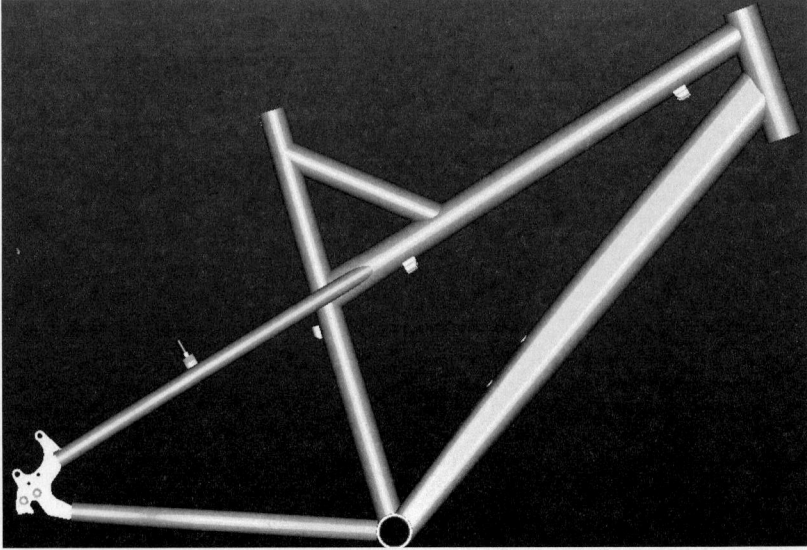

Eigenfertigung: Rahmen des Mountainbikes *Dispo*

5 Bilanz und GuV

Fly Bike Werke GmbH

**Bilanz der Fly Bike Werke GmbH, Oldenburg,
zum 31.12.20XX (in €)**

Aktiva	Vorjahr	Berichtsjahr	Passiva	Vorjahr	Berichtsjahr
A. Anlage-vermögen			**A. Eigenkapital**	700.000,00	850.000,00
1. Grundstücke und Bauten	635.200,00	612.850,00	**B. Verbindlich-keiten**		
2. Technische Anlagen und Maschinen	224.904,00	131.870,00	1. Langfristige Bankverbind-lichkeiten	639.000,00	602.000,00
3. Betriebs- und Geschäftsaus-stattung	138.371,00	97.505,00	2. Verbindlichkeiten aus Lieferungen und Leistungen	697.600,00	926.225,00
B. Umlauf-vermögen			3. Sonstige Ver-bindlichkeiten	13.000,00	24.000,00
1. Roh-, Hilfs- und Betriebsstoffe	224.800,00	288.000,00			
2. Unfertige Erzeugnisse	36.000,00	48.000,00			
3. Fertige Erzeugnisse	72.900,00	140.000,00			
4. Handelswaren	0,00	4.000,00			
5. Forderungen aus Lieferungen und Leistungen	541.520,00	720.000,00			
6. Kasse	3.105,00	2.400,00			
7. Bankguthaben	172.800,00	357.600,00			
	2.049.600,00	2.402.225,00		2.049.600,00	2.402.225,00

Gewinn- und Verlustrechnung		
Gesamtkostenverfahren, Beträge in €	**Vorjahr**	**Berichtsjahr**
1. Umsatzerlöse	5.800.000,00	6.893.555,85
2. Bestandserhöhungen Erzeugnisse	18.000,00	105.500,00
3. Aktivierte Eigenleistungen	3.000,00	3.600,00
4. Sonstige betriebliche Erträge	–	4.000,00
5. Materialaufwand und Wareneinsatz	3.271.300,00	3.565.000,00
Rohergebnis	**2.549.700,00**	**3.441.655,85**
6. Personalaufwand	1.845.990,00	2.250.000,00
7. Abschreibungen	170.000,00	210.000,00
8. Sonstige betriebliche Aufwendungen	324.000,00	344.000,00
Betriebsergebnis	**209.710,00**	**637.655,85**
9. Erträge aus Beteiligungen	–	–
10. Erträge aus anderen WP/Finanzanlagen	–	–
11. Sonstige Zinsen	–	–
12. Abschreibungen auf WP des UV/Finanzanlagen	–	335.412,35[1]
13. Zinsaufwendungen	60.480,00	47.628,00
9. bis 13. Finanzergebnis	**– 60.480,00**	**– 383.040,35**
14. Ergebnis der gewöhnlichen Geschäftstätigkeit	**149.230,00**	**254.615,50**
15. Außerordentliche Erträge	–	–
16. Außerordentliche Aufwendungen	–	20.000,00
17. Außerordentliches Ergebnis	**–**	**– 20.000,00**
Ergebnis vor Steuern	**149.230,00**	**234.615,50**
18. Steuern vom Einkommen und vom Ertrag	47.230,00	82.115,50
19. Sonstige Steuern	2.000,00	2.500,00
20. Jahresüberschuss/-fehlbetrag	**100.000,00**	**150.000,00**

WP = Wertpapiere, UV = Umlaufvermögen, 1) Vollständige Abschreibung einer Finanzanlage (Beteiligung), die erst im Berichtsjahr erworben wurde.

6 Organigramm

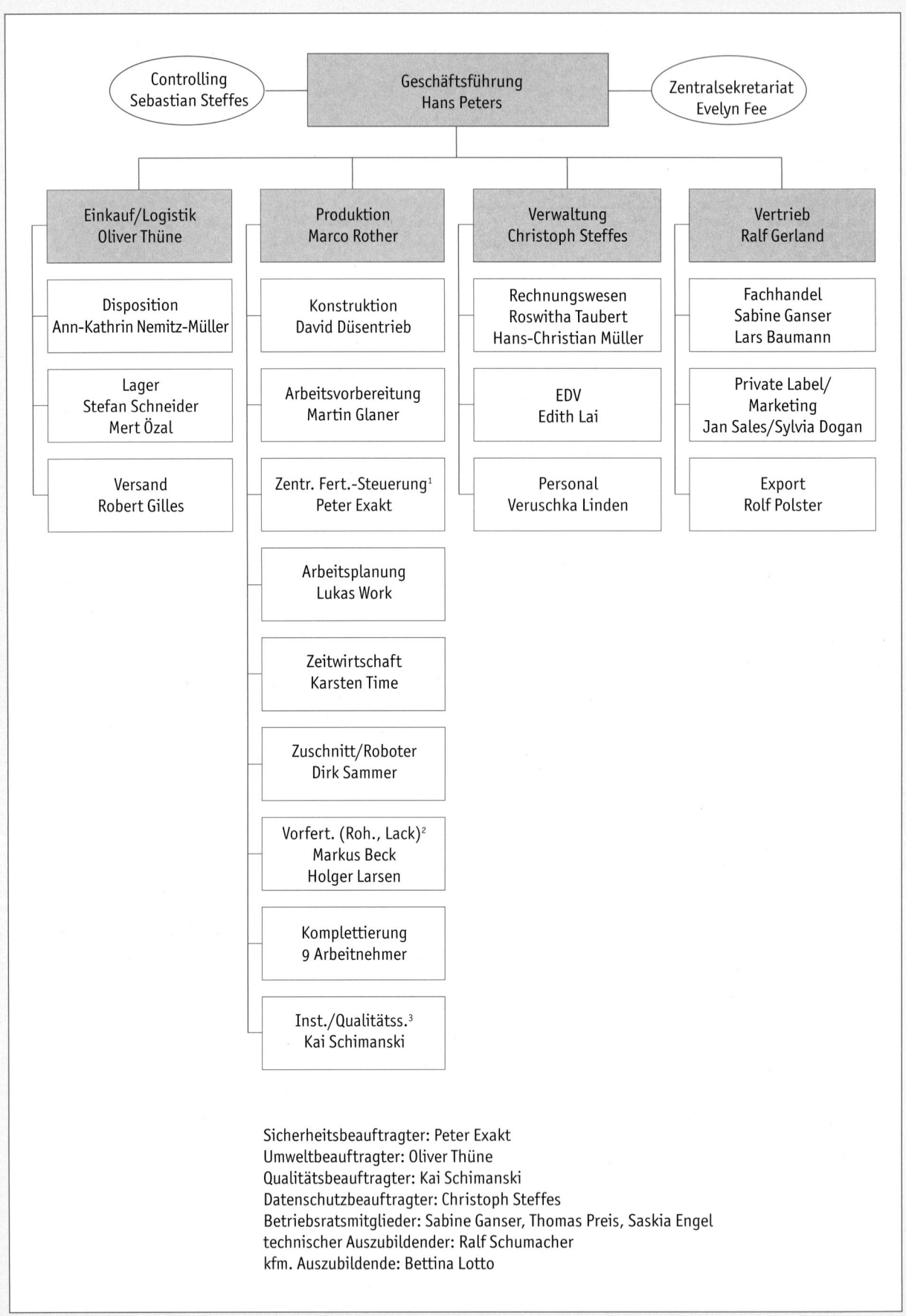

Controlling
Sebastian Steffes

Geschäftsführung
Hans Peters

Zentralsekretariat
Evelyn Fee

Einkauf/Logistik
Oliver Thüne

Produktion
Marco Rother

Verwaltung
Christoph Steffes

Vertrieb
Ralf Gerland

Disposition
Ann-Kathrin Nemitz-Müller

Konstruktion
David Düsentrieb

Rechnungswesen
Roswitha Taubert
Hans-Christian Müller

Fachhandel
Sabine Ganser
Lars Baumann

Lager
Stefan Schneider
Mert Özal

Arbeitsvorbereitung
Martin Glaner

EDV
Edith Lai

Private Label/
Marketing
Jan Sales/Sylvia Dogan

Versand
Robert Gilles

Zentr. Fert.-Steuerung[1]
Peter Exakt

Personal
Veruschka Linden

Export
Rolf Polster

Arbeitsplanung
Lukas Work

Zeitwirtschaft
Karsten Time

Zuschnitt/Roboter
Dirk Sammer

Vorfert. (Roh., Lack)[2]
Markus Beck
Holger Larsen

Komplettierung
9 Arbeitnehmer

Inst./Qualitätss.[3]
Kai Schimanski

Sicherheitsbeauftragter: Peter Exakt
Umweltbeauftragter: Oliver Thüne
Qualitätsbeauftragter: Kai Schimanski
Datenschutzbeauftragter: Christoph Steffes
Betriebsratsmitglieder: Sabine Ganser, Thomas Preis, Saskia Engel
technischer Auszubildender: Ralf Schumacher
kfm. Auszubildende: Bettina Lotto

[1] Zentrale Fertigungssteuerung
[2] Vorfertigung (Rohmaterial, Lack)
[3] Instandhaltung/Qualitätssicherung

7 Auszug aus den Kundenstammdaten der Fly Bike Werke GmbH

Kundenstammdaten der Fly Bike Werke GmbH					
Kunden-Nr. Debitoren-Nr.	Firma Anschrift Telefon/Fax	Ansprechpartner Lieferanschrift Lieferart	Zahlungsbe- dingungen Zahlungsziel	Bankverbindung Zahlungsart	Ansprechpartner FBW
20011 24011	Radplus GmbH Gütersloher Str. 102 33415 Verl Tel. 05246 45950 Fax 05246 4595111	Karl Reichenbach Gütersloher Str. 122 33415 Verl Tel. 05246 4591200 Spedition	3 % Skonto innerhalb von 10 Tagen 30 Tage Ziel	Kreissparkasse Wiedenbrück 478 535 20 245398 Überweisung	Frau Ganser
20012 24012	Südrad e. G. Schleißheimer Str. 20 85221 Dachau Tel. 08131 78071 Fax 08131 7807211	Mark Huber Münchner Str. 70 85221 Dachau Tel. 08131 5155130 Spedition	3 % Skonto innerhalb von 10 Tagen 30 Tage Ziel	Raiffeisenbank Dachau 701 694 14 624099 Überweisung	Herr Baumann
20014 24014	Interrad e. G. Großbeerenstr. 30 12107 Berlin Tel. 030 747920 Fax 030 74792311	Ludwig Brand Westfalenring 75 12207 Berlin Tel. 030 3007886 Spedition	3 % Skonto innerhalb von 10 Tagen 30 Tage Ziel	Berliner Bank 100 209 00 122000567 Überweisung	Herr Baumann
30031 24031	Europarad N. V. Zandvoortstraat 16 2800 Mechelen Belgien Tel. +32 15 209481 Fax +32 15 209411	Armin van der Kracht Zandvoortstraat 16 2800 Mechelen Belgien Tel. +32 15 209481 Spedition	1,5 % Skonto innerhalb von 14 Tagen 60 Tage Ziel	O. B. K. Bank IBAN BE98122875693600 BIC BKCPBEB10BK Überweisung	Herr Polster
30032 24032	Jansen Import B. V. Groot Bollerweg 10 5928 NS Venlo-Blerick Niederlande Tel. +31 77 3822640 Fax +31 77 3824241	Michael van Erp Groot Bollerweg 10 5928 NS Venlo-Blerick Niederlande Tel. +31 77 3822640 Spedition	1,5 % Skonto innerhalb von 14 Tagen 60 Tage Ziel	ABN Amro Bank IBAN NL27ABNA0904428 BIC ABNANL2A Überweisung	Herr Polster
30033 24033	Austria Fahrradhandels- gesellschaft AG Rautenweg 182 1220 Wien Österreich Tel. +43 1 226597 Fax +43 1 2206705	Andrea Czech Rautenweg 182–184 1220 Wien Österreich Tel. +43 1 226598 Bahnfracht	1,5 % Skonto innerhalb von 14 Tagen 60 Tage Ziel	BAWAG P. S. K. IBAN AT5660000217172 BIC BAWAATWW Überweisung	Herr Polster
30034 24034	Velo AG Binzstr. 15 8045 Zürich Schweiz Tel. +41 1 4638596 Fax +41 1 4637070	Rosi Alpi Binzstr. 16 8045 Zürich Schweiz Tel. +41 1 4638599 Bahnfracht	1,5 % Skonto innerhalb von 14 Tagen 60 Tage Ziel	Zürcher Kantonalbank IBAN CH7100350110203 BIC ZKBKCHZZ80A Überweisung	Herr Polster
40021 24021	Hofkauf AG Emdener Str. 4 50735 Köln Tel. 0221 7122400 Fax 0221 712240399	Michael Thönnes Lagerzentrum Frankfurter Str. 40 51065 Köln Tel. 0221 712240333 Spedition	2 % Skonto innerhalb von 10 Tagen 45 Tage Ziel	Postbank Köln 370 100 50 240852-122 Überweisung	Herr Sales
40022 24022	Matro AG Altenessener Str. 611 45472 Essen, Ruhr Tel. 0201 343170 Fax 0201 34317222	Alfred Kunster Zwischenlager Mülheim Kruppstr. 60 45472 Mülheim a. d. Ruhr Tel. 0208 43430 Spedition	2 % Skonto innerhalb von 10 Tagen 45 Tage Ziel	Stadtsparkasse Essen 360 501 05 12000399 Überweisung	Herr Sales

Kundenstammdaten der Fly Bike Werke GmbH					
Kunden-Nr. Debitoren-Nr.	Firma Anschrift Telefon/Fax	Ansprechpartner Lieferanschrift Lieferart	Zahlungsbe- dingungen Zahlungsziel	Bankverbindung Zahlungsart	Ansprechpartner FBW
10001 24001	Radbauer GmbH Augsburger Str. 21 80335 München Tel. 089 224336(8) Fax 089 224337	Karl Rosenheim Nymphenburgerstr. 42 80335 München Tel. 089 224339 Bahnfracht	2 % Skonto innerhalb von 8 Tagen 30 Tage Ziel	Münchner Bank 701 900 00 43622490 Überweisung	Herr Baumann
10002 24002	Schöller&Co. OHG, Fahrradhandel Parlamentsplatz 2 60385 Frankfurt a. M. Tel. 069 49260 Fax 069 49262333	Hans Kleine Mörfelder Landstr. 180 60589 Frankfurt a. M. Tel. 069 49262334 Bahnfracht	2 % Skonto innerhalb von 8 Tagen 30 Tage Ziel	SEB 500 101 11 322400021 Überweisung	Herr Baumann
10003 24003	Fahrradhandel Uwe Klein e. K. Am Wasserturm 4 66113 Saarbrücken Tel. 0681 685081 Fax 0681 68508222	Hedwig Geldert Dudweiler Landstr. 157 66123 Saarbrücken Tel. 0681 68508223 Bahnfracht	2 % Skonto innerhalb von 8 Tagen 30 Tage Ziel	Volksbank Saarbrücken 591 901 00 120004569 Überweisung	Herr Baumann
10004 24004	Zweirad GmbH Herzogstr. 70 40251 Düsseldorf Tel. 0211 37501 Fax 0211 3750667	Arno Grünert Gladbacher Str. 50 41462 Neuss Tel. 02131 544222 Bahnfracht	2 % Skonto innerhalb von 8 Tagen 30 Tage	Deutsche Bank 300 700 10 2140022679 Überweisung	Frau Ganser
10005 24005	Fahrrad&Motorrad GmbH Alter Hellweg 46 44379 Dortmund Tel. 0231 61701 Fax 0231 6170333	Claudia Dunkel Alter Hellweg 46 44379 Dortmund Tel. 0231 617010 Bahnfracht	2 % Skonto innerhalb von 8 Tagen 30 Tage Ziel	Deutsche Bank 440 700 50 420006799 Überweisung	Frau Ganser
10006 24006	Bike GmbH Leipziger Chaussee 12 39118 Magdeburg Tel. 0391 6212415(6) Fax 0391 6212400	Ferdinand Gründel Am Hansehafen 5 39126 Magdeburg Tel. 0391 6212417 Bahnfracht	2 % Skonto innerhalb von 8 Tagen 30 Tage Ziel	Allbank 250 206 00 122003344 Überweisung	Herr Baumann
10007 24007	Zweiradhandelsgesell- schaft GmbH Unter den Linden 42 10178 Berlin Tel. 030 202080 Fax 030 20208100	Andreas Wester Rosenthaler Str. 40 10178 Berlin Tel. 030 20208650 Bahnfracht	2 % Skonto innerhalb von 8 Tagen 30 Tage Ziel	Berliner Bank 100 209 00 10046991 Überweisung	Herr Baumann
10008 24008	Nordrad GmbH Alter Markt 28 18055 Rostock Tel. 0381 4904416 Fax 0381 4904411	Lise Adams Alter Hafen Nord 325 18069 Rostock Tel. 0381 4904414 Bahnfracht	2 % Skonto innerhalb von 8 Tagen 30 Tage Ziel	Deutsche Bank 130 700 00 12300666 Überweisung	Herr Baumann
10009 24009	Sachsenrad GmbH Bayreuther Str. 20 01277 Dresden Tel. 0351 4274750 Fax 0351 4274751	Rita Zeisig Bodenbacher Str. 81 01277 Dresden Tel. 0351 4274758 Bahnfracht	2 % Skonto innerhalb von 8 Tagen 30 Tage Ziel	Dresdner Bank 850 800 00 669200451 Überweisung	Herr Baumann
20010 24010	EGZ Einkaufsgenossenschaft Bonner Landstr. 512 50996 Köln Tel. 0221 934622 Fax 0221 934622300	Alexander Kleinheisel Bonner Landstr. 523 50996 Köln Tel. 0221 934622220 Spedition	3 % Skonto innerhalb von 10 Tagen 30 Tage Ziel	Commerzbank 370 400 44 240006692 Überweisung	Frau Ganser

8 Auszug aus den Lieferantenstammdaten der Fly Bike Werke GmbH

Lieferantenstammdaten der Fly Bike Werke GmbH

LieferNr. Kreditoren-Nr.	Firma Anschrift Telefon/Fax	Ansprechpartner Lieferanschrift Lieferart	Bankverbindung Zahlungsart	Lieferprogramm
73014 44014	Ruhrwerke GmbH Lohrheidestr. 72 44866 Bochum Tel. 02327 3521 Fax 02327 352998	Susanne Rieser Lohrheidestr. 72 44866 Bochum Tel. 02327 352974 Spedition	Westfalenbank 430 200 00 79200341 Überweisung	Lenker, Vorbauten, Metallausstattungen (Ständer, Gepäckträger usw.)
73015 44015	Frikawerke GmbH&Co. KG Gertenstr. 19 58739 Wickede/Ruhr Tel. 02377 5770 Fax 02377 577319	Uwe Stoll Gertenstr. 19 58739 Wickede/Ruhr Tel. 02377 577124 Spedition	Sparkasse Werl 414 517 50 39722611 Überweisung	Lenker, Vorbauten, Metall- ausstattungen (Ständer, Gepäckträger usw.)
74016 44016	Sella SA Via San Pietro 22–24 10121 Torino Italien Tel. +39 11 4679121 Fax +39 11 4679127	Adriano Maletti Lieferanschrift Via San Pietro 22–24 10121 Torino Italien Tel. +39 11 4679224 Bahnfracht	Unicredit Banca di Roma IBAN IT69L0603005124 BIC BROMITR1708 Überweisung	Sättel, Sattelstützen, Satteltaschen
75020 44020	Union Elektro AG Landsberger Str. 66 12623 Berlin Tel. 030 5628333 Fax 030 5628321	Torsten Kraprich Landsberger Str. 67 12623 Berlin Tel. 030 5628362 Spedition	Berliner Industriebank 100 107 00 160923309 Überweisung	Beleuchtungssysteme
76022 44022	Kunststoffwerke AG Hans-Böckler-Str. 49–52 28217 Bremen Tel. 0421 399550 Fax 0421 39955613	Kurt Danielesen Hans-Böckler-Str. 49–52 28217 Bremen Tel. 0421 39955666 Spedition	Dresdner Bank 290 800 10 714900211 Überweisung	Kunststoffausstattungen (Schutzbleche, Ketten- schutz, Griffe usw.) und Kunststoffverpackungen
77024 44024	Druckerei & Design Wolfgang Krause Cloppenburger Str. 450 26133 Oldenburg Tel. 0441 47011 Fax 0441 47111	Daniel Krause Cloppenburger Str. 450 26133 Oldenburg Tel. 0441 47011 Spedition	Landessparkasse Oldenburg 280 501 00 100023309 Überweisung	Abzüge, Drucksachen aller Art
78026 44026	Marwik GmbH Den Haager Str. 1a 28259 Bremen Tel. 0421 576631 Fax 0421 57663222	Volker Kleinreich Volker Haager Str. 1b 28259 Bremen Tel. 0421 57663289 Spedition	Dresdner Bank 290 800 10 714911311 Überweisung	Hochwertige Antriebs- und Bremssysteme
80027 44027	Metallwarenfabrik Köller GmbH Altendorfer Str. 411 45143 Essen (Ruhr) Tel. 0201 627761 Fax 0201 6277666	Alfons Wiesel Altendorfer Str. 67 45143 Essen (Ruhr) Tel. 0201 6277512 Spedition	Sparkasse Essen 360 501 05 360923555 Überweisung	Kleinteile aus Metall (Schrauben, Unterleg- scheiben, Muttern, Anlötteile, Ausfallenden usw.)
80030 44030	apv Augsburger Papier- veredelungsgesellschaft mbH Gumpelzhaimerstr. 3–5 86154 Augsburg Tel. 0821 546660 Fax 0821 5466610	Agnes Obermann Gumpelzhaimerstr. 3–5 86154 Augsburg Tel. 0821 5466622 Bahnfracht	Bayerische Vereinsbank 720 200 70 13195687 Überweisung	Verpackungen aus Papier und Karton
90032 44032	Cycle-Tools-Import GmbH Am Sandtorkai 30 20457 Hamburg Tel. 040 378231 Fax 040 37823200	Martin Weeseler Am Sandtorkai 30–32 20457 Hamburg Tel. 040 37823372 Spedition	Bankhaus Fischer & Co. 201 106 00 420003995 Überweisung	Fremdbauteile und Handelswaren aller Art für die Fahrradindustrie (Weltmarktproduktionen)
90034 44034	Fahrradteile International GmbH Borgwardstr. 16 28309 Bremen Tel. 0421 83091 Fax 0421 8309344	Kevin Itze Borgwardstr. 17 28309 Bremen Tel. 0421 8309567 Spedition	Dresdner Bank 290 800 10 700982228 Überweisung	Fremdbauteile und Handelswaren aller Art für die Fahrradindustrie (Weltmarktproduktionen)
90039 44039	Jitensha Inc. 4-4-10 Minami-Azabu Minato-ku 106-0047 Tokyo	Akiko Hanage (Japan) Frau Nakamura (in Deutschland) 44135 Dortmund Tel. 0231 5281338 Spedition	Bank of Tokyo-Mitsubishi UFJ, Ltd BOTKJPJTFGN 123456789 Überweisung	Schaltungen, Laufräder, Bremssysteme, Antriebs- systeme (vollständige Systemkomponenten)

Liefer.-Nr. Kreditoren-Nr.	Firma Anschrift Telefon/Fax	Ansprechpartner Lieferanschrift Lieferart	Bankverbindung Zahlungsart	Lieferprogramm
60001 44001	Stahlwerke Tissen AG Karl-Kleppe-Str. 19 40474 Düsseldorf Tel. 0211 45899917 Fax 0211 45899942	Alfons Greiner Tor 1 Karl-Kleppe-Str. 20 40474 Düsseldorf Tel. 0221 458990224 Spedition	Westdeutsche Landesbank 300 500 00 240033712 Überweisung	Stahlrohre, Bleche
60002 44002	Mannes AG Herner Str.406 44807 Bochum Tel. 0234 904980 Fax 0234 90498711	Kemal Özman Herner Str. 405 44807 Bochum Tel. 0234 92468333 Spedition	Westfalenbank 430 200 00 79914368 Überweisung	Stahlrohre
60003 44003	AWB Aluminiumwerke AG St. Augustiner Str. 30 53225 Bonn Tel. 0228 464770 Fax 0228 46477711	Hubert Köllen Trier Str. 16 53115 Bonn Tel. 0228 617934 Spedition	SEB 380 101 11 77998246 Überweisung	Aluminiumrohre
60004 44004	Shokk Ltd. 401 Charcot Ave. San Jose, CA 95131, USA Tel. +1 4 084357466 Fax +1 4 0843457477	Dayle Temp Keine Rücksendungen Schiffsfracht	Bank of America N.A. 101 Park Center Plaza San Jose, CA 95130, USA 77892346 Überweisung	Spezialfedergabeln
60005 44005	Hans Köller Spezialrahmenbau e. K. Lorenzstr. 10 18146 Rostock Tel. 03 81 69040 Fax 03 81 6904777	Christa Reiz Lorenzstr. 10 18148 Rostock Tel. 0381 6904341 Bahnfracht	Deutsche Bank 130 700 00 12300241 Überweisung	Spezialfahrradrahmen und Spezialfedergabeln
62007 44007	Farbenfabriken Beyer AG Am Beyerwerk 144 51333 Leverkusen Tel. 0214 301 Fax 02 14 30 211	Andreas Gräulich Am Beyerwerk 144 51333 Leverkusen Tel. 0214 30799 Spedition	Sparkasse Leverkusen 375 514 40 607003712 Überweisung	Lacke, Grundierungen
62008 44008	Color GmbH Hafenstr. 125 67061 Ludwigshafen am Rhein Tel. 0621 582664 Fax 0621 582666	Dörte Reineke Hafenstr. 190 67061 Ludwigshafen am Rhein Spedition	Commerzbank 545 400 33 99763298 Überweisung	Lacke, Grundierungen
71009 44009	Tamino Deutschland GmbH Immermannstr. 24 40210 Düsseldorf Tel. 0211 162166 Fax 0211 162199	Sebastian Freundlich Immermannstr. 24 40210 Düsseldorf Tel. 0211 162150 Spedition	The Mitsubishi Bank Ltd. 301 200 00 42299633 Überweisung	Schaltungen, Laufräder, Bremssysteme, Antriebssysteme (vollständige Systemkomponenten)
71010 44010	Tamino INC 3–77 Oimatsuchu, Sakei 590–77 Osaka, Japan Tel. +81 6 722233280 Fax +81 6 722233282	Haruto Wasabi Tamino Deutschland GmbH Immermannstr. 24 40210 Düsseldorf Tel. 0211 162150 Schiffsfracht	Dai-Ichi Kangyo-Bank Ltd. 2–10 Izuminachi CHUO-CH 540 Osaka 5009087373 Überweisung	Schaltungen, Laufräder, Bremssysteme, Antriebssysteme (vollständige Systemkomponenten)
71011 44011	Dax AG Rudolf-Diesel-Str. 25 40424 Düsseldorf Tel. 0211 80170 Fax 0211 8017999	Karsten Sachse Rudolf-Diesel-Str. 70 40424 Düsseldorf Tel. 0211 8017326 Spedition	SEB 793 101 11 4002193 Überweisung	Schaltungen, Laufräder, Bremssysteme, Antriebssysteme (vollständige Systemkomponenten)
72012 44012	Schwalle KG Märkische Str. 36 44135 Dortmund Tel. 0231 52810 Fax 0231 5281155	Olaf Rille Märkische Str. 38 44135 Dortmund Tel. 0231 5281936 Spedition	Dortmunder Volksbank 441 600 14 204400123 Überweisung	Reifen (Decken), Schläuche mit Ventilen, Felgenbänder
72013 44013	Continent AG Vahrenwalder Str. 99 30165 Hannover Tel. 0511 927411 Fax 0511 927411	Franz Rieger Vahrenwalder Str. 102 30165 Hannover Spedition	Deutsche Bank 250 700 70 124446711 Überweisung	Reifen (Decken), Schläuche mit Ventilen, Felgenbänder

Lieferantenstammdaten der Fly Bike Werke GmbH

SB BWL ▸ Seite 309 ff. | Handlungsfeld 4, Kap. 10
Seite 323 ff. | Handlungsfeld 4, Kap. 12
LS BWL ▸ Seite 253 ff. | Lernsituation 49

Den Absatzprozess planen

Situation

Bettina Lotto befindet sich im zweiten Ausbildungsjahr zur Industriekauffrau. Nachdem sie bisher im Sekretariat gearbeitet hat, um einen groben Überblick über das gesamte Unternehmen zu bekommen, ist Bettina nun ab heute im Vertrieb eingesetzt und arbeitet mit Sabine Ganser zusammen.

Bettina Lotto Hallo Frau Ganser!

Frau Ganser Hallo Frau Lotto, wir haben gerade folgendes Schreiben (siehe Seite 16) erhalten.
Damit Sie schnell einen Überblick über die Prozesse in unserer Abteilung erhalten, habe ich mir überlegt, dass Sie für diesen Vorgang alleine die Verantwortung übernehmen sowie alle entsprechenden Aufgaben dazu.

Bettina Lotto Wow, damit übertragen Sie mir aber eine große Verantwortung. Ich werde mein Bestes geben, um Sie und vor allem unseren Kunden zufriedenzustellen.

Frau Ganser Das ist sehr schön. Bitte denken Sie daran, bei der Bearbeitung auch unsere neue Datenbank zu verwenden, die sich aber noch in den Anfängen befindet. Und wenn Sie Fragen haben, bin ich natürlich immer da, um sie zu beantworten!

Bettina Lotto Dann nehme ich mir jetzt gleich das Schreiben vor und überlege mir den genauen Ablauf des Vorgangs, bevor ich mich an die konkrete Durchführung mache. Außerdem werde ich mich auch noch einmal genauer informieren, was eine Datenbank für ein Unternehmen leistet. Und Danke für das Vertrauen!

Handlungsaufträge

1 Bettina Lotto möchte, bevor sie mit der Arbeit beginnt, ihr Vorgehen klar strukturieren. Helfen Sie ihr dabei, indem Sie die Herleitung der Problemstellung (Arbeitsblatt 15.1) mit den relevanten Arbeitsschritten ausfüllen. Lesen Sie sich dazu zunächst die Handlungsaufträge durch und sichten Sie alle Materialien dieser Lernsituation.

2 Nehmen Sie Ihr BWL-Buch zur Hand und rufen Sie sich den Vertriebsprozess noch einmal ins Gedächtnis. Erstellen Sie eine eigene Ereignisgesteuerte Prozesskette[1] (EPK) für den Verkaufsprozess oder vervollständigen Sie Arbeitsblatt 15.2.

3 Informieren Sie sich mithilfe von Informationsblatt 15.1 über Datenbanken und ihre Bedeutung für Unternehmen. Beantworten Sie die Wiederholungsfragen auf dem Informationsblatt und bearbeiten Sie anschließend die Arbeitsblätter 15.3 und 15.4.

4 Finden Sie sich in Zweiergruppen zusammen und tauschen Sie Ihre Ergebnisse im Lerntempoduett miteinander aus. Klären Sie dabei Fragen und korrigieren Sie gegebenenfalls Ihre Arbeitsergebnisse.

5 Bereiten Sie sich darauf vor, Ihre Ergebnisse im Plenum zu präsentieren.

6 Geben Sie anderen Gruppen Feedback zu Ihrer Präsentation. Nutzen Sie dazu den Feedbackbogen (Arbeitsblatt 15.5).

[1] Zu Ereignisgesteuerten und erweiterten Ereignisgesteuerten Prozessketten siehe auch Lernsituation 3 aus W plus V Informationswirtschaft für die Jahrgangsstufe 11, ISBN 978-3-06-450852-1.

Bike GmbH   Leipziger Chaussee 12   39118 Magdeburg

Posteingang 15.11.20XX

Fly Bike Werke GmbH
Rostocker Str. 334
26121 Oldenburg

Ihr Zeichen, Ihre Nachricht vom	Unser Zeichen, unsere Nachricht vom	Telefon, Name	Datum
	gsch/bbil	0391 509061 Herr Gründel	13.11.20XX

Anfrage Gr-37-fbw

Sehr geehrte Damen und Herren,

wir beabsichtigen, schnellstmöglich unser Sortiment um hochwertige Rennräder zu erweitern.
Da unsere Kundschaft hauptsächlich aus ambitionierten Hobby-Radrennfahrern besteht, sollte
es sich um qualitativ konkurrenzfähige Räder handeln. In Ihrem Katalog haben uns insbesondere das Rennrad Fast und das Rennrad Superfast angesprochen.

Wir bitten Sie, uns ein entsprechendes Angebot über vorerst je 30 ihrer konkurrenzfähigen
Rennräder in der Rahmenhöhe 50 zuzusenden.

Mit freundlichen Grüßen

Bike GmbH
Abteilung Einkauf

i. A. *Gründel*

Gründel

Geschäftsführer Horst Schmidtmann	Bankverbindungen Allbank Magdeburg	Fax 039 1621240-00	Finanzamt Magdeburg
HR Magdeburg B 1407	IBAN: DE22250206000122003344 BIC: SCFBDE33XXX	E-Mail info@bike-gesellschaft.de	Steuer-Nr. 102/477/12345 USt.-ID-Nr. DE 78912283

Arbeitsblatt 15.1 | Selbstständige Herleitung der Problemstellung

Welche Problemstellung ergibt sich aus der Situation?	Wie können Sie die einzelnen Arbeitsschritte beschreiben?				
	Wo finden Sie dazu Material bzw. Informationen?				
Welche Arbeitsschritte sind zur Lösung der Problemstellung notwendig?					

Arbeitsblatt 15.2 | Ereignisgesteuerte Prozesskette für den Verkaufsprozess

Erarbeiten Sie eine Prozesskette zur Bearbeitung einer Kundenanfrage. Konkretisieren Sie in der Datensicht, welche Daten vor Abgabe eines Angebotes durch die Fly Bike Werke GmbH ermittelt werden müssen.

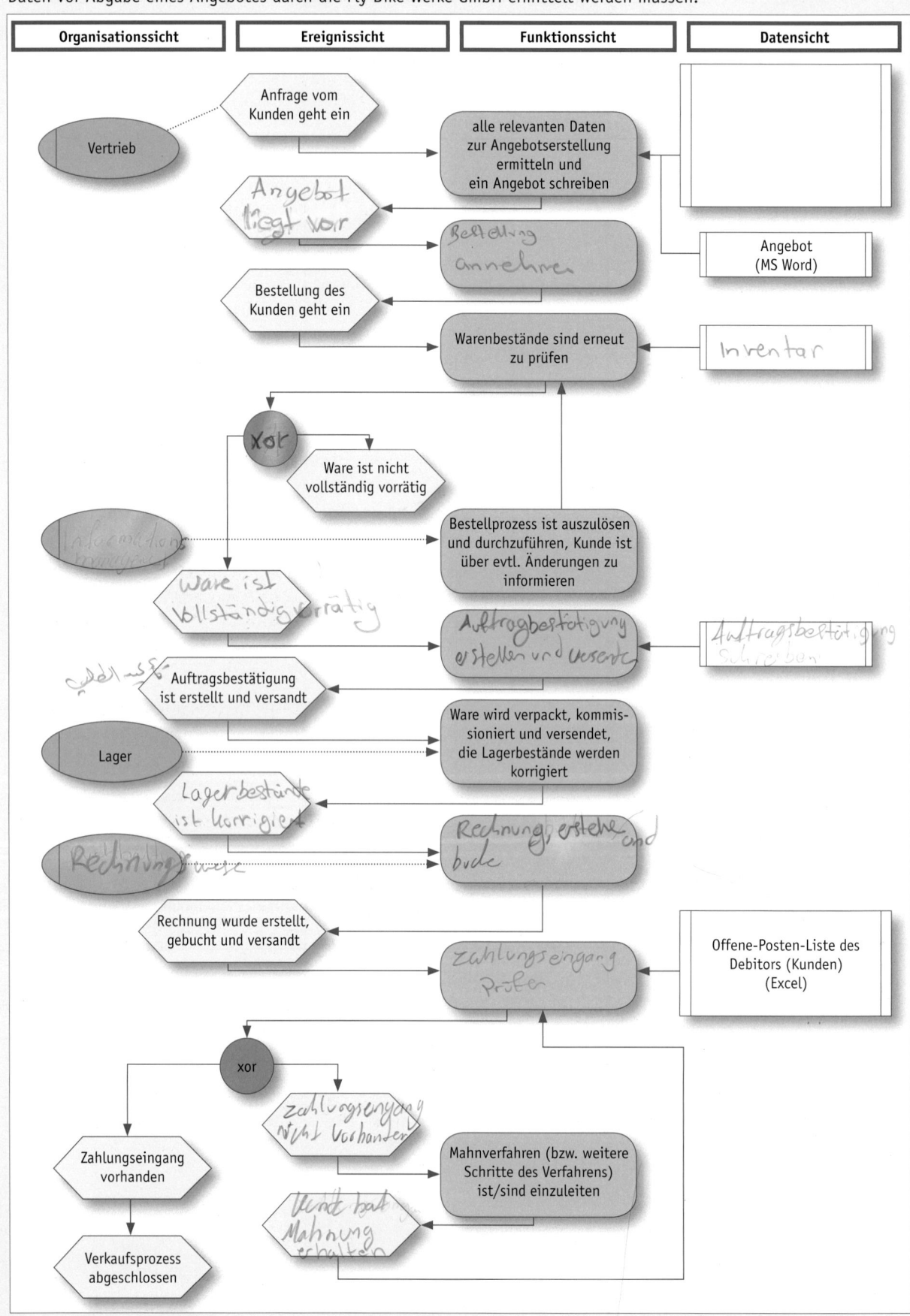

Informationsblatt 15.1 | Datenbanken

Daten wurden schon immer auf sehr unterschiedliche Art und Weise erfasst und aufbewahrt. So wurden und werden zum Beispiel Karteikarten und Karteikästen genutzt oder es werden Schriftstücke in Aktenordnern gesammelt und in Aktenschränken aufbewahrt.

Durch den Einsatz elektronischer Medien können Daten heutzutage in Form von Datenbanken sehr viel effektiver auf dem Computer, dem Tablet oder dem Handy gespeichert werden. Dabei gibt es viele Gründe, die für eine elektronische Datenspeicherung in einer Datenbank sprechen:

- Es wird weniger Platz benötigt, da alle Daten direkt auf einem Speichermedium
  (z. B. einer Festplatte) gespeichert werden.
- Der Nutzer hat vielfältige Möglichkeiten, die Daten auszuwerten
  (z. B. die Ausgabe einer Geburtstagsliste seiner Freunde oder die Anzeige aller Kunden,
  die ihre Rechnungen noch nicht gezahlt haben).
- Die Daten können von einem Medium auf ein anderes übertragen werden
  (z. B. vom Handy auf den PC).
- Liegen die Daten auf einem Webserver, so kann auf sie von einem beliebigen Ort aus zugegriffen werden.
  (Webserver = im Internet zur Verfügung stehender Datenspeicher)
- Es ist möglich, dass mehrere Personen gleichzeitig auf die Daten zugreifen.
- Datenbankprogramme erleichtern den Umgang mit sehr großen Datenbeständen. Zudem bieten sie
  die Möglichkeit, die Daten sinnvoll zu strukturieren und zu bearbeiten.

Viele Unternehmen arbeiten aufgrund der dargestellten Vorteile mit einer Datenbank. Neben reinen Datenbanken gibt es auch Warenwirtschaftssysteme und ERP-Systeme, die in einem Unternehmen eingesetzt werden können. Sie haben jeweils einen größeren Funktionsumfang als eine reine Datenbank und erlauben es unter anderem, auch Waren- und Wertströme innerhalb der Geschäftsprozesse im Unternehmen abzubilden.

Eine typische Datenbankdatei besteht aus einer Vielzahl von Tabellen, die wiederum viele Datensätze enthalten. Um einen **Datensatz** zu suchen, öffnet Bettina Lotto z. B. die Tabelle Kunden und erhält eine Übersicht über alle Debitoren der Fly Bike Werke GmbH. Alle Informationen zu einem einzelnen Kunden stellen einen Datensatz dar. Ein Datensatz ist vergleichbar mit einer Karteikarte, die für jeden Kunden angelegt und in einem Karteikasten eingeordnet wird. Sortiert sind die Datensätze nach der Kundennummer oder alphabetisch.

Jeder Datensatz besteht aus mehreren Datenfeldern. Der Datensatz des Kunden Bike GmbH enthält u. a. die Datenfelder Kundennummer und Name. Jedes Datenfeld besteht wiederum aus Zeichen. Das Datenfeld Kundennummer enthält die **Zeichen** D, –, 2, 4, 0, 3 und 6.

Die verschiedenen Datenfelder sind in einer Zeile der Tabelle hinterlegt. Durch den Wechsel zu den anderen Datenfeldern erhält Bettina Lotto zusätzliche Informationen über die Bike GmbH. Sie erfährt so z. B. die Anschrift, die Telefonnummer und die Faxnummer.

Weiterhin sind auch einzelne Tabellen miteinander verknüpft, sodass durch eine Abfrage auch weitere Informationen zu einem Kunden aufgefunden werden können, wie zum Beispiel die gesamten Bestellungen des Kunden.

Wiederholungsfragen

1. Welche Vorteile bietet eine elektronische Datenbank für ein Unternehmen?

2. Erläutern Sie den typischen Aufbau einer Datenbank.

3. Lesen Sie den Informationstext aufmerksam und unterstreichen Sie die Begriffe, die Ihnen unbekannt sind. Recherchieren Sie diese Begriffe in den Ihnen zur Verfügung stehenden Büchern oder im Internet und ergänzen Sie Arbeitsblatt 15.3.

Arbeitsblatt 15.3 (2 Seiten) | Begriffe rund um das Thema Datenbanken

Begriff	Bedeutung
Abfrage	
Attribut	
Attributwert	
Autowert	
atomar	
Bericht	
Datensatz	
Datenfeld	
Datenbank	
Datenbank-managementsystem	
Felddatentyp	

Begriff	Bedeutung
funktionale Abhängigkeit	
Formular	
referenzielle Integrität	
inkonsistent	
Makro	
Memo	
Normalisierung	
Primärschlüssel	
relational	
redundant	
Tabelle	
Tupel	
Begriff	Bedeutung

Arbeitsblatt 15.4 | Lückentext zu Datenbanken

Abfragen	atomar	Attribute	Attributwert	auswerten
Autowert	Bericht	Daten	Datenbank	Datenbankdatei
Datenfeld	Datenintegrität	Datenmengen	Datensatz	Felddatentypen
Formular	funktional abhängig	inkonsistent	Nicht-Schlüsselattribut	Normalformen
Normalisierung	Primärschlüssel	Redundanzen	sortieren	suchen
Tabelle	Tupel	Zeile	Zelle	Währung

Lückentext zu Datenbanken

In Unternehmen fallen regelmäßig viele Informationen – z. B. zu Kunden, Lieferanten, Artikeln und Mitarbeitern – an.
Diese Informationen nennt man _____ . Alle Informationen werden strukturiert und in der Regel in einer
elektronischen _____ erfasst, da somit ein schnelleres Auffinden gewährleistet ist als zum Beispiel in einer
papierbasierten Datenbank in Form von Ordnern oder Karteikarten. Auf die Daten einer computergestützten Datenbank
kann man mithilfe der modernen EDV schnell zugreifen und sie dementsprechend schnell _____ .
Mithilfe der EDV kann man viel größere _____ speichern und die gespeicherten Daten viel schneller
_____ und _____ lassen.
Um Daten nach den eigenen Kriterien zu filtern, können in einer Datenbank _____ durchgeführt werden.
Möchte man Daten benutzerfreundlich in die Datenbank eingeben, erstellt man hierzu ein _____ . Ein
_____ dient dazu, die ausgewerteten Daten zusammenzufassen und auszudrucken.
In einer _____ fasst man alle Daten zusammen, die inhaltlich, thematisch zusammenpassen. Die Daten, die
zusammengehören, stehen in einer _____ der Tabelle.
Diese Zeile einer Tabelle nennt man auch _____ oder _____ . Eine einzelne _____
eines Datensatzes nennt man _____ . Sie enthält eine einzelne Information zu diesem Datensatz. Diese Information wird auch _____ genannt. Die Spaltenüberschriften einer Tabelle bezeichnen die Eigenschaften und
werden _____ genannt.
Die Datenfelder eines Datensatzes können verschiedenen _____ zugeordnet werden. Die Felddatentypen
legen fest, welche Art von Daten in diesem Feld eingegeben werden können.
Beim Felddatentyp „Text" können Buchstaben und Ziffern eingegeben werden, beim Typ „Zahl" können hingegen nur
Zahlen eingegeben werden. Umfangreichere Informationen gibt man in Felder vom Typ „Memo" ein. Außerdem gibt es
noch weitere Datentypen, wie zum Beispiel „_____ ", „Datum/Uhrzeit", „_____ ", „Nachschlage
Assistent", „Anlage" und „Ja/Nein". Der Felddatentyp „Ja/Nein" wird dann in einem Formular als Kontrollkästchen dar-
gestellt. Versucht man zum Beispiel, ein Datum in ein Feld mit dem Datentyp „Währung" einzugeben, erhält man eine
Fehlermeldung.
Eine _____ im Programm Microsoft Access 2010 hat die Dateiendung .accdb und enthält eine oder mehrere
Tabellen mit Daten.
Die Tabellen einer Datenbank sollten klar strukturiert sein. Hierauf sollte man schon während der Erstellung der Daten-
bank achten. Es sollte die doppelte Speicherung gleicher Inhalte vermieden werden.
Ist das trotzdem der Fall, enthält die Datenbank _____ . Hierdurch wird die Datenbank fehleranfällig und ist
somit _____ .
Wenn eine Datenbank fehlerfrei ist und keine widersprüchlichen Daten vorliegen, so liegt _____ vor.
Um Datenintegrität bei einer bereits bestehenden Datenbank herzustellen, wendet man bestimmte Regeln zur Überar-
beitung an.
Der Prozess der Überarbeitung wird _____ genannt, die Regeln nennt man _____ .
In der ersten Normalform darf in jedem Datenfeld der Datenbank nur eine Information stehen. Man sagt: Die Datenbank
ist _____ .
In der zweiten Normalform befindet sich die Datenbank in der ersten Normalform und jedes Feld einer Tabelle hängt
funktional vom _____ der Tabelle ab.
In der dritten Normalform befindet sich die Datenbank in der zweiten Normalform und alle _____
sind untereinander unabhängig.

Arbeitsblatt 15.5 | Feedbackbogen zur Präsentation

Beurteilungskriterien	Vortrag 1		Vortrag 2	
Angemessene Kleidung	gepflegtes Auftreten ☐	ungepflegt, zu lässig ☐	gepflegtes Auftreten ☐	ungepflegt, zu lässig ☐
Blickkontakt	spricht Zuhörer an ☐	fehlt ☐	spricht Zuhörer an ☐	fehlt ☐
Körperhaltung, Gestik und Mimik	sichere Ausstrahlung ☐	wirkt unsicher, steif, übertrieben ☐	sichere Ausstrahlung ☐	wirkt unsicher, steif, übertrieben ☐
Sprechweise	deutlich, angemessene Lautstärke ☐	undeutlich, zu leise, einschläfernd ☐	deutlich, angemessene Lautstärke ☐	undeutlich, zu leise, einschläfernd ☐
Sprechtempo	angemessenes Tempo, gute Pausentechnik ☐	zu schnell, keine Pausen ☐	angemessenes Tempo, gute Pausentechnik ☐	zu schnell, keine Pausen ☐
Sprache	verständlich, kurze Sätze ☐	unverständlich, umständlich, lange Sätze ☐	verständlich, kurze Sätze ☐	unverständlich, umständlich, lange Sätze ☐
Struktur des Vortrages	klar erkennbar ☐	nicht nachvollziehbar, sprunghaft ☐	klar erkennbar ☐	nicht nachvollziehbar, sprunghaft ☐
Gestaltung der Folien	übersichtlich, klar gegliedert ☐	unübersichtlich, keine Gliederung erkennbar ☐	übersichtlich, klar gegliedert ☐	unübersichtlich, keine Gliederung erkennbar ☐
Verwendung von Bildern, Grafiken und Tabellen	passend zum Inhalt, angemessene Menge ☐	passt nicht zum Inhalt, zu viele ☐	passend zum Inhalt, angemessene Menge ☐	passt nicht zum Inhalt, zu viele ☐
Inhalt	vollständig, sachlich richtig, angemessene Gewichtung von Haupt- und Nebenpunkten ☐	unvollständig, sachliche Fehler, wichtige Punkte zu kurz, nebensächliche Punkte zu ausführlich ☐	vollständig, sachlich richtig, angemessene Gewichtung von Haupt- und Nebenpunkten ☐	unvollständig, sachliche Fehler, wichtige Punkte zu kurz, nebensächliche Punkte zu ausführlich ☐
Verbesserungsvorschläge und offene Fragen				

Aufgaben

Aufgabe 1
Ein Vertriebsmitarbeiter der Fly Bike Werke GmbH ruft in der Einkaufsabteilung an, weil die Fahrradanhänger für eine Anfrage eines sehr wichtigen Kunden nicht vorrätig sind. Erläutern Sie, warum der Vertrieb beim Einkauf anruft und von ihm Hilfe benötigt und welche Schritte der Einkauf durchführen muss.

Aufgabe 2
Inzwischen ist es 2 Wochen her, dass Bettina Lotto ein Angebot an einen Kunden versendet hat. Bisher hat sie aber noch keine Bestellung von ihm erhalten. Was könnten für Gründe vorliegen, dass es noch keine Bestellung gibt und wie kann sich Bettina Lotto verhalten.

Aufgabe 3
Wenn Bettina Lotto im Sekretariat aushilft, ist sie insbesondere für die Verteilung der eingegangenen Post, E-Mails und Faxe zuständig. Um keine Fehler bei der Weiterleitung zu machen, erstellt sie eine Tabelle, welche Schreiben in welche Abteilung weitergeleitet werden müssen und wie die Mitarbeiter der Abteilungen mit diesen Schreiben weiter vorgehen sollen. Füllen Sie die nachfolgende Tabelle sorgfältig aus, damit Bettina Lotto eine vollständige Übersicht hat.

Schreiben	Abteilung	Wie muss auf das Schreiben reagiert werden
Anfrage		
Angebot		
Bestellung		
Kundenreklamation aufgrund einer Mengenabweichung im Lieferschein (es wurde weniger geliefert als auf dem Lieferschein vermerkt)		
Lieferantenrechnung		

Aufgabe 4

Während ihrer Tätigkeit im Vertrieb wird Bettina Lotto mit verschiedenen Störungen im Verkaufsprozess konfrontiert. Was könnten die Ursachen für die Störungen sein, welche Abteilung ist für Bettina der richtige Ansprechpartner, um das Problem lösen zu können, und wie könnten die Mitarbeiter der Abteilungen vorgehen?

Situation	Ursache	Zuständige Abteilung	Vorgehen
Ein Kunde kennt das konkrete Lieferdatum seiner Bestellung nicht.			
Das verkaufte Material ist bereits beim Kunden, aber der Lagerbestand in der Datenbank entspricht noch dem Bestand vor der Lieferung.			
Ein Kunde erhält eine Lieferung und Rechnung über 50 Fahrradhelme, er hat jedoch 70 Stück bestellt.			
Ein Kunde erhält eine Rechnung mit höheren Preisen als die in der Auftragsbestätigung angegebenen.			

Aufgabe 5

Sofern Sie in Jahrgangsstufe 11 eine Lernkartei (Power-Point-Präsentation oder Karteikarten) angelegt haben, führen Sie sie nun weiter. Wenn nicht, legen Sie eine Lernkartei an:

Auf der ersten Folie oder der Vorderseite der Karte notieren Sie das zu lernende Wissenselement, z. B. Datenbank, oder einen Fachbegriff wie Redundanz als Frage. Auf einer zweiten Folie oder der Rückseite notieren Sie die Lösung. Sie können diese Lernkartei immer weiter ausbauen und Ihr Wissen erweitern.

Aufgabe 6

Sofern Sie in Jahrgangsstufe 11 ein Lerntagebuch angelegt haben, führen Sie es weiter. Wenn nicht, legen Sie es nun an:

Im Lerntagebuch können Sie Ihre persönlichen Lernfortschritte, Ihre Eindrücke im Unterricht, aber auch Probleme und Schwierigkeiten beim Lernen dokumentieren.

In einem kleinen Heft oder mit PowerPoint können Sie regelmäßig Eintragungen vornehmen. Sie können z. B. folgende Fragen in Ihr Lerntagebuch aufnehmen:

- Was habe ich gelernt?
- Was möchte ich noch lernen?
- Habe ich einige Sachverhalte nicht richtig verstanden? Welche?
- Was habe ich gerne/nicht gerne gemacht?
- Welche Schwierigkeiten hatte ich mit dem Stoff?
- Welche Probleme gab es mit Mitschülern?
- Wie schätze ich meinen Anteil am Gruppenergebnis bzw. am Ergebnis der Klasse ein?
- Was mache ich das nächste Mal genauso?
- Was mache ich das nächste Mal anders?

Sie können ein Lerntagebuch auch zur Wiederholung von Themen oder zur Vorbereitung auf Klassenarbeiten und Tests nutzen.

SB BWL ▶ Seite 309 | Handlungsfeld 4, Kap. 10
Seite 323 | Handlungsfeld 4, Kap. 12

LS BWL ▶ Seite 253 ff. | Lernsituation 49

Ein Angebot erstellen

Situation

Bettina Lotto hat nun festgestellt, dass ihr einige Informationen fehlen, um der Bike GmbH im nächsten Schritt des Verkaufsprozesses ein vollständiges Angebot zu machen. Um diese Informationen einzuholen, kann und sollte sie die neue Access-Datenbank des Unternehmens nutzen.

Sie macht sich sofort an die Arbeit und erkundet die Datenbank. Für weitere Aufträge macht sie sich gleichzeitig noch zusätzliche Notizen. Durch einen kurzen Anruf im Lager erfährt sie, dass die Lieferzeit durchschnittlich 4 Tage beträgt, wenn das Material auf Lager ist.

Handlungsaufträge

1 Welche Problemstellung ergibt sich aus der Situation? Strukturieren Sie Ihr Vorgehen wieder wie in Lernsituation 15, Arbeitsblatt 15.1 (oder nutzen Sie die Kopiervorlage „Herleitung der Problemstellung").

2 Machen Sie sich mithilfe des Informationsblattes 16.1 mit den Grundlagen von MS Access vertraut und bearbeiten Sie die integrierten Fragen.

3 Vertiefen Sie das erarbeitete Wissen im Umgang mit der Datenbank, indem Sie die fehlenden Informationen in den Tabellen von Arbeitsblatt 16.1 festhalten und die relevanten Daten für das Angebot herausfiltern.

4 Erstellen Sie mithilfe eines Textverarbeitungsprogramms ein normgerechtes Angebot. Nutzen Sie hierzu die im Arbeitsblatt 16.1 erarbeiteten Informationen und die Datei *Briefvorlage_Flybike_neu.dotx* oder orientieren Sie sich an der hier abgebildeten Vorlage.

5 Vergleichen Sie Ihre Ergebnisse.

Fly Bike Werke GmbH

Fly Bike Werke GmbH · Rostocker Str. 334 · 26121 Oldenburg

Bike GmbH
Herrn Gründel
Leipziger Chaussee 12
39118 Magdeburg

Ihr Zeichen:
Ihre Nachricht vom:
Unser Zeichen:
Kunden-Nr:

Name:
Telefon: +49 441 885-1551
Telefax: +49 441 885-9211
E-Mail: vertrieb@flybike.de

Datum: 16.11.20XX

Geben Sie hier den Betreff ein

Anrede,

Geben Sie hier Ihren Brieftext ein.

Pos	Artikel-nummer	Beschreibung	Anzahl	Preis	Rabatt in %	Nettopreis pro Stück	Netto

Geben Sie hier die Lieferungsbedingungen ein.

Geben Sie hier die Zahlungsbedingungen ein.

Grußformel

Fly Bike Werke GmbH
Abteilung

unter Unterschrift: gedruckter Name

Informationsblatt 16.1 (3 Seiten) | Erste Schritte mit der Datenbank der Fly Bike Werke GmbH

Öffnen Sie die Datenbank der Fly Bike Werke GmbH.
Ändern Sie die Ansicht von **Benutzerdefiniert** zu **Objekttyp** im markierten Bereich und alle Objekte der Datenbank werden sichtbar.

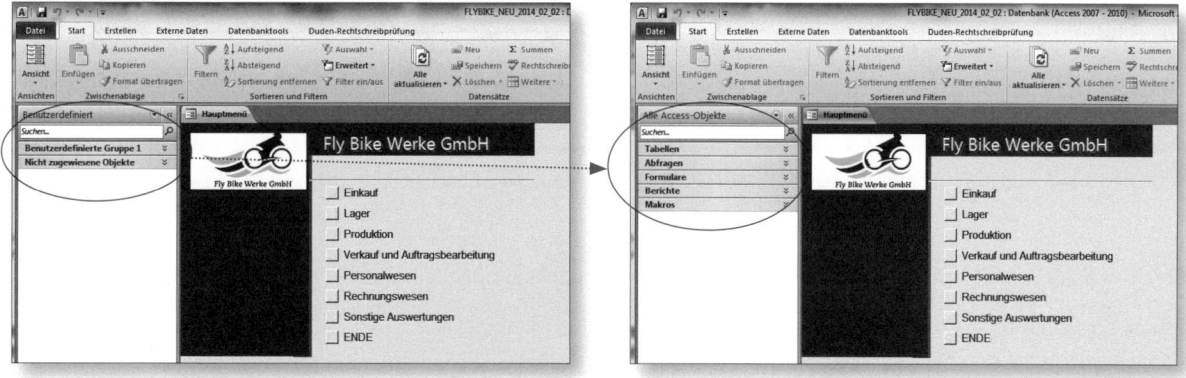

Lassen Sie sich zunächst die Artikelliste der Fly Bike Werke GmbH anzeigen. Sie finden die Artikelliste unter dem Hauptmenüpunkt *Lager*.

Welche Artikelnummer hat: Fahrrad City Glide Rahmenhöhe 48 _____

Fahrrad Trekking Nature Rahmenhöhe 52 _____

Welcher Artikel verbirgt sich hinter folgenden Artikelnummern: 5022 _____

7005 _____

Wechseln Sie nun wieder zum Hauptmenü. Sie finden es, wenn Sie in der linken Randspalte auf den Pfeil neben dem Objekttyp **Formulare** klicken. Wählen Sie den Menüpunkt *Verkauf und Auftragsbearbeitung* und gehen Sie von dort zu *Alle Kunden ansehen*.

Setzen Sie den Cursor in den Bereich *Kundennummer* und klicken Sie auf das Fernglas (**Datensätze suchen**) geben Sie im sich nun öffnenden Bereich bei **Suchen nach** die Nummer 10007 ein.

Welcher Kunde verbirgt sich hinter dieser Kundennummer:

_____

Notieren Sie hier die vollständige Adresse des Kunden, die Telefonnummer des Ansprechpartners, die Bankverbindung und die Zahlungsmoral.

_____

_____

_____

_____

_____

_____

Mit dem folgenden Symbol schließen Sie das Formular und kehren zurück zum Hauptmenü.

Alle diese Daten sind in der Tabelle Kunden gespeichert. Lassen Sie sich alle vorhandenen Tabellen anzeigen, indem Sie auf den Pfeil neben Tabellen klicken.
Es öffnet sich folgendes Bild:

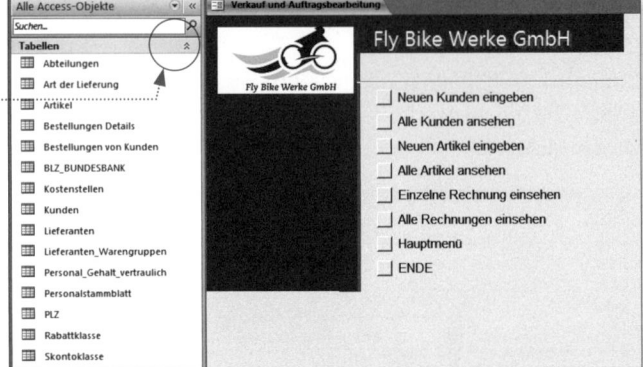

Beispiel einer Tabelle mit Kundennummern, entsprechenden Bankverbindungen und Zahlungsmoral

Öffnen Sie nun die Tabelle Kunden mit Doppelklick und lassen Sie sich alle vorhandenen Spalten anzeigen, indem Sie mit der rechten Maustaste auf eine der Spaltenüberschriften klicken und **Felder wieder einblenden** wählen. Nun können Sie aussuchen, welche Spalten Sie angezeigt oder verborgen haben möchten.und ordnet diesen drei Primärschlüsseln alle Attribute zu, die von ihnen abhängig sind.

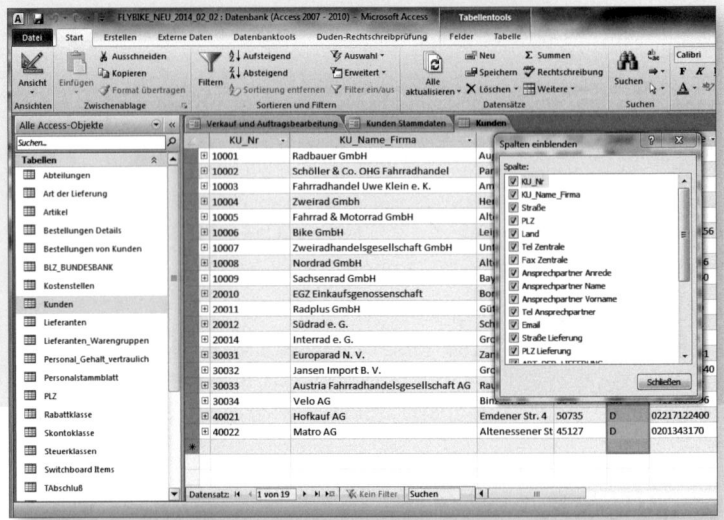

Beispiel einer weiteren Tabelle mit den Artikeln der Fly Bike Werke GmbH

Recherchieren Sie über das Hauptmenü *Verkauf und Auftragsbearbeitung* unter dem Menüpunkt *Alle Artikel ansehen* folgende Informationen

Welcher Artikel verbirgt sich hinter der Artikelnummer 8070? _____

Öffnen Sie nun die Tabelle *Artikel* direkt mit Doppelklick.

Aus wie vielen Spalten besteht diese Tabelle? _____

Notieren Sie für Artikel 8070 die Warengruppe, den Verkaufspreis, den durchschnittlichen Einkaufspreis sowie den Melde- und Höchstbestand.

Warengruppe:
Verkaufspreis:
durchschnittlicher Einkaufspreis:
Meldebestand:
Höchstbestand:

Welche Spalte wird nicht angezeigt?

_____

Beispiel einer Abfrage

Öffnen Sie die Abfrage *Komponenten City Surf* mit Doppelklick.
Aus wie vielen Bestandteilen wird das Fahrrad City Surf hergestellt? _____

Was kosten die Verpackungsmaterialien des Fahrrades City Surf und zu welcher Warengruppe gehören sie?		

Beispiel für ein Formular

Formulare dienen zur einfachen Eingabe von Daten in eine Tabelle.
Öffnen Sie mit Doppelklick das Formular *PLZ*.

Am unteren Rand befindet sich das Symbol für **neuer (leerer) Datensatz** – ein Pfeil mit einem Stern – Klicken Sie auf dieses Symbol und
geben Sie für die folgende Stadt die Werte ein: **52072 Aachen D** ein.
Schließen Sie dann das Formular (mit dem Symbol x in der oberen
rechten Ecke des Formulars) und kontrollieren Sie, ob diese neue
Eingabe in der Tabelle *PLZ* als neuer Datensatz sichtbar ist.

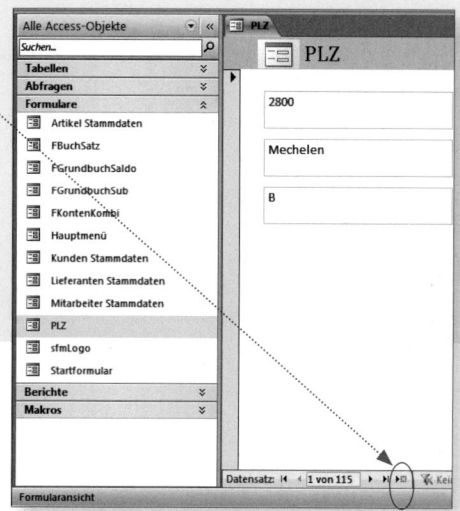

Beispiel für einen Bericht (Rechnung)

In **Berichten** werden Daten aus der Datenbank strukturiert angezeigt und können ausgedruckt werden.

Öffnen Sie im *Hauptmenü* den Punkt *Verkauf und Auftragsbearbeitung* und dort den Unterpunkt *Einzelne Rechnung*
einsehen. Geben Sie in der folgenden Frage die Rechnungsnummer 958 ein.

Welcher Kunde hat diese Rechnung erhalten?

_____

Welche Artikel in welcher Menge wurden in Rechnung gestellt?

_____

_____

Wie hoch sind der gesamte Warenwert und die Umsatzsteuer und bis wann war die Rechnung fällig?	

Arbeitsblatt 16.1 | Nutzung der Datenbank

Debitoren der Fly Bike Werke GmbH

Als Debitor bezeichnet man einen Schuldner des Unternehmens, insbesondere einen **Kunden**, der eine Ware oder Dienstleistung auf Rechnung erhalten hat.

Debitor	Debitoren-nummer	Ort	Adresse	Zahlungs-bedingungen	Incoterms/ Lieferbedingung	Zahlungsmoral
Bike GmbH					ab 5.000 € Nettowarenwert frei Haus/frei Lager	
	24033			8 Tage / 2 %; 30 Tage/netto		

Kreditoren der Fly Bike Werke GmbH

Als Kreditor bezeichnet man einen Gläubiger des Unternehmens, insbesondere einen **Lieferanten**, der z. B. Rohstofflieferungen oder Dienstleistungen auf Rechnung erbracht hat.

Kreditor	Kreditorennummer	Ort	Adresse	UST_Identnummer	Art der Lieferung
	44001				
Schwalle KG					

Materialien der Fly Bike Werke GmbH

Material	Materialnummer und Beschreibung	Verkaufspreis	Rabatt und entsprechend reduzierter Preis*	Melde-bestand	Inventur-bestand
Rennrad Fast Rahmenhöhe 50					
Rennrad Superfast Rahmenhöhe 50					

* der reduzierte Preis ist zu errechnen

Aufgaben

Aufgabe 1
Bettina Lotto hat sich gerade erst mit der normgerechten Erstellung eines Angebots beschäftigt. Erläutern Sie, warum ein fehlerfreies Angebot eine große Bedeutung für ein Unternehmen hat.

Aufgabe 2
Erläutern Sie, das Vorgehen eines Vertriebsmitarbeiters, wenn bei Eingang einer Anfrage kein ausreichender Lagerbestand des Materials vorhanden ist. Welchen Einfluss hat das auf das zu erstellende Angebot? Welche Möglichkeiten ergeben sich daraus für das Angebot?

Aufgabe 3
Die Artikel mit der Artikelnummer 1701 (30 Stück), 1704 (150 Stück) und 2006 (70 Stück) wurden von der Radplus GmbH angefragt. Erstellen Sie ein normgerechtes Angebot. Entnehmen Sie dazu alle notwendigen Informationen aus der Datenbank. Falls der Lagerbestand nicht ausreichen sollte, rechnen Sie für alle Artikel mit einer Beschaffungs- bzw. Produktionszeit von 5 Tagen.

Aufgabe 4
Bettina Lotto hat ein Angebot an einen wichtigen Kunden vorbereitet. Bevor es versendet werden kann, lässt sie es von einem Kollegen korrigieren. Überprüfen Sie alle Angaben kritisch und korrigieren Sie das vorliegende Angebot gegebenenfalls. Lassen Sie sich dazu von Ihrer Lehrkraft die Datei *Angebot_Interrad.docx* geben.

Aufgabe 5
Erweitern Sie Ihre Lernkartei.

Aufgabe 6
Ergänzen Sie Ihr Lerntagebuch.

Fly Bike Werke GmbH

Fly Bike Werke GmbH · Rostocker Str. 334 · 26121 Oldenburg

Interrad e. G.
Herrn Ferdinand Gründel
Großbeerenstr. 30
12108 Berlin

Ihr Zeichen:
Ihre Nachricht vom:
Unser Zeichen:
Kunden-Nr:

Name:
Telefon: +49 441 885-1551
Telefax: +49 441 885-9211
E-Mail: vertrieb@flybike.de

Datum: 19.11.20xx

Angebot 50908-IR-2014 über Rennräder

Sehr geehrter Herr Gründel,

Ihr Interesse an unserem Sortiment freut uns sehr. Wunschgemäß senden wir Ihnen ein Angebot über.

Pos	Artikel-nummer	Beschreibung	Anzahl	Preis	Rabatt in %	Nettopreis pro Stück	Netto
1	6041	Fahrradanhänger Bambini grün	15	141,99 €	20	113,59 €	1.703,85 €
2	2012	Fahrrad Trekking Light Rahmenhöhe 52	30	299,25 €	25	239,40 €	7.182,00 €
						Gesamt Netto	8.885,88 €
						19 % Umsatzsteuer	1.688,32 €
						Gesamt Brutto	10.574,20 €

Die Lieferung erfolgt sofort nach Auftragseingang per Lkw frei Haus. Ihre Zahlung erwarten wir innerhalb von 14 Tagen mit 3 % Skonto oder innerhalb von 30 Tagen rein netto.

Wir würden uns freuen, Ihren Auftrag zu erhalten.

Mit freundlichen Grüßen

Fly Bike Werke GmbH
Abteilung Lager

i. A. *Bettina Lotto*
Bettina Lotto

SB BWL ▶ Seite 338 ff. | Handlungsfeld 4, Kap. 12

LS BWL ▶ Seite 253 ff. | Lernsituation 49

Den Warenversand vorbereiten

Situation

Wenige Tage nachdem Bettina Lotto das Angebot erstellt und versendet hat, erhält sie folgende Bestellung der Bike GmbH. Nach kurzer Rücksprache mit Frau Ganser kann sich Bettina nun an die weitere Bearbeitung des Vorgangs machen und die notwendigen Schritte gemeinsam mit den jeweilig zuständigen Mitarbeitern der anderen am Verkaufsprozess beteiligten Abteilungen erledigen.

Bike GmbH   Leipziger Chaussee 12   39118 Magdeburg

Fly Bike Werke GmbH
Rostocker Str. 334
26121 Oldenburg

Posteingang
21.11.20XX

Ihr Zeichen, Ihre Nachricht vom	Unser Zeichen, unsere Nachricht vom	Telefon, Name	Datum
bl, 16.11.20xx	gsch/bbil, 13.11.20xx	0391 509061 Herr Gründel	19.11.20XX

Bestellung Nr. 101b

Sehr geehrte Frau Lotto,

vielen Dank für Ihr Angebot. Wir bestellen hiermit unter Berücksichtigung Ihrer Preis- und Rabattliste:

30 Rennräder Modell Renn Fast, Art. 4011, Rahmenhöhe 50 zum Gesamtpreis von 30.240,00 Euro netto, 30 Rennräder Modell Renn Superfast, Art. 4021, Rahmenhöhe 50, zum Gesamtpreis von 52.920,00 Euro netto.

Sollten sich die Rennräder gut verkaufen, werden wir bei der nächsten Bestellung eine größere Menge ordern.

Mit freundlichen Grüßen

Bike GmbH
Abteilung Einkauf

i. A. *Gründel*

Gründel

Handlungsaufträge

1 Analysieren Sie die Problemstellung der Ausgangssituation und planen Sie Ihr Vorgehen. Erstellen Sie eine Übersicht wie im Arbeitsblatt 15.1.

2 Bettina Lotto überlegt, mit welcher Abteilung sie nun nach Erhalt der Bestellung zusammenarbeiten muss. Notieren Sie sich alle Abteilungen, die bei der Lösung der Problemstellung mit einbezogen werden müssen. Suchen Sie den Warenbestand (Inventurbestand) aus der Datenbank heraus und überprüfen Sie ihn in Bezug auf die Bestellung.

3 Erstellen Sie eine Dokumentationsmappe, in die Sie nach jedem Prozessschritt eine Kopie des Ergebnisses abheften, um am Ende eine Übersicht über den gesamten Prozess zu haben. Sie können diese Mappe auch in elektronischer Form führen, indem Sie jeweils PDFs der Ergebnisse erstellen, die Sie in einem Gesamtdokument zusammenführen.

4 Ergänzen Sie Arbeitsblatt 17.1 zunächst handschriftlich und verwenden Sie hierzu die in Lernsituation 16 (Arbeitsblatt 16.1) erarbeiteten Informationen. Erstellen Sie anschließend den Lieferschein für die Lieferung der Rennräder an die Bike GmbH mithilfe von MS Word und der Briefvorlage der Fly Bike Werke GmbH. Nutzen Sie die Möglichkeit, den Lieferschein mit einer Tabelle zu gestalten.

5 Füllen Sie Arbeitsblatt 17.2 zunächst handschriftlich aus und erstellen Sie anschließend mithilfe von MS Word eine Dokumentvorlage für den Materialentnahmeschein. Informieren Sie sich zuvor anhand von Informationsblatt 17.1 darüber, wie man Dokumentvorlagen in Word anlegen kann.

6 Korrigieren Sie die Lagerbestände in der Datenbank und kontrollieren Sie, ob die neuen Inventurbestände korrekt übernommen wurden.

7 Präsentieren Sie Ihre Ergebnisse im Plenum.

Arbeitsblatt 17.1 | Lieferschein

Fly Bike Werke GmbH

Fly Bike Werke GmbH · Rostocker Str. 334 · 26121 Oldenburg

Bike GmbH
Herrn Gründel
Leipziger Chaussee 12
39118 Magdeburg

Ihr Zeichen:
Ihre Nachricht vom:
Unser Zeichen:
Unsere Nachricht vom:

Name:
Telefon: +49 441 885-1551
Telefax: +49 441 885-9211
E-Mail: vertrieb@flybike.de

Datum: 25.11.20xx

Lieferschein Nr.

Bearbeiter	Kundennummer	Ihre Bestellung Nr.	vom	Versanddatum

Versandart/Freivermerk		Verpackungsart	

Pos.-Nr.	Artikel-Nr.	Artikelbezeichnung	Menge	Mengeneinheit

Ware erhalten	

Mit freundlichen Grüßen

Fly Bike Werke GmbH
Abteilung Lager

i. A. *Bettina Lotto*
Bettina Lotto

Fly Bike Werke GmbH
Rostocker Str. 334
26121 Oldenburg

www.flybike.de
mail@flybike.de

Bankkonten
Landessparkasse Oldenburg
BLZ 280 501 00
Kto.-Nr. 112326444
IBAN DE86 2805 0100 0112 3264 44
BIC BRLADE21LZO

Geschäftsführer
Hans Peters

Handelsregister
Amtsgericht Oldenburg
HR Oldenburg B 2134

Steuer Nr. 112/8870/0057
USt-Id.-Nr. DE236667691

Informationsblatt 17.1 | Eine Dokumentvorlage in MS Word erstellen

Wenn Sie mit MS Word (oder einem anderen Textverarbeitungsprogramm) ein neues Dokument erstellen wollen, öffnen Sie in der Regel
- entweder eine neue leere Seite, die Sie anschließend füllen,
- ein bereits vorhandenes Dokument, das Sie unter einem neuen Namen speichern und dann nach Ihren Vorstellungen ändern
- oder eine Dokumentvorlage (wie die Briefvorlage der Fly Bike Werke GmbH), die bereits bestimmte Elemente enthält, die Sie um weitere, variable Text- oder Bildelemente ergänzen.

Das Programm Word bietet Ihnen eine Vielzahl von bereits vorgefertigten Dokumentvorlagen an. Sie finden Sie über das Register **Datei** und den Befehl **Neu**.

Ein Teil dieser Vorlagen sind direkt Bestandteil des Programms, für weitere greift Word auf entsprechende Internetseiten zurück. Auch die leere Seite, die Sie normalerweise öffnen, greift auf eine Dokumentvorlage zurück, die schon Informationen – zum Beispiel über die Breite der Seitenränder, die Schriftart und -größe etc. – enthält.

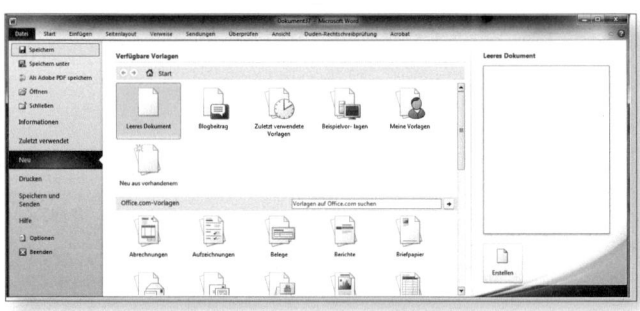

Dokumentvorlagen können Sie auch einfach selbst erstellen. Öffnen Sie dazu ein leeres Dokument wie gewohnt. Gestalten Sie die Seite nun nach Ihren Vorstellungen. Fügen Sie zum Beispiel mit Doppelklick auf den oberen Seitenrand eine Kopfzeile ein und hinterlegen Sie dort ein grafisches Element – etwa ein Bild, eine Autoform .... Klicken Sie dann wieder doppelt in die Mitte der Seite. Sie gelangen vom Kopfzeilenbereich wieder zurück in den regulären Textbereich. Fügen Sie dort nun zum Beispiel eine Tabelle ein.

Zu einer Vorlage wird Ihr Dokument, indem Sie im Register **Datei** den Befehl **Speichern unter** wählen. In der sich daraufhin öffnenden Ordnerliste gehen Sie ganz nach oben und klicken unter **Microsoft Word** auf **Vorlagen** (bzw. **Templates**).

TIPP ... gilt für Windows 7 und Windows 8; unter Windows Vista finden Sie den Vorlagenordner unter **Favoriten** und wenn Sie Windows XP nutzen, heißt der Ordner **Vertrauenswürdige Vorlagen**.

TIPP Wenn Sie die Tabelle ansprechend formatieren, können Sie sie auch in anderen Dokumenten verwenden. Markieren Sie die Tabelle und speichern Sie sie im Schnelltabellenkatalog: Register **Einfügen** > Gruppe **Tabellen** > Menü **Tabelle** > **Schnelltabellen** auswählen > Befehl **Auswahl im Schnelltabellenkatalog speichern ...**

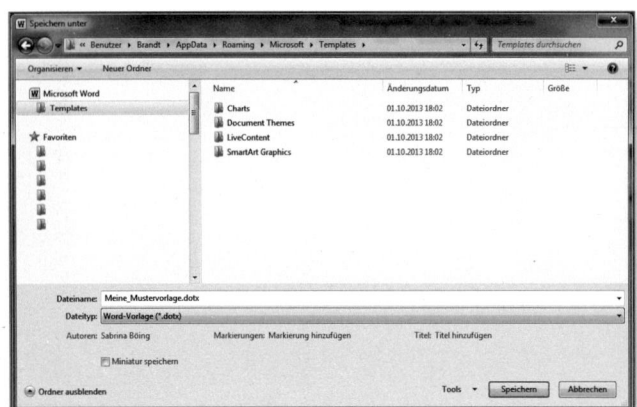

Geben Sie Ihrer Vorlage einen Namen, zum Beispiel *Meine_Mustervorlage* und ändern Sie den **Dateityp** unter dem Dateinamen auf Word-Vorlage (*.dotx).
Klicken Sie auf **Speichern**.
Wenn Sie nun ein neues Dokument öffnen, finden Sie Ihre neu erstellte Vorlage unter **Meine Vorlagen**.

Probieren Sie es aus!

Arbeitsblatt 17.2 | Materialentnahmeschein

Nach der Lieferung der Rennräder an die Bike GmbH müssen die Lagerbestände bei den Fly Bike Werken korrigiert werden. Die Veränderung wird dabei zunächst auf einem Materialentnahmeschein dokumentiert. Danach erfolgt die Ausbuchung der Waren aus der Datenbank.

1 Tragen Sie die Veränderung handschriftlich in die hier abgebildete Tabelle ein und erstellen Sie dann eine Word-Vorlage für den Materialentnahmeschein. Nutzen Sie diese Vorlage und öffnen Sie ein neues Dokument, in das Sie Ihre Eintragungen übernehmen (Handlungsauftrag 5). Drucken Sie es aus und heften Sie es in Ihre Dokumentationsmappe (Handlungsauftrag 3).

2 Korrigieren Sie anschließend die Lagerbestände in der Datenbank (Handlungsauftrag 6) entsprechend der Materialentnahme, indem Sie im *Hauptmenü* unter dem Punkt *Verkauf und Auftragsbearbeitung* und weiter unter *Alle Artikel ansehen* den richtigen Artikel heraussuchen und die ursprünglichen Werte mit den richtigen Werten überschreiben. Kontrollieren Sie, ob der neue Inventurbestand korrekt in die Tabelle *Artikel* übernommen wurde.

Fly Bike Werke GmbH

Kundenauftrag

Materialentnahmeschein

Freigegeben für den Kunden: _____

Bestellnummer: _____

Material-Nr.	Bezeichnung	Menge	Mengen-einheit	Rest-menge	Lager

Material dem Lager entnommen:

_____
Datum, Unterschrift

Aufgaben

Aufgabe 1
Welche Adressaten hat ein Lieferschein? Warum hat er eine wichtige Rolle sowohl für das versendende Unternehmen als auch für die Spedition und den Kunden?

Aufgabe 2
Begründen Sie, warum folgende Elemente des Lieferscheins wichtig sind:
• Bestellnummer
• Menge und Mengeneinheit
• Ware erhalten
• Lieferscheinnummer

Aufgabe 3
Welche Schritte sind nach der Bestellannahme hinsichtlich des aktuellen Warenbestandes (Inventurbestand) und bei der weiteren Bearbeitung der Bestellung vorzunehmen?

a   Wie hängen dabei die Begriffe Mindestbestand und Höchstbestand zusammen?

b   Wen sollte der Lagermitarbeiter bzw. Sachbearbeiter informieren, wenn der Mindestbestand erreicht oder unterschritten wird und welcher Prozess wird dann angestoßen?

c   Skizzieren Sie den unter Teilaufgabe b angesprochenen Prozess, der durch eine Unterschreitung des Mindestbestands ausgelöst wird.

Aufgabe 4
Der Vertrieb möchte den Kundenservice verbessern und Kunden während des Bestellprozesses darüber informieren, dass die Bestellung eingegangen ist, sich nun in Bearbeitung befindet und wann mit der Lieferung zu rechnen ist. Erstellen Sie eine Word-Vorlage für ein entsprechendes Schreiben.

Aufgabe 5
Warum ist es für ein Unternehmen sinnvoll, mit Vorlagen zu arbeiten?

Aufgabe 6
Die Zweiradhandelsgesellschaft GmbH hat jeweils 20 Mengeneinheiten der Artikelnummer 5011, 5013 sowie 5023 bestellt. Überprüfen Sie in der Datenbank, ob die entsprechenden Lagerbestände ausreichend sind.
Wenn ja,

a   nutzen Sie die von Ihnen erstellte Vorlage aus Aufgabe 4, um dem Kunden eine Bestelleingangsbestätigung zu senden

b   erstellen Sie den dazugehörigen Lieferschein

c   nutzen Sie die von Ihnen erstellte Vorlage zur Erstellung des Materialentnahmescheins

d   korrigieren Sie den Lagerbestand in der Datenbank

Aufgabe 7
Erweitern Sie Ihre Lernkartei.

Aufgabe 8
Ergänzen Sie Ihr Lerntagebuch.

Die Rechnung stellen und verbuchen

SB BWR ▶ Seite 93 ff. | Handlungsfeld 1, Kap. 8.5
Seite 340 f. | Handlungsfeld 4, Kap. 12.7
Seite 375 ff. | Handlungsfeld 4, Kap. 17

LS BWR ▶ Seite 253 ff. | Lernsituation 49

Situation

Nach Versendung der bestellten Fahrräder über eine Spedition läuft Bettina voller Tatendrang in die Buchhaltung und möchte mit ihrem Kollegen Hans-Christian Müller die Rechnung erstellen und verbuchen. Leider ist er momentan nicht im Büro. Jedoch hat er Bettina folgende Hausmitteilung hinterlassen.

Hausmitteilung

Fly Bike Werke GmbH

Absender

☐ Geschäftsführung
☐ Zentralsekretariat
☒ Rechnungswesen/Controlling
☐ Einkauf/Logistik
☐ Produktion
☐ Verwaltung
☐ Vertrieb
☐
☐

Empfänger

☐ Geschäftsführung
☐ Zentralsekretariat
☐ Rechnungswesen/Controlling
☐ Einkauf/Logistik
☐ Produktion
☐ Verwaltung
☒ Vertrieb
☒ Bettina Lotto
☐

Mit der Bitte um

☐ Kenntnisnahme   ☒ Erledigung   ☐ Stellungnahme
☐ Rücksprache   ☐ Rückgabe   ☐ Weiterleitung
☐   ☐   ☐

Bitte geben Sie hier Ihren Text ein:

Hallo Frau Lotto,

leider kann ich nicht dabei sein, um den Vorgang der Bike GmbH abzuschließen. Zusammen mit dieser Mitteilung finden Sie aber eine Rechnungsvorlage sowie eine Vorlage zur Vorbereitung der Buchung. Beide können Sie nutzen, um den Vorgang abzuschließen. Da ich weiß, dass Sie bereits im Unterricht an der Berufsschule Rechnungsbuchungen gelernt haben, können Sie diese Buchung selbstständig in der Datenbank vornehmen. Außerdem muss die Offene-Posten-Liste weitergeführt werden, wenn die Rechnung noch nicht bezahlt worden ist. In dieser Liste finden Sie ebenfalls die verwendete Rechnungsnummer. Es wäre schön, wenn Sie mit Ihren Excel-Kenntnissen die Offene-Posten-Liste automatisieren könnten, damit alle Termine und Beträge sofort berechnet werden und nicht mehr manuell eingegeben werden müssen.

Herzlichen Dank
Hans-Christian Müller

11:50
13:12

Handlungsaufträge

1. Bettina Lotto macht sich sofort an die Arbeit und möchte die von Herrn Müller gestellten Aufgaben direkt erledigen. Um nichts zu vergessen, plant und strukturiert sie ihr Vorgehen wieder im Voraus und hält die einzelnen Schritte in einer Übersicht fest. Helfen Sie Bettina Lotto bei der Planung, Durchführung und Dokumentation der ihr gestellten Aufgaben und erstellen Sie eine Tabelle nach dem Muster von Arbeitsblatt 15.1 (bzw. nutzen Sie die Kopiervorlage „Herleitung der Problemstellung").

2. Halten Sie auf Arbeitsblatt 18.1 fest, mit welcher Abteilung Bettina Lotto nach der Entnahme der Ware aus dem Lager zusammenarbeiten muss. Erstellen Sie die Rechnung zu dem von Ihnen erstellten Lieferschein wie auf Arbeitsblatt 18.1 abgebildet. Nutzen Sie hierfür das formelgestützte Rechnungsformular, das Sie im 1 Band der Informationswirtschaft (Lernsituation 13, S. 186) in Excel erstellt haben. Alternativ stellt Ihnen Ihre Lehrkraft die Rechnungsvorlage im Unterricht zur Verfügung.

3. Kontieren Sie die Rechnung, indem Sie den im Arbeitsblatt 18.2 abgebildeten Kontierungsstempel ausfüllen. Überlegen Sie dazu, welche Konten für den Zielverkauf an die Bike GmbH relevant sind. Buchen Sie anschließend den vorbereiteten Buchungssatz in MS Access.

4. Erstellen Sie mithilfe von MS Excel die auf Arbeitsblatt 18.3 abgebildete Offene-Posten-Liste und beachten Sie dabei die Hinweise auf dem Arbeitsblatt. Oder öffnen Sie die Ihnen in einer Datei zur Verfügung gestellte Vorlage.

5. Ergänzen Sie Ihre in Lernsituation 17 erstellte Dokumentationsmappe um Belege für die Ergebnisse der Prozessschritte, die Sie in dieser Lernsituation bearbeitet haben.

6. Stellen Sie im Plenum Ihr Vorgehen zur Lösung der Situation vor. Erläutern Sie auch die dabei entstandenen Probleme und Ihre Lösungswege. Beantworten Sie mögliche Verständnisfragen von Ihren Mitschülerinnen und Mitschülern.

Arbeitsblatt 18.1 | Rechnung zum Kundenauftrag

Mit welcher Abteilung muss Bettina Lotto zusammenarbeiten?

_____

Erstellen Sie die Rechnung für die Bike GmbH. Nutzen Sie hierzu Ihre Rechnungsvorlage aus dem vorangegangenen Informationswirtschaftskurs (Lernsituation 13, S. 186) bzw. die Vorlage, die Ihnen im Unterricht zur Verfügung gestellt wurde.

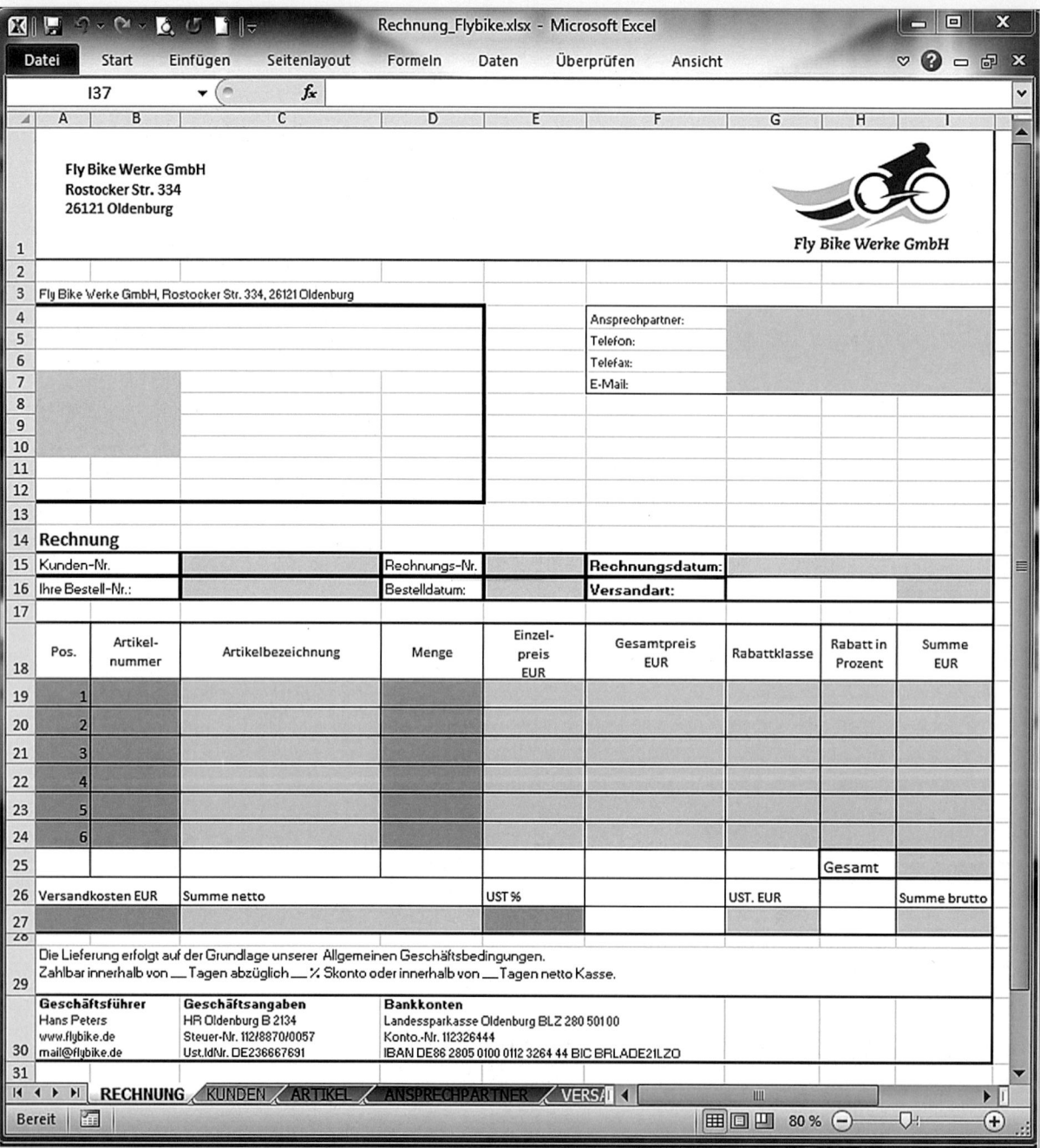

Arbeitsblatt 18.2 | Kontierung und Buchung des Geschäftsvorfalls

Welche Konten sind für den Zielverkauf an die Bike GmbH relevant? Notieren Sie hier den Buchungssatz mit den entsprechenden Kontonummern:

Datum		Beleg	
Betrag		**Soll**	**Haben**
sachlich richtig und gebucht			

Buchung in MS Access

Bei Öffnung des Hauptmenüs in der Datenbank findet Bettina Lotto unter dem Punkt Rechnungswesen die Möglichkeit den Geschäftsvorfall zu buchen.

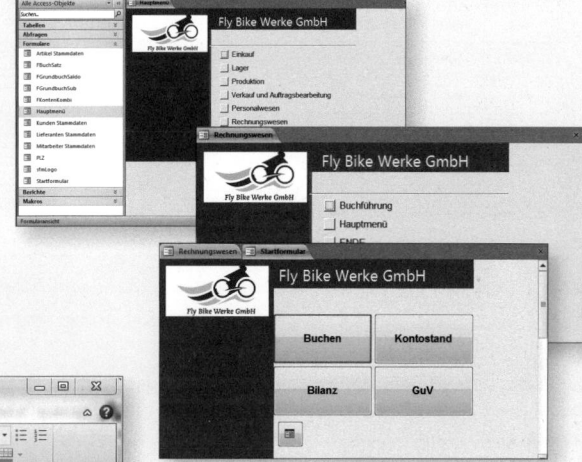

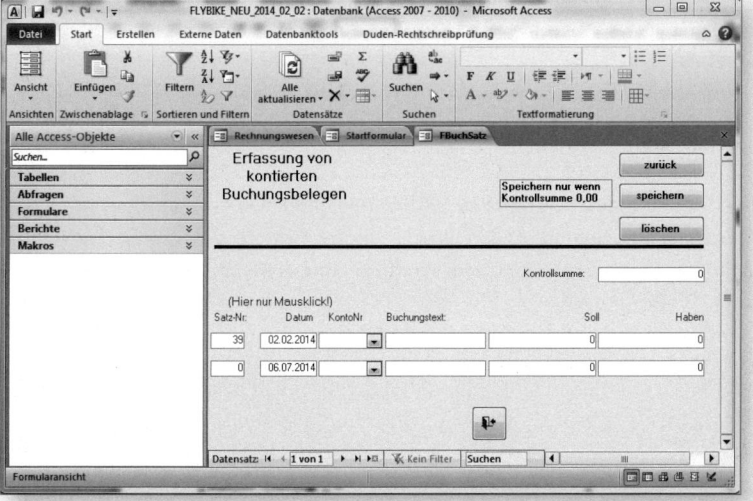

Buchen Sie anschließend den kontierten Beleg in der Datenbank.

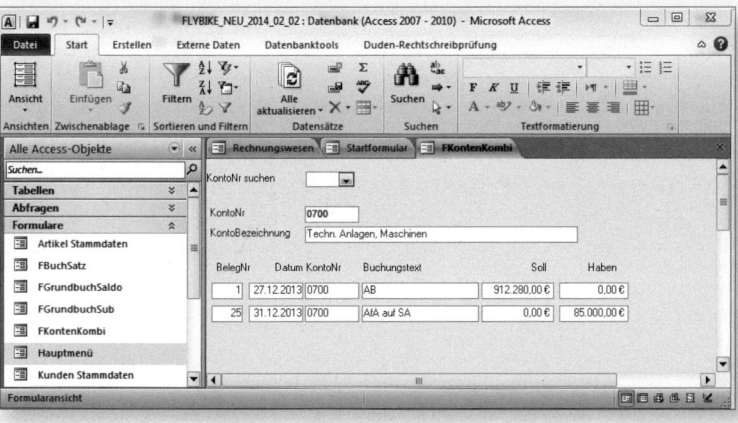

Abschließend können Sie über den Menüpunkt *Rechnungswesen, Buchführung, Kontostand* kontrollieren, ob sich eine Veränderung der Konten durch diesen Buchungssatz ergeben hat. Geben Sie dazu im Feld *KontoNr. suchen*, die Nummern der angesprochenen Konten ein.

Arbeitsblatt 18.3 | Offene-Posten-Liste

Erstellen Sie die hier abgebildete *Offene_Posten_Liste.xlsx* oder öffnen Sie die Ihnen in einer Datei zur Verfügung gestellte Vorlage.

	A	B	C	D	E	F	G	H	I	J	K	L
1												
2				Offene-Posten-Liste der Flybike Werke GmbH (Debitoren)								
3												
4	Aktuelles Datum:	25.11.2014										
5												
6	Rechnungs-nummer	Kunden-nummer	Name des Kunden	Rechnungs-betrag	Rechnungs-datum	Fälligkeits-datum nach 30 Tagen	Zahlungs-eingang (Datum)	Zahlungs-eingang (Euro)	Betrag prüfen?	Zahlungserinnerung nach 30 Tagen am:	1. Mahnung nach 45 Tagen am:	2. Mahnung nach 60 Tagen am:
7												
8	474	10004	Zweirad GmbH	1.255,00 €	24.09.2014							
9	475	10006	Bike GmbH	834,75 €	30.09.2014		15.10.2014					
10	476	10008	Nordrad GmbH	700,00 €	20.10.2014							
11	477	10005	Fahrrad & Motorrad GmbH	2.624,50 €	04.11.2014							
12	478	10009	Sachsenrad GmbH	3.478,00 €	18.11.2014							
13	479	10004	Zweirad GmbH	2.578,00 €	20.11.2014							
14	480											
15	481											
16	482											
17												
18												

a Vervollständigen Sie die Offene-Posten-Liste der Fly Bike Werke GmbH, indem Sie die von Ihnen vorbereitete Rechnung unter der Rechnungsnummer 480 dort eintragen.

b Bearbeiten Sie die Spalte *Fälligkeitsdatum*. Tragen Sie dazu eine Formel ein, die das Datum automatisch berechnet. Zu einer Zelle mit einem Datum können Sie die Anzahl der Tage genauso hinzuaddieren wie zu einer Zelle mit einer Zahl.

c Bearbeiten Sie dann die Spalte *Betrag prüfen*? Hier soll der Text SKONTO PRÜFEN erscheinen, wenn der Rechnungsbetrag ungleich dem Zahlungseingang ist. Ist noch keine Zahlung eingegangen, soll der Text MAHNUNG PRÜFEN erscheinen als Hinweis darauf, dass der Zahlungseingang überwacht und eventuell eine Mahnung geschrieben werden muss. Ist der Zahlungseingang identisch mit dem Rechnungsbetrag soll der Text NEIN erscheinen. Arbeiten Sie hier mit einer Wenn-Funktion.

d Vervollständigen Sie abschließend die komplette Liste an allen sinnvollen Stellen mit den erarbeiteten Funktionen. Fügen Sie zusätzlich noch an einer geeigneten Stelle die neuen Spalten *Skontobetrag* und *Zahlungsbetrag nach Skontoabzug* in die Tabelle ein.

Aufgaben

Aufgabe 1

Erläutern Sie die betriebswirtschaftliche Notwendigkeit, eine Offene-Posten-Liste zu führen. Warum ist es enorm wichtig, diese Liste immer aktuell zu halten?

Aufgabe 2

Welche Informationen können Sie den blau unterlegten Zellen des folgenden Auszugs aus einer Offene-Posten-Liste entnehmen?

Rechnungs-nummer	Rechnungs-datum	Fälligkeits-datum nach 30 Tagen	Skontoabzug bis zum	Skonto-betrag	Zahlungsbetrag bei Abzug von 2% Skonto innerhalb von 14 Tage	Zahlungs-eingang (Datum)	Zahlungs-eingang (Euro)	Betrag prüfen?	Zahlungserinnerung nach 30 Tagen am:
478	18.11.14	18.12.14	02.12.14	69,56 €	3.408,44 €			MAHNUNG PRÜFEN	18.12.14
479	20.11.14	20.12.14	04.12.14	51,56 €	2.526,44 €			MAHNUNG PRÜFEN	20.12.14
480	24.11.14	24.12.14	08.12.14	1.979,21 €	96.981,19 €	23.12.14	98.960,40 €	NEIN	24.12.14
481	08.12.14	07.01.15	22.12.14	234,48 €	11.489,59 €	21.12.14	11.489,59 €	SKONTO PRÜFEN	07.01.15
482	15.12.14	14.01.15	29.12.14	97,74 €	4.789,23 €			MAHNUNG PRÜFEN	14.01.15

Aufgabe 3

Herr Müller hat bei der routinemäßigen Überprüfung der Offene-Posten-Liste gemerkt, dass die Rechnungen mit den Rechnungsnummern 474 und 476 zwar in der Liste vermerkt wurden, aber noch nicht in der Datenbank verbucht sind. Holen Sie dies nach und verbuchen Sie die Rechnungen entsprechend in der Access-Datenbank.

Aufgabe 4

Einige Verwaltungsmitarbeiter benötigten dringend neues Büromaterial, sodass ein Mitarbeiter zu Stables gefahren ist und dort diverse Büromaterialien gegen Barzahlung eingekauft hat. Herrn Müller liegt der entsprechende Kassenbon über 182,78 € vor. Verbuchen Sie den Bon in der Datenbank.

```
Stables Büro-Megamarkt

Posthalteweg 2
26127 Oldenburg
St. Nr.: 9843/113/0038
Datum: 15.11.2014
********************************

Kopierpapier              EUR    4,99
Druckerpatrone            EUR   29,95

...

Summe                     EUR  182,78 +


Nettosumme                EUR  153,60
Incl. MwSt 19%            EUR   29,18
```

Aufgabe 5

Die Fahrrad & Motorrad GmbH reklamiert am 20.11.20XX eine Teillieferung zur Rechnung 477 aufgrund von mangelnder Qualität. Dabei handelt es sich um insgesamt 5 Stück des Fahrrads „Trekking Light Rahmenhöhe 56". Die Rücklieferung ist im Lager bereits verbucht. Erstellen Sie eine entsprechende Gutschrift für den Kunden, indem Sie alle notwendigen Informationen aus der Datenbank herausarbeiten. Verbuchen Sie die Gutschrift in der Datenbank und halten Sie sie in der Offene-Posten-Liste fest.

Aufgabe 6

In der Übungsaufgabe 6 der Lernsituation 17 haben Sie jeweils 20 Mengeneinheiten der Artikelnummern 5011, 5013 und 5023 an die Zweiradhandelsgesellschaft GmbH versendet. Erstellen Sie einen Buchungssatz für den Warenausgang.

Aufgabe 7

Am 15.12.XX liefert die Fly Bike Werke GmbH den gesamten Bestand an Renn-Gabeln „Alu Premier 9000 Series" an den Kunden Radbauer GmbH. Erstellen Sie die den entsprechenden Lieferschein und die Rechnung und nehmen Sie alle notwendigen Buchungen vor. Nehmen Sie die erstellte Rechnung weiterhin in die Offene-Posten-Liste auf.

Aufgabe 8

Erweitern Sie Ihre Lernkartei.

Aufgabe 9

Ergänzen Sie Ihr Lerntagebuch.

SB BWR ▶ Seite 359 ff. | Handlungsfeld 4,
Kap. 14.4 und 14.5
Seite 375 ff. | Handlungsfeld 4, Kap. 17

LS BWR ▶ Seite 271 ff. | Lernsituation 53
Seite 285 ff. | Lernsituation 57

Den Zahlungseingang überwachen

Situation

Bettina Lotto arbeitet immer noch im Rechnungswesen. Kurz vor Weihnachten erhält sie von der Sekretärin, Frau Fee, die am Vortag eingetroffene Post. Darunter befindet sich der hier abgebildete Kontoauszug. Bettina möchte den Kontoauszug mit der Offene-Posten-Liste abgleichen und öffnet die Datei an Ihrem Rechner.

Kontonummer 112326444		Kontoauszug Landessparkasse Oldenburg BLZ 28050100	Auszug 126	Blatt 1
Buchungstag	Wert	Vorgang/Erläuterungen	Beträge in €	
		Kontostand am 15.12.20XX	32.430,00 +	
16.12.20XX	16.12.20XX	Barauszahlung	1.000,00 –	
17.12.20XX	17.12.20XX	Zweirad GmbH, Rechnung 474	1.255,00 +	
17.12.20XX	18.12.20XX	Bike GmbH , Rechnung 480	98.960,40 +	
		Kontostand am 19.12.20XX		
			131.645,40 +	

Kontostand kann Beträge mit späterer Wertstellung beinhalten, s. Rückseite
*** IHRE INTERNATIONALE KONTO-NR. (IBAN): DE86 2805 0100 0112 3264 44
*** IHRE INTERNATIONALE BANKIDENTIFIKATION (BIC): BRLADE21LZO
Fly Bike Werke GmbH,Oldenburg

Während sie den Kontoauszug betrachtet, kommt Herr Müller an ihren Schreibtisch:

Rechnungs-nummer	Zahlungserinnerung nach 30 Tagen am:	versendet	1. Mahnung nach 45 Tagen am:	versendet	2. Mahnung nach 60 Tagen am:	versendet
474	24.10.2014	x	08.11.2014	x	23.11.2014	x
475	30.10.2014		14.11.2014		29.11.2014	
476	19.11.2014	x	04.12.2014	x	19.12.2014	
477	04.12.2014	x	19.12.2014		03.01.2015	

Bettina Lotto Hallo Herr Müller, ich habe gerade von Frau Fee folgenden Kontoauszug erhalten und habe schon mal einen kurzen Blick darauf geworfen.

Herr Müller Hallo Frau Lotto, das ist gut. Ich warte schon länger auf einen neuen Kontoauszug. Und haben viele Kunden ihre offenen Posten bezahlt? Die Offene-Posten-Liste ist ja inzwischen schon ganz schön lang. Wichtig ist vor allem die Zweirad GmbH. Den offenen Posten habe ich schon das zweite Mal angemahnt.

Bettina Lotto Das ist ja das Problem. Es gibt nur zwei Zahlungseingänge. Aber das Positive ist, die Zweirad GmbH hat endlich gezahlt

Herr Müller Sehr gut, dass dieser Vorgang nun abgeschlossen werden kann. Das weiterhin so viele Posten offen sind, ist aber nicht gut. Dann müssen wir jetzt tätig werden und unseren Kunden die nicht bezahlten Rechnungen in Erinnerung rufen. Prüfen Sie doch bitte genau, welche Kunden welche Rechnung bezahlt haben und bereiten Sie für die übrigen Kunden den entsprechenden Schriftverkehr vor. Es wäre schön, wenn Sie dazu auch wieder Ihre Word-Kenntnisse anwenden und Textbausteine anlegen könnten, um uns für die Zukunft das Versenden von Mahnungen zu erleichtern.

Bettina Lotto Das mache ich natürlich gerne! Wenn der Schriftverkehr vorbereitet ist, sende ich Ihnen die entsprechenden Textbausteine per Mail zu und die erstellten Mahnungen lege ich Ihnen zur Unterschrift vor.

Handlungsaufträge

1 Planen Sie das Vorgehen von Bettina Lotto und erstellen Sie eine Übersicht nach dem bekannten Muster (siehe Arbeitsblatt 15.1 oder Kopiervorlage „Selbstständige Herleitung der Problemstellung").

2 Aktualisieren Sie die Offene-Posten-Liste aus Lernsituation 18 und führen Sie die gegebenenfalls notwendigen Buchungen in der Datenbank durch. Verwenden Sie dazu Arbeitsblatt 19.1.

3 Welche Kunden sollten ein Erinnerungsschreiben/eine Mahnung erhalten? Bereiten Sie den notwendigen Schriftverkehr vor. Nutzen Sie hierzu die Briefvorlage der Fly Bike Werke GmbH und arbeiten Sie mit Textbausteinen. Auf Informationsblatt 19.1, 19.2 und 19.3 finden Sie entsprechende Formulierungsvorschläge und Hinweise zum Umgang mit Textbausteinen.

4 Präsentieren Sie die von Ihnen erstellen Textbausteine und ihre Anwendung am Beispiel der zu versendenden Mahnungen. Erläutern Sie dabei ihren gesamten Arbeitsprozess, mit welchen Problemen Sie dabei konfrontiert waren und wie Sie sie gelöst haben.

Arbeitsblatt 19.1 | Kontierung und Buchung der Zahlungseingänge

Welche Konten sind für die Verbuchung der Zahlungsein- und Ausgänge relevant? Notieren Sie hier die Buchungssätze mit den entsprechenden Kontonummern: *Buchungssatz 55* *Solte Nr. 45*

Datum	17.12.2020	Beleg	
Betrag		**Soll**	**Haben**
/		1.255	1.255
			1.255
		0	0
sachlich richtig und gebucht			

Datum		Beleg	
Betrag		**Soll**	**Haben**
sachlich richtig und gebucht			

Datum		Beleg	
Betrag		**Soll**	**Haben**
sachlich richtig und gebucht			

Informationsblatt 19.1 | Textbausteine Mahnung

Volltext	Baustein Nr	Stichwort
Betreff		
Rechnung Nr. vom	M100	Betreff Rechnung
Erinnerung zur Rechnung Nr. vom	M110	Betreff Erinnerung
Mahnung zur Rechnung Nr. vom	M120	Betreff Mahnung
Anrede		
Sehr geehrte Damen und Herren,	M200	Anrede allgemein
Sehr geehrte Frau ,	M210	Anrede Frau
Sehr geehrter Herr ,	M220	Anrede Herr
Briefkern		
sicher haben Sie übersehen, unsere o. g. Rechnung zu begleichen.	M300	Zahlungserinnerung
in der Hektik des Alltags haben wir alle schon einmal etwas vergessen. Sie haben leider übersehen, den Betrag unserer Rechnung zu überweisen.	M310	Zahlungserinnerung
unser Schreiben vom ließen Sie unbeachtet. Die Rechnung haben Sie noch nicht bezahlt	M400	Zahlungserinnerung nicht beachtet
Sollten wir bis zum von Ihnen keine Rückmeldung über eine Beanstandung unserer Lieferung erhalten, erwarten wir den fälligen Rechnungsbetrag bis zum auf unserem Konto.	M410	1. Mahnung mit Beanstandung
sicher haben Sie es nur vergessen, unsere Rechnung Nr. zu begleichen. Wir können es aber kaum glauben, nachdem wir Sie schon einmal darum gebeten haben.	M420	1. Mahnung
Sie werden sicher verstehen, dass wir nicht länger auf den Eingang des Geldes warten können und wir fordern Sie daher letztmalig auf, den Betrag von € auf unser Konto zu überweisen.	M430	letzte Aufforderung
Da die Forderung in Höhe von € aus der Rechnung unstrittig ist, werden wir einen gerichtlichen Mahnbescheid gegen Sie beantragen, wenn Sie nicht bis zum den vollen Rechnungsbetrag überweisen.	M440	2. Mahnung mit Androhung Mahnbescheid
Bitte überweisen Sie den Betrag in Höhe von € auf eines unserer angegebenen Konten. Einen Überweisungsvordruck fügen wir diesem Schreiben bei.	M450	Bitte um Überweisung
Briefschluss		
Mit freundlichen Grüßen Fly Bike Werke GmbH Abteilung Rechnungswesen i. A.	M500	Briefschluss
Mit freundlichen Grüßen Fly Bike Werke GmbH Abteilung Rechnungswesen i. A. **Anlage** 1 Überweisungsvordruck	M510	Briefschluss mit Anlage

Informationsblatt 19.2 | Textbausteine erstellen

Die Erstellung von schriftlichen Dokumenten wie Briefen, Berichten, Broschüren etc. gehört zum unternehmerischen Alltag. Dabei kommen in vielen Schriftstücken routinemäßige, wiederkehrende Formulierungen vor. Es bietet sich also an, solche Textpassagen vorzuformulieren, um sie bei Bedarf mit wenigen Klicks als sogenannten automatisierten Text (kurz: Autotext) in das zu erstellende Dokument einzufügen. Wie Sie dabei vorgehen, wenn Sie mit MS Word arbeiten, wird nachfolgend Schritt für Schritt beschrieben.

1   Geben Sie Textbestandteile, die Sie später als Autotexte verwenden wollen, in Tabellenform in eine Word-Vorlage ein. Speichern Sie die Vorlage – je nach Sachgebiet – als Dokumentenvorlage mit der Dateiendung .dotx, zum Beispiel unter dem Namen
TEXTBAUSTEINE_MAHNUNG.dotx
TEXTBAUSTEINE_ANFRAGE_ANGEBOT_BESTELLUNG.dotx
TEXTBAUSTEINE_BEWERBUNG.dotx
…

2   Markieren Sie den ersten Textbaustein und kopieren Sie ihn in die Zwischenablage (Strg + C). Schließen Sie dabei – sofern vorhanden – auch Leerzeilen ein, aber markieren Sie nicht die komplette Tabellenzeile.

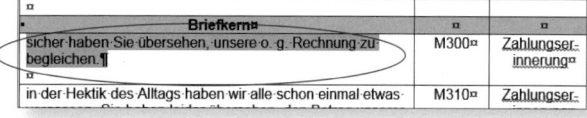

3   Wechseln Sie nun über das Menüband zum Register **Einfügen**, und dort in der Gruppe **Text** zur Schaltfläche **Schnellbausteine**. Das sich öffnende Menü enthält einen weiteren Dialog **Autotext**. Wählen Sie dort **Auswahl im Auto Text-Katalog speichern** (wenn Sie bereits Bausteine gespeichert haben, zeigt Word im Menü **Autotext** und **Auswahl im Auto Text-Katalog speichern** zusätzlich Vorschaufenster mit Ihren Bausteinen).

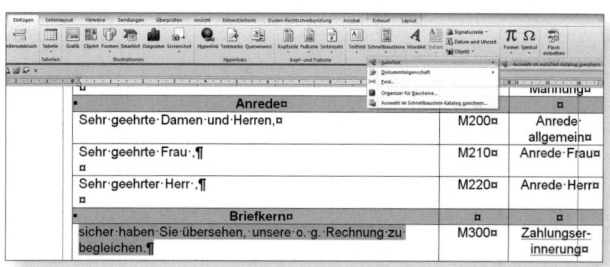

4   Haben Sie **Auswahl im Auto Text-Katalog speichern** angeklickt, öffnet sich das nachfolgend abgebildete Fenster. Hier unter **Name** die Bausteinnummer (z. B. M300) eingeben, unter **Kategorie** das inhaltliche Gebiet eingeben (wenn noch nicht vorhanden, dann eine neue Kategorie eingeben) und unter **Speichern in** die richtige Datei wählen (ACHTUNG: Hier die .dotx wählen, in der gerade gearbeitet wird). Dann auf **OK**. Jetzt ist der Textbaustein gespeichert.

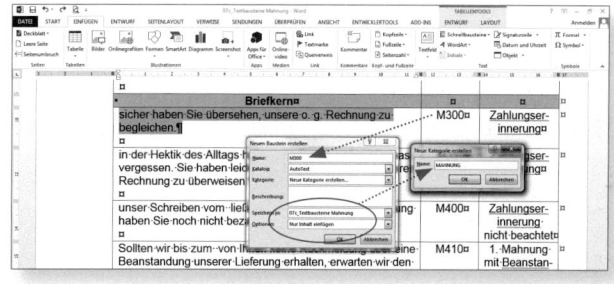

5   Verfahren Sie mit allen weiteren Textbausteinen genauso und kontrollieren Sie zum Schluss im Organizer für Textbausteine, ob Sie alle Bausteine eingegeben und gespeichert haben.

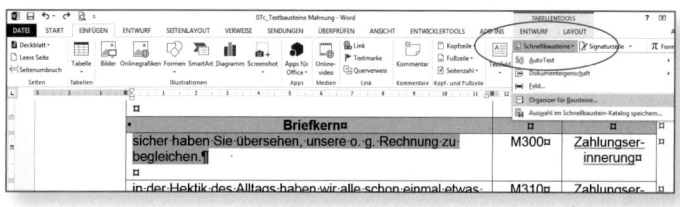

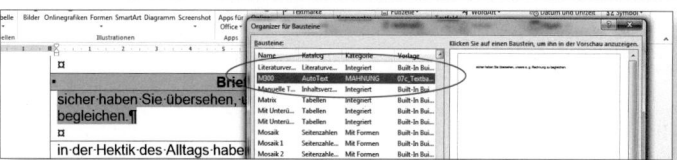

6   Speichern und schließen Sie die Datei
TEXTBAUSTEINE_MAHNUNG.dotx.

Informationsblatt 19.3 | Textbausteine nutzen

Haben Sie die Textbausteine für das Mahnverfahren angelegt, lassen sich Erinnerungsschreiben und Mahnungen zukünftig wesentlich schneller erstellen. Wie Sie die Bausteine nutzen, ist nachfolgend beschrieben. Jetzt braucht es nur noch ein wenig Übung!

1 Öffnen Sie das Dokument (Brief), in dem die Textbausteine genutzt werden sollen, oder legen Sie es neu an.

2 Lassen Sie sich das Register **Entwicklertools** anzeigen. Sofern es noch nicht aktiv ist, gehen Sie über das Register **Datei** zu den Word-**Optionen** und dann zu **Menüband anpassen**. Setzen Sie im rechten Feld ein Häkchen bei **Entwicklertools** und bestätigen Sie mit **OK**.

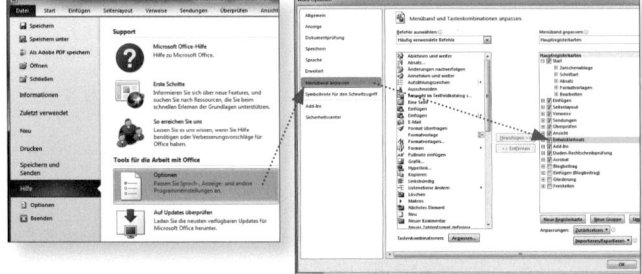

3 Klicken Sie im nun im sichtbaren Register **Entwicklertools** in der Gruppe **Add-Ins** die Schaltfläche **Add-Ins** auf.

4 Fügen Sie die entsprechende Textbausteindatei hinzu, die mit dem Brief verbunden werden soll und bestätigen Sie dann mit **OK** bzw.– falls die Datei schon vorhanden sein sollte – setzen Sie das Häkchen.

5 Geben Sie nun im Brief die Textbausteinnummer ein und bestätigen Sie mit F3.

6 Der Baustein erscheint nun im Brief.

7 Wenn Sie den Brief zu Ende geschrieben haben, füllen Sie nun die Platzhalter aus und ergänzen Sie den Brief gemäß den geltenden DIN-Regeln.

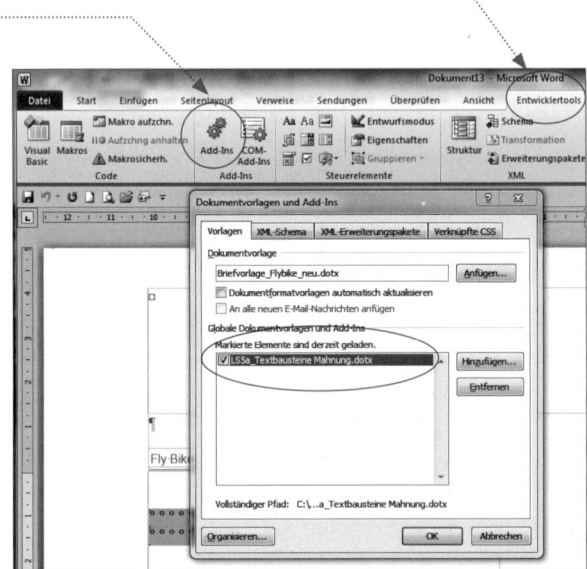

Hinweis

Wenn Sie Ihren Brief auf der Grundlage der Vorlage Briefvorlage_Flybike_neu.dotx gestalten, müssen Sie zuerst den Dokumentschutz aufheben, der den Brief vor unbeabsichtigten Änderungen schützt. Speichern Sie Ihr Schreiben dazu zuerst unter einem neuen Namen (z. B. Mahnung_Bike GmbH.docx), klicken Sie dann im Register **Entwicklertools** in der Gruppe **Schützen** auf **Bearbeitung einschr.**. Auf Ihrem Bildschirm öffnet sich dann ein Fenster **Formatierung und Bearbeitung** (in der Regel am rechten Bildschirmrand), in dem Sie ganz unten auf **Schutz aufheben** klicken. Wenn Sie den Schutz aufgehoben haben, deaktivieren Sie den Befehl **Bearbeitung einschr.** wieder. Nun können Sie in der Gruppe **Add-ins** wieder Ihre Textbausteinvorlage aktivieren, wie in diesem Informationsblatt beschrieben.

Aufgaben

Aufgabe 1

Vom Vertrieb wurde Frau Lotto gebeten, eine Datei mit Textbausteinen zu erstellen, die für Anfragen und Angebote an Kunden genutzt werden kann. Einige Textbausteine sind bereits vorhanden. Erstellen Sie eine Tabelle in Word und ergänzen Sie die fehlenden Textbausteine in der folgenden Übersicht. Ihnen ist auch freigestellt, die Tabelle entsprechend zu erweitern.

Textbausteine Anfrage, Angebot

Volltext	Baustein Nr.	Stichwort
BETREFF		
Anfrage nach	A001	Betreff Anfrage
		Betreff Angebot
ANREDE		
Sehr geehrte Damen und Herren,	A010	Anrede allgemein
		Anrede Herr
Sehr geehrte Frau ,	A012	Anrede Frau
EINLEITUNG ANFRAGE		
		Zeitschrift
da wir mit Ihrem Unternehmen langjährige zufriedenstellende Geschäftsbeziehungen pflegen, wenden wir uns mit dieser Anfrage an Sie.	A102	Geschäftsbeziehung
auf der Düsseldorfer Messe „Bike 2020" haben wir Ihr Unternehmen kennengelernt.	A103	Messe
BRIEFTEXT ANFRAGE		
Bitte teilen Sie uns mit, ob Sie den folgenden Artikel liefern können:	A104	Anfrage allgemein
		unverbindlich
Wir benötigen dringend:	A106	dringend
Bitte senden Sie uns unter Einschluss Ihrer Liefer- und Zahlungsbedingungen ein Angebot über:	A107	Liefer- und Zahlungsbedingungen
BRIEFTEXT ANGEBOT		
wir danken für Ihre Anfrage. Gern unterbreiten wir Ihnen unverbindlich das gewünschte Angebot:	A201	Dank für Anfrage
		Dank; freibleibendes Angebot
Ihr Interesse an unserem Sortiment freut uns sehr. Wunschgemäß senden wir Ihnen ein Angebot über:	A203	Freude; Angebot
in Beantwortung Ihrer Anfrage vom , unterbreiten wir Ihnen das folgende Angebot:	A204	Angebot
Die Lieferung erfolgt sofort nach Auftragseingang per LKW frei Haus.	A205	Lieferung LKW
		Zahlung mit Skonto
Wir würden uns freuen, den Auftrag zu erhalten.	A207	Freude; Auftrag
BRIEFSCHLUSS ANFRAGE, ANGEBOT und GRUSSFORMEL		
	A401	Anfrage; zügig
Für eine rasche Zusendung des Angebots danken wir Ihnen schon jetzt.	A402	Angebot; rasch
Wir würden uns freuen, bald von Ihnen zu hören.	A403	freuen
Wir glauben Ihnen ein attraktives Angebot unterbreitet zu haben und bitten Sie um Ihren Auftrag.	A404	attraktives Angebot
		Kompletter Briefschluss und freundliche Grüße

Aufgabe 2

Auch die folgende E-Mail soll Bettina Lotto auf Wunsch des Vertriebs gleich beantworten. Nutzen Sie hierzu die Briefvorlage der Fly Bike Werke GmbH.

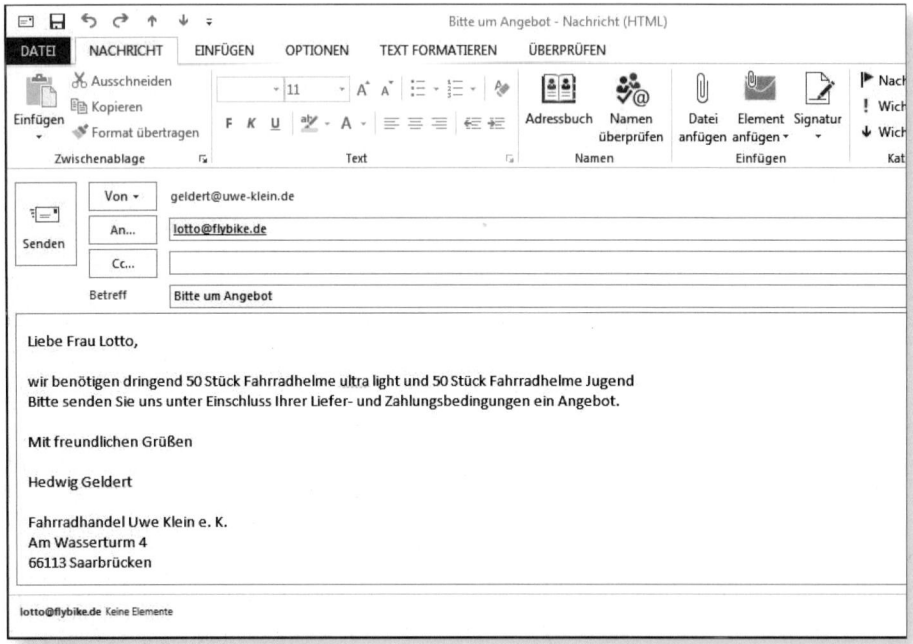

Aufgabe 3

Nun möchte auch die Einkaufsabteilung der Fly Bike Werke GmbH mit Textbausteinen arbeiten. Und da sich inzwischen herumgesprochen hat, dass Bettina Lotto hier schon Erfahrung hat und gute Arbeit leistet, bittet sie Herr Thüne um ihre Unterstützung. Erstellen Sie in Word eine Tabelle mit Textbausteinen, die für Bestellungen von Kunden und bei Lieferanten genutzt werden kann.

Aufgabe 4

Am 20.12.20XX erfährt Bettina Lotto über das Onlinebanking, dass verschiedene Kunden die offenen Rechnungen bezahlt haben. Die Rechnungen mit der Rechnungsnummer 476, 478 und 479 wurden beglichen. Verbuchen Sie den Zahlungseingang der genannten Rechnungen.

Aufgabe 5

Die Zweiradhandelsgesellschaft hat die von Ihnen erstellte Rechnung (Rechnungsdatum 08.12.20XX) mit der Rechnungsnummer 481 in Höhe von 11.724,07 € (Bruttobetrag) beglichen. Der Kontoauszug weist einen Zahlungseingang (21.12.20XX) in Höhe von 11.489,59 € aus.

a Aus welchem Grund könnte die Zweiradhandelsgesellschaft einen geringeren Betrag als den Rechnungsbetrag überwiesen haben?

b Verbuchen Sie den Zahlungseingang in der Datenbank.

Aufgabe 6

Erweitern Sie Ihre Lernkartei

Aufgabe 7

Ergänzen Sie Ihr Lerntagebuch

SB BWR ▸ Seite 264 ff. | Handlungsfeld 4, Kap. 5.2

LS BWR ▸ Seite 229 ff. | Lernsituation 43

Planung einer Datenbank für den Werksverkauf der Fly Bike Werke GmbH

Situation

Als Praktikant in der EDV-Abteilung verfolgen Sie ein Gespräch zwischen Frau Lai, Leiterin der EDV-Abteilung, und Herrn Gerland, Leiter des Vertriebs.

Frau Lai   In unserem Telefonat letzte Woche haben Sie darüber gesprochen, dass wir demnächst in unserem Zentrallager in Oldenburg einen Werksverkauf anbieten wollen und dass Sie hierfür die Unterstützung unserer Abteilung brauchen.

Herr Gerland   Das ist richtig. Wir wollen ausgesuchte Artikel zukünftig nicht nur über den Groß- und Einzelhandel verkaufen, sondern auch direkt über einen kleinen Werksverkauf in Oldenburg anbieten. Hierzu brauchen wir natürlich auch eine Datenbank, um die Verkäufe reibungslos abwickeln und dokumentieren zu können. Diese Datenbank sollen Sie für uns anlegen. Wir wollen den Werksverkauf dabei zunächst einmal absichtlich nicht in die reguläre Unternehmensdatenbank der Fly Bike Werke integrieren, sondern zumindest während der Erprobungsphase eine kleinere, gesonderte Datenbank verwenden.

Frau Lai   Ja, das erscheint mir auch sinnvoll. Aber um diese Datenbank genau planen zu können, müssen wir natürlich erst einmal wissen, welche Informationen darin gespeichert werden sollen. Welche Waren sollen denn im Werksverkauf angeboten werden?

Herr Gerland   Wir wollen erst einmal ganz klein beginnen und abwarten, wie der Werksverkauf von unseren Kunden angenommen wird. Daher sollen zunächst jeweils nur zwei Modelle unserer Cityräder, Trekkingräder, Mountainbikes, Rennräder und Kinderräder angeboten werden. Von den Artikeln werden dann jeweils nur die Artikelnummer, die Bezeichnung, die vorrätige Lagermenge und der Verkaufspreis abgespeichert.

Frau Lai   Welche Informationen benötigen Sie von den Kunden?

Herr Gerland Der Mitarbeiter vor Ort schreibt den Kunden eine Rechnung über die gekauften Artikel. Darin sollte dann eine laufende Rechnungsnummer, der Kundenname, seine Adresse, die Telefonnummer und E-Mail-Adresse erfasst werden. In den verschiedenen Rechnungspositionen werden jeweils die Artikelnummer, Artikelbezeichnung, die verkaufte Menge und der Verkaufspreis je Stück aufgeführt.

Frau Lai Sollen auch Kontodaten des Käufers erfasst werden, da zum Beispiel ein Kauf mit Ratenzahlung möglich ist?

Herr Gerland Nein, die Bankinformationen benötigen wir vorerst nicht. Wir gehen davon aus, dass die meisten Kunden bar oder per Electronic Cash bezahlen. Daher sollte in der Rechnung die Zahlungsart vermerkt werden, sowie das Rechnungsdatum und der zu zahlende Endbetrag.

Frau Lai In Ordnung. Ich werde in den nächsten Tagen ein Datenbankmodell entwerfen. Das können wir dann nochmal gemeinsam besprechen, bevor wir die Datenbank mithilfe eines geeigneten Datenbankmanagementsystems erstellen.

Handlungsaufträge

1 Was versteht man unter einem Datenbankmodell? Recherchieren Sie im Internet oder anhand anderer geeigneter Quellen, welche Arten von Datenbankmodellen es gibt und welche Vorteile die Organisation des Werksverkaufs mithilfe einer Datenbank für die Fly Bike Werke GmbH hat. Nutzen Sie hierzu Arbeitsblatt 20.1.

2 Lesen Sie sich das Informationsblatt 20.1 und 20.2 durch und erarbeiten Sie die dazugehörigen Verständnisfragen.

3 Planen Sie das Vorgehen zur Erstellung einer relationalen Datenbank für den Werksverkauf der Fly Bike Werke GmbH. Nutzen Sie hierzu die Kopiervorlage „Herleitung der Problemstellung" oder erstellen Sie eine Übersicht wie in Arbeitsblatt 15.1

4 Führen Sie ein Brainstorming zu den möglichen Tabellen durch, die die geplante Datenbank beinhalten sollte. Notieren Sie ebenfalls die Spaltenüberschriften der Tabellen.

5 Erstellen Sie eine handschriftliche Skizze eines Entity-Relationship-Modells (ERM) für die Datenbank des Werksverkaufs in der 3. Normalform. Nehmen Sie hierfür Ihre Ergebnisse des Brainstormings zur Hilfe. Ergänzen Sie im ERM ebenfalls geeignete Beziehungstypen, vergeben Sie für jede Tabelle einen Primärschlüssel. Achten Sie bei n:m-Beziehungen darauf, eine Hilfstabelle einzufügen, die eine eindeutige Zuordnung ermöglicht.

6 Überführen Sie die handschriftliche Skizze in MS Word, indem Sie unter der Registerkarte **Einfügen** geeignete **Formen** auswählen. Bereiten Sie sich darauf vor, Ihre Ergebnisse zu präsentieren.

Arbeitsblatt 20.1 (3 Seiten) | Datenbankmodelle

Unter einem Datenbankmodell versteht man:

_____

_____

_____

Datenbankmodell	Beschreibung	Vor- und Nachteile
_____	**Beispiel:** 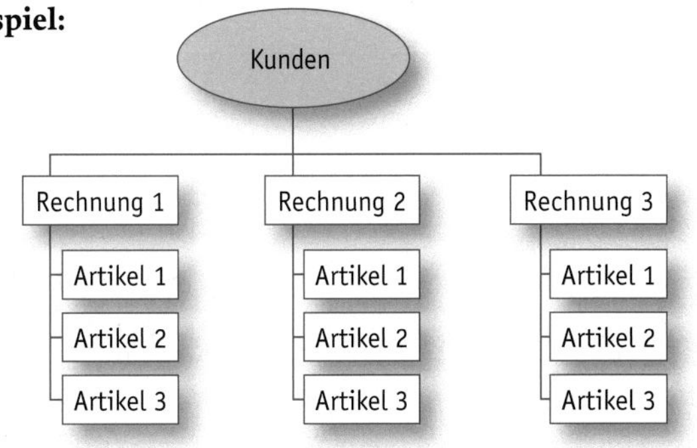 Kunden Rechnung 1 — Rechnung 2 — Rechnung 3 Artikel 1 / Artikel 2 / Artikel 3 _____ _____ _____ _____ _____	Vorteile: _____ _____ _____ _____ Nachteile: _____ _____ _____ _____ _____
_____	**Beispiel:** 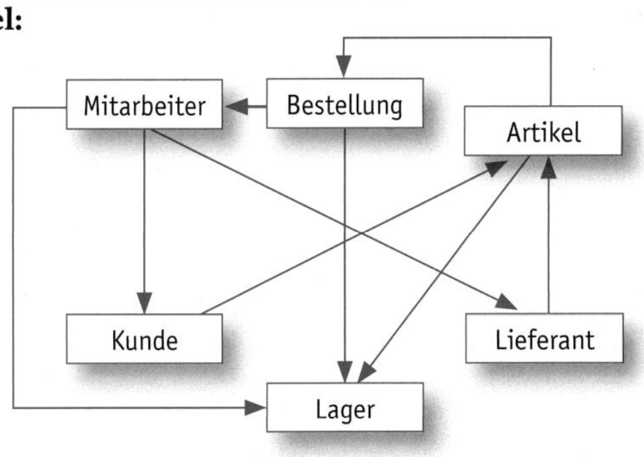 Mitarbeiter — Bestellung — Artikel Kunde — Lieferant Lager _____ _____ _____ _____ _____	Vorteile: _____ _____ _____ _____ _____ Nachteile: _____ _____ _____ _____

Datenbankmodell	Beschreibung	Vor- und Nachteile
_____	**Beispiel:** Kunden	Vorteile: _____ _____ _____ _____ _____ _____ _____

Kunden

KdNr	Nachname	Vorname	Geburtsdatum	Werbung
0001	Bieger	Charlotte	05.10.1998	Nein
0002	Haselmann	Christoph	12.02.1966	Nein
0003	Dennerlei	Susanne	30.04.1945	Ja
0004	Benneken	Wolfgang	10.12.1973	Nein
0005	Flormann	Maria	25.05.1930	Ja

Nachteile:

Beispiel:

```
Mitarbeiter
Name
Vorname
Position

bearbeitet
```

bearbeitet   angestellt bei

bearbeitet von   beschäftigt

```
Auftrag
AuftrNr
Positionen
Kunde
```

```
Fly Bike Werke
Branche
Adresse
Umsatz

einstellen/entlassen
produziert
```

enthält

enthalten in

produziert

```
Produkt
Bezeichnung
Größe
Preis
```

gehört zum Kerngeschäft

Vorteile:

Datenbankmodell	Beschreibung	Vor- und Nachteile
		Vorteile:
		Nachteile:

Vorteil, den Werksverkauf mithilfe einer Datenbank zu organisieren:

- _____

- _____

- _____

- _____

- _____

- _____

- _____

Informationsblatt 20.1 (3 Seiten) | Entity-Relationship-Modelle und Beziehungstypen

Bevor die Datenbank für den Werksverkauf der Fly Bike Werke GmbH mithilfe eines Datenbankmanagementsystems wie z. B. MS Access erstellt wird, fertigt man ein Modell der geplanten Datenbank an. Hierdurch werden Fehler und Widersprüche in der Datenbank vermieden und es wird vorab geprüft, ob alle gewünschten Daten mithilfe der Datenbank verwaltet werden können.

Daten sind Informationen über die reale Welt. Da die reale Welt sehr vielgestaltig und abwechslungsreich sowie durch komplizierte Zusammenhänge hochkomplex verwoben ist, kann sie von uns nur dann mit einem gewissen Grad an Zuverlässigkeit überblickt werden, wenn wir bei ihrer Betrachtung unnötige Einzelheiten weglassen. Wir schränken deshalb unseren Blickwinkel auf die uns interessierenden und für uns wesentlichen Dinge der realen Welt ein. Dadurch erzeugen wir uns gedanklich einen Ausschnitt aus der realen Welt, eine sogenannte **Miniwelt**.

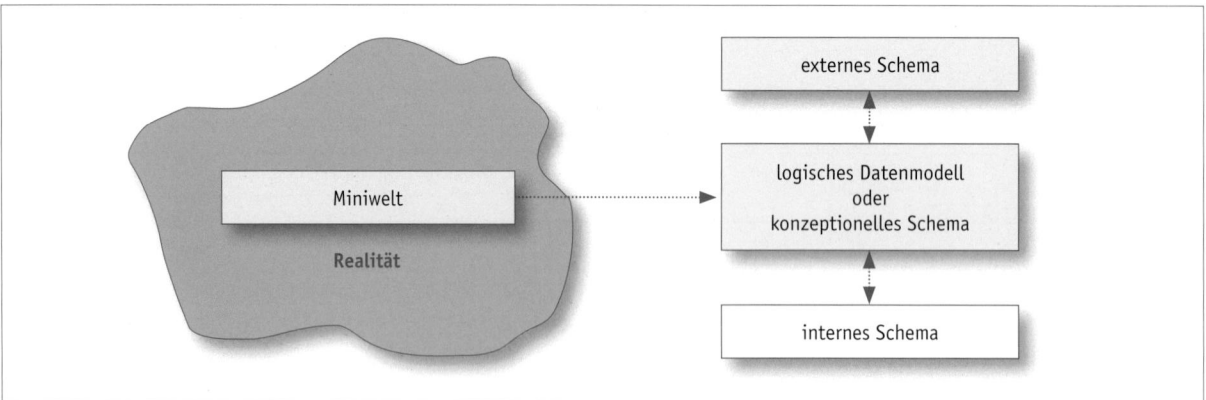

Diese Abbildung der Daten einer Miniwelt in einem Datenmodell nennt man **logisches Datenmodell** oder **konzeptionelles Schema**. Ein Modell stellt also die Wirklichkeit in vereinfachter Form dar. Es dient der Veranschaulichung und dem Verständnis komplizierter Sachverhalte und berücksichtigt immer nur den für die Aufgabenstellung relevanten Teil der Wirklichkeit.

Wie dieses logische Datenmodell intern im Computer abgebildet wird, also wie die Daten physisch auf den Platten gespeichert werden etc., wird **internes Schema** genannt und interessiert uns an dieser Stelle nicht.

Das **externe Schema** beschreibt die Ausschnitte des konzeptionellen Schemas, die für einzelne Benutzer bzw. Anwendungen von Bedeutung sind. Das heißt, dass die verschiedenen Benutzer des Datenbanksystems nur bestimmte, vorher festgelegte Bereiche der Daten sehen und bearbeiten können.

Wir planen das logische Datenmodell für die Datenbank des Werksverkaufs mithilfe eines sogenannten *Entity-Relationship-Modells* (ERM). Den englischen Begriff **Entity** kann man mit dem deutschen Wort *Instanz* übersetzen. Es steht für die Tabellen, die in unserem Datenbankmanagementsystem (DBMS) verwendet werden. Der englische Begriff *Relationship* bedeutet *Beziehung* und steht für die Verknüpfungen zwischen den verschiedenen Tabellen einer Datenbank.

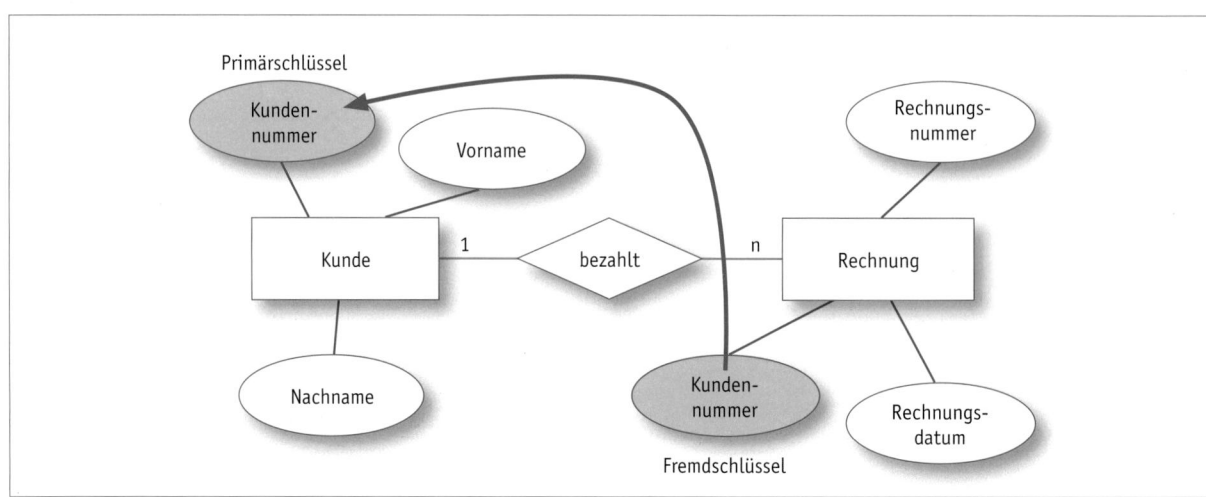

Die Abbildung zeigt, dass ein ERM mithilfe von Rechtecken, Ovalen und Rauten erstellt wird. Im Folgenden wird die Bedeutung dieser drei Symbole näher erklärt.

	Eine Entität ist ein Objekt der realen Welt, z. B. der Kunde Stefan Müller. Mehrere Entitäten, die sich durch die gleichen Eigenschaftskategorien beschreiben lassen (z. B. Nachname), also mehrere Kunden, werden zu Entitätsmengen zusammengefasst und im ERM als Rechteck dargestellt. Es entsteht die Entitätsmenge Kunde. Bei der Erstellung einer Datenbank wird die Entitätsmenge später als Tabelle dargestellt.
Beziehung	Zwischen den einzelnen Entitätsmengen besteht eine bestimmte Beziehung, z. B. Stefan Müller bestellt ein Trekkingrad. Die Beziehungen fasst man zusammen zu einem Beziehungstyp, z. B. der Beziehung „bestellt", die als Raute dargestellt wird. Bei der Erstellung der Datenbank werden die Beziehungen durch Verknüpfungen zwischen den Tabellen mithilfe von Primär- und Fremdschlüsseln dargestellt. Hierbei sind drei verschiedene Arten von Beziehungstypen zu unterscheiden: **1:1 Beziehung:** Es gibt zu jeder Entität der einen Menge genau eine passende Entität einer anderen Entitätsmenge. Beispiel: Der Mitarbeiter mit der Personalnummer **17** hat genau eine Gehaltsklasse. **1:n Beziehung:** Es gibt zu jeder Entität der einen Menge mindestens eine oder mehrere Entitäten einer anderen Entitätsmenge. Beispiel: Der Kunde Stefan Müller hat eine oder mehrere Rechnungen. **n:m Beziehung:** Es gibt zu jeder Entität der einen Menge mehrere passenden Entitätsmengen einer anderen Entität und umgekehrt. Beispiel: Die Kunden Stefan Müller, Rainer Heinz und Sabine Schäfer bestellen das Trekkingrad Trekking Free. Die Fahrräder Trekking Free und Mountain Dispo wurden beide von der Kundin Sabine Schäfer bestellt.
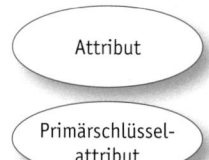	Eine Entität hat verschiedene Eigenschaften, die sie näher beschreiben. Diese Eigenschaften nennt man auch Attribute. Zum Beispiel hat die Entitätsmenge *Kunde* die Attribute Vorname und Nachname. Attribute werden im ERM als Ellipsen dargestellt. Jede Entitätsmenge hat ein Attribut, das sie eindeutig beschreibt und sie unverwechselbar macht. Diese Art von Attribut nennt man Schlüsselattribut oder auch Primärschlüssel. Schlüsselattribute werden unterstrichen. Das Schlüsselattribut für die Entitätsmenge Kunden ist zum Beispiel Kundennummer. Im abgebildeten Beispiel taucht die Kundennummer bei der Entitätsmenge Rechnung als Fremdschlüssel auf. Die Tabellen Kunden und Rechnung werden mithilfe des Schlüsselattributs *Kundennummer* verknüpft. Da die Kundennummer in der Tabelle Kunden erstmals vergeben wurde, spricht man hier vom *Primärschlüssel*. In der Tabelle Rechnung wird das Schüsselattribut *Kundennummer* zum zweiten Mal verwendet, um die Tabellen miteinander zu verknüpfen. In der Tabelle Rechnung ist die Kundennummer daher der sogenannte *Fremd-* oder auch *Sekundärschlüssel*. Um den Fremdschlüssel im ERM zu kennzeichnen, kann man hinter seine Bezeichnung (FS) schreiben.

Stellt man die einzelnen Attribute in Ovalen dar, so kann es bei vielen Attributen zu einer Entitätsmenge recht unübersichtlich werden. Daher kann man sie auch als Liste zu der jeweiligen Entitätsmenge darstellen.

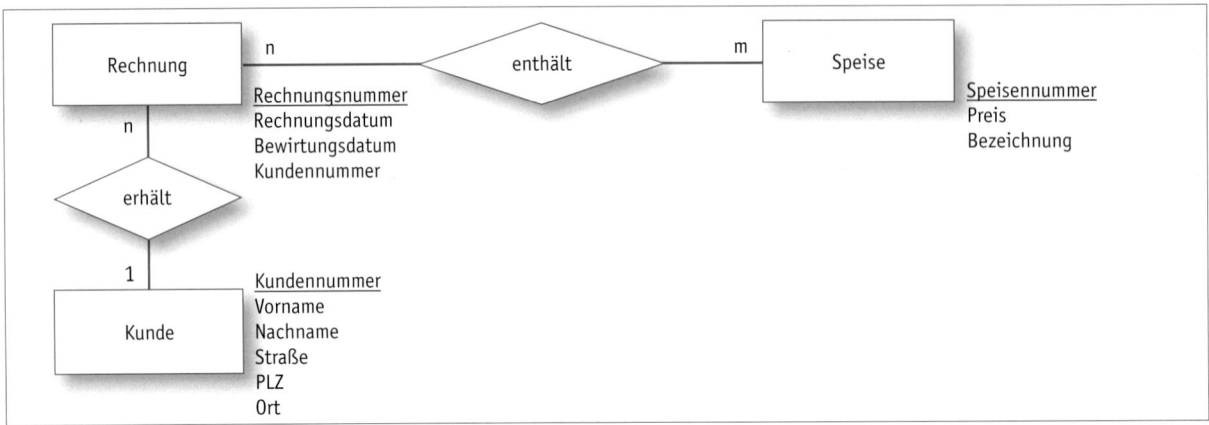

Wiederholungsfragen zum Informationsblatt 1

1 Was versteht man unter einem logischen Datenmodell?

2 Was ist der Unterschied zwischen dem internen und externen Schema des logischen Datenmodells?

3 Wozu dient ein Entity-Relationship-Modell?

4 Was ist der Unterschied zwischen Entitäten und einer Entitätsmenge? Erklären Sie anhand eines Beispiels.

5 Welche drei Symbole verwendet man bei der Erstellung eines ERMs und welche Bedeutung haben sie?

6 Welche drei verschiedenen Arten von Beziehungstypen gibt es? Notieren Sie zu jedem Beziehungstyp zwei eigene Beispiele.

7 Was ist der Unterschied zwischen Primär- und Fremdschlüssel?

Raum für Notizen

_____

_____

_____

_____

_____

Informationsblatt 20.2 (5 Seiten) | Normalisierung eines Datenbankentwurfs

Das Schlimmste, was einer Datenbank zustoßen kann, ist, dass alle Daten verloren gehen. Das Zweitschlimmste ist, dass die Datenbank inkonsistente Daten enthält, also Daten, die untereinander nicht stimmig sind. Solche Inkonsistenzen entstehen häufig durch redundante, also doppelt vorkommende Daten. Wenn zum Beispiel eine Adresse, die an zwei Stellen gespeichert ist, nicht übereinstimmt, weiß man nicht, welches die richtige Adresse ist. Bis der Fehler lokalisiert und behoben ist, die Daten also wieder stimmen, liegt vielleicht der ganze Betrieb lahm.

Man normalisiert Datenbanken, um
- eine flexible, übersichtliche und änderungsfreundliche Datenbank zu erhalten,
- überflüssige Informationen (Redundanzen) zu vermeiden und so weniger Speicherplatz zu verbrauchen,
- bei der Bearbeitung der Datenbank keine Inkonsistenzen durch Einfüge-, Lösch- oder Änderungsanomalien zu erzeugen.

Die Normalisierung ist ein wichtiger Schritt beim Datenbankentwurf. Es ist ein mehrstufiger Prozess, bei dem Rohdaten datenbankgerecht zerlegt werden. Dadurch verhindert man, dass in der Datenbank dieselbe Information mehrfach auftaucht.

> **Hinweis**
> **bottom-up** = „von unten nach oben"
> (Vorgehensweise: vom Konkreten zum Abstrakten)

Im Folgenden wird der Prozess der Normalisierung am Beispiel des Restaurants *Marino Caponi* erklärt.

Beispiel
Die unnormalisierte Datenbank für die Rechnungen des Marino Caponi sieht so aus:

Kunde	ReNr	ReDatum	S & G	Kategorie	Anzahl/ Einheit	Preis
Alexandra Klemd, Weishof 3, Hamburg	R101	08.08.09	Pizza Chef	Pizza-Spezialitäten	3 Stück	7,80 €
Alexandra Klemd, Weishof 3, Hamburg	R101	08.08.09	Insalata Mista	Salate	2 Stück	3,50 €
Alexandra Klemd, Weishof 3, Hamburg	R101	08.08.09	Fanta	Getränke	2 Flaschen	2,50 €
Alexandra Klemd, Weishof 3, Hamburg	R102	10.08.09	Insalata Mista	Salate	1 Stück	3,50 €
Alexandra Klemd, Weishof 3, Hamburg	R102	10.08.09	Pizza Tonno	Pizza-Spezialitäten	1 Stück	7,50 €
Alexandra Klemd, Weishof 3, Hamburg	R102	10.08.09	Lasagne	Pasta	4 Stück	6,00 €

Restaurantchef Caponi möchte sie so normalisieren, dass sie alle Anforderungen an eine gut strukturierte Datenbank erfüllt.

Erste Normalform

Um eine Datenbank in die erste Normalform zu überführen, sieht man sich jede Tabellenzelle an. Enthält die Zelle mehr als eine Information, fügt man eine neue Spalte in die Tabelle ein und teilt die Daten aus der Zelle auf.

> **Hinweis**
>
> In der **1. Normalform** darf in jedem Datenfeld der Datenbank nur eine Information stehen.
> **Man sagt: Die Datenbank ist atomar.**

Beispiel

Um die Rechnungsdatenbank in die erste Normalform zu überführen, muss Marino Caponi die Einträge in der ersten Spalte aufsplitten in Vorname, Nachname, Straße und Ort:

Vorname	Nach-name	Straße	Ort	ReNr	Re Datum	S & G	Kategorie	Anzahl	Einheit	Preis
Alexandra	Klemd	Weishof 3	Hamburg	R101	08.08.09	Pizza Chef	Pizza-Spezialitäten	3	Stück	7,80 €
Alexandra	Klemd	Weishof 3	Hamburg	R101	08.08.09	Insalata Mista	Salate	2	Stück	3,50 €
Alexandra	Klemd	Weishof 3	Hamburg	R101	08.08.09	Fanta	Getränke	2	Flasche	2,50 €
Alexandra	Klemd	Weishof 3	Hamburg	R102	10.08.09	Insalata Mista	Salate	1	Stück	3,50 €
Alexandra	Klemd	Weishof 3	Hamburg	R102	10.08.09	Pizza Tonno	Pizza-Spezialitäten	1	Stück	7,50 €
Alexandra	Klemd	Weishof 3	Hamburg	R102	10.08.09	Lasagne	Pasta	4	Stück	6,00 €

Die vorletzte Spalte zerlegt er in die *Anzahl* und die *Einheit*, die für die Kategorie gilt.

Ob die Zerlegung von Straßennamen und Hausnummern sinnvoll ist, hängt davon ab, ob die Hausnummer als separate Information benötigt wird. Da das nur selten der Fall ist, hat Marino Caponi die Adresse in vier Felder zerlegt.

Zweite Normalform

Um eine Datenbank in die zweite Normalform zu überführen, teilt man eine Tabelle, die atomar vorliegt, in einzelne Tabellen auf und gibt jeder dieser neu entstandenen Tabellen einen Primärschlüssel.

> **Hinweis**
>
> In der **2. Normalform** gilt die 1. Normalform und jedes Feld einer Tabelle hängt funktional vom Primärschlüssel der Tabelle ab.

Damit man nach der Aufteilung der Tabellen immer noch weiß, welche Datensätze zusammengehören, müssen sie durch zusätzlich vergebene Fremdschlüssel verbunden werden. Aber woher weiß man, welche Daten zusammen in eine Tabelle gehören?

Ein Indiz für die Zusammengehörigkeit von Daten ist ihre Redundanz in der ersten Normalform.

Beispiel

Marino Caponi nimmt sich die Datenbank in der ersten Normalform vor. Ihm fällt auf, dass die Kundendaten für jede Speise und jedes Getränk, die/das dem Kunden in Rechnung gestellt wurde, erneut aufgelistet werden. Auch die Rechnungsnummer und das Rechnungsdatum kommen häufiger vor.
Deshalb erstellt er in einem ersten Schritt
- die Tabellen Kunde, Rechnung und Speisen
- mit den zugehörigen Primärschlüsseln KdNr, ReNr und SpNr

und ordnet diesen drei Primärschlüsseln alle Attribute zu, die von ihnen abhängig sind.

Es entstehen dann folgende Tabellen:

Kunde (KdNr, Vorname, Nachname, Straße, Ort) mit folgenden Datensätzen:

KdNr	Vorname	Nachname	Straße	Ort
K0001	Alexandra	Klemd	Weishof 3	Hamburg

Rechnung (ReNr, ReDatum) mit folgenden Datensätzen:

ReNr	ReDatum
R101	08.08.09
R102	10.08.09

Speisen (SpNr, Bezeichnung, Kategorie, Einheit, Preis/Einheit) mit folgenden Datensätzen:

SpNr	Bezeichnung	Kategorie	Einheit	Preis/Einheit
S001	Pizza Chef	Pizza-Spezialitäten	Stück	7,80 €
S203	Insalata Mista	Salate	Stück	3,50 €
S404	Fanta	Getränke	Flasche	2,50 €
S002	Pizza Tonno	Pizza-Spezialitäten	Stück	7,50 €
S301	Lasagne	Pasta	Stück	6,00 €

Zum Schluss bleibt nur noch das Attribut *Anzahl* übrig. Dieses Attribut gibt an, wie viele Speisen oder Getränke bestellt wurden, doch die Anzahl ist weder von der Rechnungsnummer noch von der Speisennummer allein abhängig. Vielmehr müssten die Rechnungsnummer und die Speisennummer gemeinsam zu einem Primärschlüssel zusammengefasst werden, um einen Wert des Attributs Anzahl eindeutig zu bestimmen.
Man spricht hier von einer Hilfstabelle, durch die die n:m-Beziehung zwischen *Rechnung* und *Speisen* aufgelöst wird.

Es ergibt sich also als letzte Tabelle in der 2. Normalform die Tabelle *Rechnungspositionen* oder *Speisen_zu_Rechnung*:

Speisen_zu_Rechnung (ReNr, SpNr, Anzahl) mit folgenden Datensätzen:

ReNr	SpNr	Anzahl
R101	S001	3
R101	S203	2
R101	S404	2
R102	S203	1
R102	S002	1
R102	S301	4

Nachdem Marino Caponi diese Tabellen erstellt hat, weiß er zwar noch, welche Speise und welches Getränk auf welcher Rechnung standen, aber leider nicht mehr, wer diese Rechnung bekommen hat. Aus diesem Grund fügt er noch Fremdschlüssel ein, wo eine Verbindung zwischen zwei Tabellen hergestellt werden muss. Die neue Rechnungstabelle hat die folgende Form.

Rechnung (ReNr, ReDatum, KdNr) mit folgenden Datensätzen:

ReNr	ReDatum	KdNr
R101	08.08.09	K0001
R102	10.08.09	K0001

Die Beziehung zwischen den Tabellen entsteht durch übereinstimmende Werte in den Schlüsselfeldern: Die Kundennummer *KdNr* in der Rechnungstabelle verweist (als Fremdschlüssel) auf den Eintrag mit derselben Nummer (Primärschlüssel) in der Kundentabelle.

Dritte Normalform

Um eine Datenbank in die dritte Normalform zu überführen, überprüft man, ob alle Nicht-Schlüsselattribute voneinander unabhängig sind. Falls es Abhängigkeiten gibt, muss eine neue Tabelle mit einem entsprechenden Primärschlüssel erstellt werden.

Hinweis
In der **3. Normalform** gilt die 2. Normalform, und alle Nicht-Schlüsselattribute sind untereinander unabhängig.

Damit man nach der Aufteilung der Tabellen immer noch weiß, welche Datensätze zusammengehören, müssen sie durch zusätzlich vergebene Fremdschlüssel verbunden werden.

Marino Caponi hatte in der zweiten Normalform folgende Tabellen erstellt:

Kunde (<u>KdNr</u>, Vorname, Nachname, Straße, Ort) und
Rechnung (<u>ReNr</u>, ReDatum, KdNr) mit folgenden Datensätzen:

KdNr	Vorname	Nachname	Straße	Ort
K0001	Alexandra	Klemd	Weishof 3	Hamburg

ReNr	ReDatum	KdNr
R101	08.08.09	K0001
R102	10.08.09	K0001

Speisen (<u>SpNr</u>, Bezeichnung, Kategorie, Einheit, Preis/Einheit) und
Speisen_zu_Rechnung (<u>ReNr</u>, <u>SpNr</u>, Anzahl) mit folgenden Datensätzen:

SpNr	Bezeichnung	Kategorie	Einheit	Preis/Einheit
S001	Pizza Chef	Pizza-Spezialitäten	Stück	7,80 €
S203	Insalata Mista	Salate	Stück	3,50 €
S404	Fanta	Getränke	Flasche	2,50 €
S002	Pizza Tonno	Pizza-Spezialitäten	Stück	7,50 €
S301	Lasagne	Pasta	Stück	6,00 €

ReNr	SpNr	Anzahl
R101	S001	3
R101	S203	2
R101	S404	2
R102	S203	1
R102	S002	1
R102	S301	4

Jetzt sieht er sich die Tabellen noch einmal genau an:
Gibt es noch Felder, die nicht allein vom Primärschlüssel abhängig sind?

In der Speisentabelle wird er fündig. Er stellt fest, dass zu jeder Kategorie eine bestimmte Einheit gehört. Deshalb teilt er die Speisentabelle auf in eine Tabelle für die Speisen und eine Tabelle für die Kategorien.
Speisen (<u>SpNr</u>, Bezeichnung, KategorieNr, Preis/Einheit)
Kategorie (<u>KategorieNr</u>, Kategorie, Einheit)

SpNr	Bezeichnung	KategorieNr.	Preis/Einheit
S001	Pizza Chef	1	7,80 €
S203	Insalata Mista	2	3,50 €
S404	Fanta	4	2,50 €
S002	Pizza Tonno	1	7,50 €
S301	Lasagne	3	6,00 €

KategorieNr	Kategorie	Einheit
1	Pizza-Spezialitäten	Stück
2	Salate	Stück
3	Pasta	Stück
4	Getränke	Flasche

Dadurch sind am Ende der Normalisierung in der dritten Normalform die folgenden fünf Tabellen entstanden:
Kunde (<u>KdNr</u>, Vorname, Nachname, Straße, Ort)
Rechnung (<u>ReNr</u>, ReDatum, KdNr)
Speisen_zu_Rechnung (<u>ReNr</u>, <u>SpNr</u>, Anzahl)
Speisen (<u>SpNr</u>, Bezeichnung, KategorieNr, Preis/Einheit)
Kategorie (<u>KategorieNr</u>, Kategorie, Einheit)

Das Entity-Relationship-Diagramm zu der normalisierten Datenbank hat folgendes Aussehen:

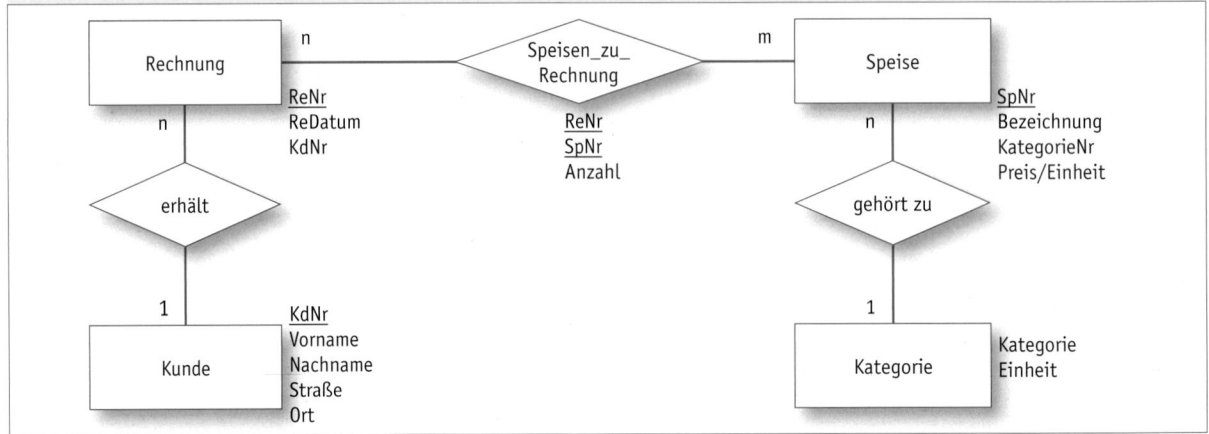

Folgende Gedächtnisstützen kann man sich für die drei Schritte der Normalisierung vereinfacht merken:

1. Normalform

In jeder Zelle der Tabelle darf nur ein einziger Eintrag stehen. Ist dies nicht der Fall, müssen zusätzliche Attribute (Spaltenüberschriften) ergänzt werden. Eine gängige Ausnahme sind Straße und Hausnummer. Sie werden aus Gründen der Benutzerfreundlichkeit oft als ein Attribut behandelt. Bei einem ERM in der ersten Normalform stehen alle Informationen atomar in einer Tabelle.

Leitfrage: Sind alle Feldinhalte atomar?

2. Normalform

Überführt man das ERM in die 2. Normalform, teilt man die eine Tabelle in mehrere Tabellen auf. Die neuen Tabellen werden nach Themengebieten sinnvoll gegliedert und erhalten passende Namen. Jede Tabelle erhält außerdem einen Primärschlüssel und die zusammengehörigen Tabellen werden mit Fremdschlüsseln verknüpft. Für verbundene Tabellen wird außerdem ein passender Beziehungstyp ergänzt.

Leitfrage: Wurden alle Informationen in thematisch passenden, verschiedenen Tabellen zusammengefasst und Primär- und Fremdschlüssel vergeben?

3. Normalform

Bei der 3. Normalform muss jedes Feld in einer Tabelle alleine vom Primärschlüssel abhängig sein. Daher gliedert man Attribute, die nicht alleine vom Primärschlüssel abhängig sind in eine neue Tabelle aus. Felder, die nicht alleine vom Primärschlüssel abhängig sind, erkennt man auch daran, dass sich ihre Feldinhalte wiederholen. In unserem Beispiel taucht in der Spalte Kategorie mehrfach die Bezeichnung *Pizza-Spezialitäten* auf. Die neu entstandene Tabelle wird wiederum über Primär- und Fremdschlüssel mit der alten Tabelle verknüpft und ein passender Beziehungstyp vergeben.

Leitfrage: Sind alle Felder alleine vom Primärschlüssel abhängig?

Befindet sich ein ERM in der 3. Normalform, gibt es keine redundanten, d. h. überflüssigen und mehrfach auftretenden Feldinhalte mehr. Lediglich die Attribute, die als Primär- und Fremdschlüssel zur Verknüpfung der Tabellen verwendet werden, treten wiederholt auf. Hierdurch wird das Risiko von Einfüge-, Lösch- und Änderungsanomalien in der Datenbank reduziert.

Anomalien in Datenbanken

Von einer **Einfügeanomalie** spricht man, wenn ein neuer Datensatz in einer Datenbank nicht eingetragen werden kann, da es nicht zu allen Attributen Inhalte gibt. Beispielsweise kann in unserem Beispiel bei der 1. Normalform ein Kunde nur dann aufgenommen werden, wenn er auch tatsächlich schon eine Rechnung erhalten hat, da die Rechnungsnummer zusammen mit allen anderen Informationen in einer Zeile steht.

Von einer **Änderungsanomalie** spricht man, wenn es durch die Änderung von Datensätzen zu Fehlern im Datenbestand kommt. Zum Beispiel könnte die Kategorie *Pizza-Spezialitäten* zur Vereinfachung in *Pizza* umbenannt werden. Beim Datenbankentwurf in der 2. Normalform müssten wir an mehreren Stellen diesen Eintrag ändern. Wird ein Eintrag vergessen, kommt es zu einem fehlerhaften Datenbestand.

Bei der **Löschanomalie** tritt ein ähnlicher Fehler wie bei der Änderungsanomalie auf. Wird zum Beispiel die Speisenkategorie Salate komplett von der Karte genommen, weil sie zu wenig verkauft wird, müsste man bei einem Datenbankentwurf in der 1. oder 2. Normalform an mehreren Stellen Löschungen vornehmen. Wird ein Eintrag vergessen, kommt es zu einem fehlerhaften Datenbestand.

Wiederholungsfragen zum Informationsblatt 2

1   Weshalb sollten Datenbankentwürfe in der 3. Normalform erstellt werden?

2   Was versteht man unter Redundanzen in einer Datenbank?

3   Welche drei Anomaliearten gibt es und wie unterscheiden sie sich?

4   Welche Bedingungen müssen erfüllt sein, damit ein Datenbankentwurf in der
   a   1. Normalform vorliegt?
   b   2. Normalform vorliegt?
   c   3. Normalform vorliegt?

Aufgaben

Aufgabe 1

Als Praktikant in der EDV-Abteilung werden Sie gebeten, ein ERM in der 3. Normalform für die nachfolgend beschriebenen Sachverhalte zu erstellen. Vergeben Sie für jede Tabelle einen passenden Primärschlüssel, kennzeichnen Sie die Fremdschlüssel und lösen Sie alle n:m Beziehungen auf.

a Fahrradreisen

Die Fly Bike Werke GmbH vermittelt Fahrradreisen. Im anzulegenden Buchungssystem werden die verschiedenen Reisen mit Reiseziel, Dauer in Tagen sowie Anfangs- und Enddatum gespeichert. Von den Kunden sind der Vorname, Nachname und die Anschrift und eine Telefonnummer von Interesse sowie die Kontoverbindung. Tätigt ein Kunde eine Buchung, so ist in einer Buchung immer nur eine Reise enthalten. Natürlich kann ein Kunde sich im Laufe des Jahres für verschiedene Reisen registrieren. Bei der Buchung wird der Kunde erfasst, das Buchungsdatum, die Zahlungsart, die Höhe der Anzahlung und die Reise, für die er sich entschieden hat. Die Reisen werden von Reiseleitern betreut. Hierbei können einer Reise grundsätzlich mehrere Reiseleiter zugeordnet werden und ein Reiseleiter kann grundsätzlich mehrere Reisen leiten. Von den Reiseleitern werden Vor- und Nachname, Adresse und Telefonnummer gespeichert. Zur Überweisung des Gehalts wird auch ihre IBAN erfasst.

b Fahrradverleih

In der Zentrale in Oldenburg soll zukünftig auch der Verleih von Fahrrädern möglich sein. Von den Kunden werden hierzu die üblichen persönlichen Daten erfasst. Die Fahrräder werden zunächst in Kategorien unterteilt, wie z.B. Mountainbike oder Kinderrad.

Dann werden die Fahrräder im Buchungssystem nach Kategorie, Größe, Anzahl der Gänge, vorrätiger Menge im Verleih und Verleihpreis gespeichert. Neben Fahrrädern können die Kunden Zubehör ausleihen, wie z.B. Anhänger, Helme oder Fahrradschuhe (sie sollen nicht gesondert in Zubehörkategorien oder Größen aufgeteilt werden). Für das Zubehör wird eine eigene Tabelle angelegt, die eine kurze Beschreibung, die vorrätige Menge sowie den Preis für die Ausleihe enthält. Für jeden Leihvorgang (bzw. jede Rechnung) werden in der Datenbank der entleihende Kunde, das aktuelle Datum, der zu zahlende Endbetrag und die Zahlungsart abgespeichert. Ein Verleihvorgang kann mehrere Verleihpositionen enthalten, z.B. ein Mountainbike, einen Fahrradanhänger und Fahrradschuhe und die verliehenen Gegenstände können Bestandteil verschiedener Verleihvorgänge sein.

c Fahrradkurse

Über ihre Homepage will die Fly Bike Werke GmbH im Sommer auch verschiedene Fahrradschulungen anbieten. Hierzu zählen u.a. der Kinder-Fahrradführerschein, ein Mountainbike-Kurs für Erwachsene und ein Techniktraining für Rennradfahrer. Die einzelnen Kurse finden jeweils an verschiedenen Terminen und Orten statt und werden von einem bestimmten Trainer geleitet. Von den Trainern werden in der Datenbank jeweils Vor- und Nachname sowie Adresse, E-Mail und Telefonnummer erfasst. Das gleiche gilt für die Kunden, die sich online für einen bestimmten Kurs anmelden können. Hierbei müssen sich die Kunden für jeden Kurs einzeln anmelden. Bei der Anmeldung wird der Kunde, das aktuelle Datum und der entsprechende Kurs erfasst. Natürlich kann ein Kunde sich im Laufe des Sommers zu mehreren Kursen anmelden.

Aufgabe 2

Kennzeichnen Sie die korrekten Aussagen. Formulieren Sie für die falschen Aussagen eine richtige Antwort.

☐ Ein ERM dient der Planung einer Datenbank und zur Erstellung eines Datenbankentwurfs.

☐ Ziel des Normalisierungsprozesses ist die Maximierung von Redundanzen in einer Datenbank.

☐ Inkonsistente Daten sind zusammengehörige Daten in einer Datenbank, wie z. B. die Kundennummer und die dazugehörige Kontonummer des Kunden.

☐ Eine Einfügeanomalie tritt auf, wenn man aufgrund einer fehlenden Serververbindung keine neuen Datensätze in der Datenbank ergänzen kann.

☐ Bei einer Änderungsanomalie kommt es zu einem inkonsistenten Datenbestand, indem z. B. die Anschrift einer Kundin nur in einer von zwei Rechnungen geändert wird.

☐ Eine Löschanomalie tritt auf, wenn ein Kunde die Löschung seiner persönlichen Daten verlangt, diese Daten zwar gelöscht werden, jedoch seine Rechnungsdaten weiterhin in der Datenbank gespeichert sind.

☐ In der ersten Normalform sind alle Feldinhalte digital.

☐ In der ersten Normalform sortiert man alle Datenbankinhalte nach verschiedenen Entitäten.

☐ In der ersten Normalform werden meist alle Informationen in einer Tabelle gesammelt.

☐ Überführt man ein ERM in die zweite Normalform, fasst man die Informationen aus mehreren Tabellen in einer Tabelle zusammen.

☐ Zwei Tabellen werden mithilfe eines Fremdschlüssels verknüpft.

☐ Ein Primärschlüssel identifiziert jeden Datensatz einer Entitätsmenge und wird daher mehrfach vergeben.

☐ Man unterscheidet 1:0, 1:n und n:m Beziehungen bei der Verknüpfung von Entitätsmengen.

☐ n:m Beziehungen können mit einem Datenbankmanagementsystem wie MS Access nicht abgebildet werden, daher ist die Auflösung aller n:m Beziehungen bereits im Datenbankentwurf sinnvoll.

☐ Im ERM werden Beziehungstypen durch Rechtecke gekennzeichnet.

☐ Entitätsmengen werden als Oval im ERM dargestellt.

☐ Rauten kennzeichnen im ERM die Beziehung, d. h. die Verknüpfung zwischen zwei Tabellen.

☐ In der 2. Normalform wurden alle Informationen in thematisch passenden, verschiedenen Tabellen zusammengefasst und Primär- und Fremdschlüssel vergeben.

☐ In der 2. Normalform sind alle Nicht-Schlüsselattribute alleine abhängig vom Primärschlüssel.

☐ Ein ERM beschreibt immer einen kompletten Sachverhalt der realen Welt mit allen Facetten und Details.

☐ Ein ERM ist ein Werkzeug zur Darstellung eines logischen Datenmodells.

Raum für Korrekturen/Notizen

_____

_____

_____

_____

_____

SB BWR ▶ Seite 264 ff. | Handlungsfeld 4, Kap. 5.2

LS BWR ▶ Seite 229 ff. | Lernsituation 43

Anlegen einer Datenbank

Situation

Nachdem die Planung der Datenbank für den Werksverkauf abgeschlossen ist, sendet Herr Gerland folgende Hausmitteilung an Frau Lai. Als Praktikant in der IT-Abteilung sollen Sie Frau Lai bei der Bearbeitung unterstützen.

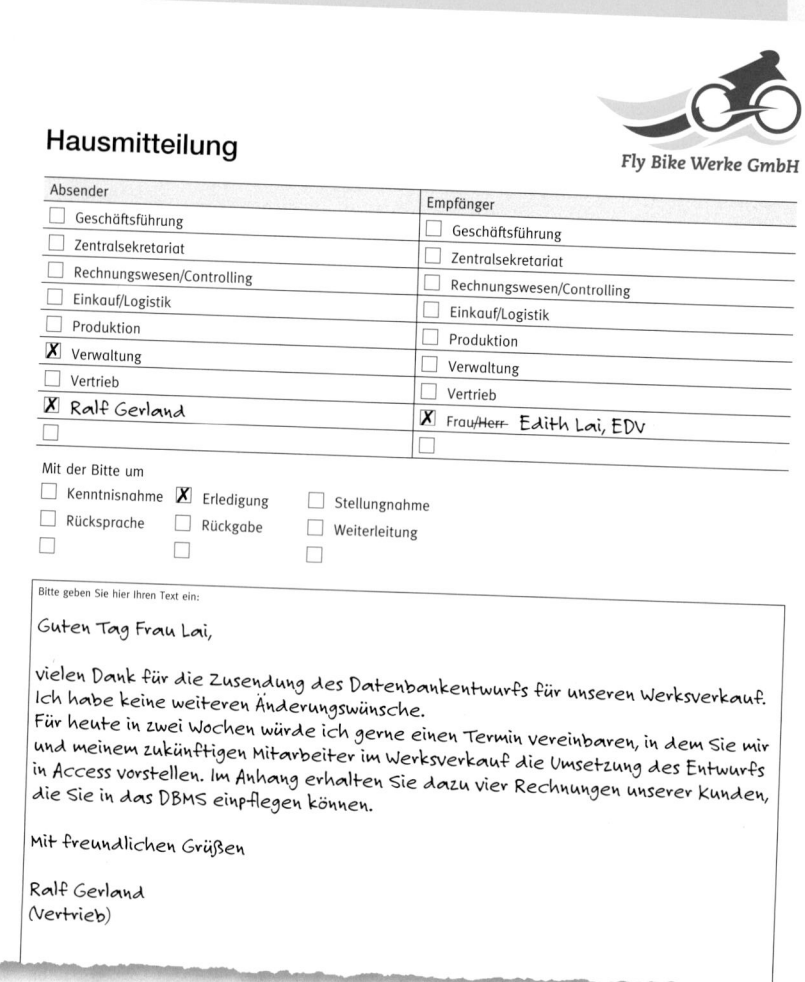

Handlungsaufträge

1 Sichten Sie die nachfolgend abgebildeten vier Kundenrechnungen. Planen Sie das Vorgehen zur Erstellung der Datenbank in MS Access systematisch. Orientieren Sie sich dabei wie gewohnt an Arbeitsblatt 15.1 oder nutzen Sie die Kopiervorlage „Herleitung der Problemstellung".

2 Lesen Sie sich das Informationsblatt 21.1 zum Anlegen einer neuen Datenbank durch und bearbeiten Sie die dazugehörigen Aufgaben.

3 Legen Sie auch noch die fehlenden Tabellen Rechnungspositionen und Artikel in MS Access an und setzen Sie die fehlenden Beziehungen zwischen den Tabellen.

4 Bereiten Sie sich darauf vor, die Umsetzung des Datenbankentwurfs in Access zu präsentieren. Füllen Sie als Zuhörer das Arbeitsblatt 21.1 Beobachtungsbogen zur Datenbank-Präsentation aus. Nutzen Sie das Arbeitsblatt ebenfalls zur Vorbereitung ihrer ca. 10-minütigen Präsentationen.

Fly Bike Werke GmbH

Fly Bike Werke GmbH · Rostocker Str. 334 · 26121 Oldenburg

Anja Müller
Rostocker Str. 24
26121 Oldenburg

Ihr Zeichen:
Ihre Nachricht vom:
Unser Zeichen:
Kunden-Nr:

Name: Ralf Gerland
Telefon: +49 441 885-4243
Telefax: +49 441 885-9299
E-Mail: werksverkauf@flybike.de

Datum: 15.07.20XX

Rechnung Nr. 1

Sehr geehrte Frau Müller,

folgende Artikel haben Sie bei uns gekauft und bar bezahlt

Pos.-Nr.	Artikel-Nr.	Artikelbezeichnung	Menge	Einzelpreis in €	Gesamtpreis in €
1	1011	Fahrrad City Glide Rahmenhöhe 48	1	298,32	298,32
			Nettorechnungsbetrag in €		298,32
			19% USt. in €		56,68
			Bruttorechnungsbetrag in €		**355,00**

Wir bedanken uns für Ihren Einkauf in unserem Werksverkauf.

Mit freundlichen Grüßen
Fly Bike Werke GmbH
Werksverkauf

Fly Bike Werke GmbH

Fly Bike Werke GmbH · Rostocker Str. 334 · 26121 Oldenburg

Markus Siefel
Talweg 15
53177 Bonn

Ihr Zeichen:
Ihre Nachricht vom:
Unser Zeichen:
Kunden-Nr:

Name: Ralf Gerland
Telefon: +49 441 885-4243
Telefax: +49 441 885-9299
E-Mail: werksverkauf@flybike.de

Datum: 22.07.20XX

Rechnung Nr. 2

Sehr geehrter Herr Siefel,

folgende Artikel haben Sie bei uns gekauft und per EC-Karte bezahlt

Pos.-Nr.	Artikel-Nr.	Artikelbezeichnung	Menge	Einzelpreis in €	Gesamtpreis in €
1	1021	Fahrrad City Surf Rahmenhöhe 52	1	382,35	382,35
2	1701	Fahrradhelm Standard	1	81,47	81,47
			Nettorechnungsbetrag in €		463,82
			19% USt. in €		88,13
			Bruttorechnungsbetrag in €		**551,95**

Wir bedanken uns für Ihren Einkauf in unserem Werksverkauf.

Mit freundlichen Grüßen
Fly Bike Werke GmbH
Werksverkauf

Fly Bike Werke GmbH · Rostocker Str. 334 · 26121 Oldenburg

Andreas Feldner
Hohenzollernring 18
50672 Köln

Ihr Zeichen:	
Ihre Nachricht vom:	
Unser Zeichen:	
Kunden-Nr:	
Name:	Ralf Gerland
Telefon:	+49 441 885-4243
Telefax:	+49 441 885-9299
E-Mail:	werksverkauf@flybike.de
Datum:	29.07.20XX

Rechnung Nr. 3

Sehr geehrter Herr Feldner,

folgende Artikel haben Sie bei uns gekauft und per EC-Karte bezahlt

Pos.-Nr.	Artikel-Nr.	Artikelbezeichnung	Menge	Einzelpreis in €	Gesamtpreis in €
1	1701	Fahrradhelm Standard	2	81,47	162,94
			Nettorechnungsbetrag in €		162,94
			19% USt. in €		30,96
		Bruttorechnungsbetrag in €			**193,90**

Wir bedanken uns für Ihren Einkauf in unserem Werksverkauf.

Mit freundlichen Grüßen
Fly Bike Werke GmbH
Werksverkauf

Fly Bike Werke GmbH · Rostocker Str. 334 · 26121 Oldenburg

Karen Dresen
Eichenstraße 105
26131 Oldenburg

Ihr Zeichen:	
Ihre Nachricht vom:	
Unser Zeichen:	
Kunden-Nr:	
Name:	Ralf Gerland
Telefon:	+49 441 885-4243
Telefax:	+49 441 885-9299
E-Mail:	werksverkauf@flybike.de
Datum:	01.08.20XX

Rechnung Nr. 4

Sehr geehrte Frau Dresen,

folgende Artikel haben Sie bei uns gekauft und bar bezahlt

Pos.-Nr.	Artikel-Nr.	Artikelbezeichnung	Menge	Einzelpreis in €	Gesamtpreis in €
1	1011	Fahrrad City Glide Rahmenhöhe 48	1	298,32	298,32
2	1702	Fahrradhelm Ultra Light	1	100,80	100,80
			Nettorechnungsbetrag in €		399,12
			19% USt. in €		75,83
		Bruttorechnungsbetrag in €			**474,95**

Wir bedanken uns für Ihren Einkauf in unserem Werksverkauf.

Mit freundlichen Grüßen
Fly Bike Werke GmbH
Werksverkauf

Informationsblatt 21.1 (4 Seiten) | Anlegen einer neuen Datenbank

Starten Sie MS Access 2010 und vergeben Sie rechts im Feld Dateiname den Namen *Werksverkauf*. Klicken Sie dann auf das kleine Ordnersymbol neben dem Datei-namenfeld und wählen Sie einen Speicherort für Ihre neue Datenbank.

Bestätigen Sie mit **OK** und klicken Sie auf den Button **Erstellen**.

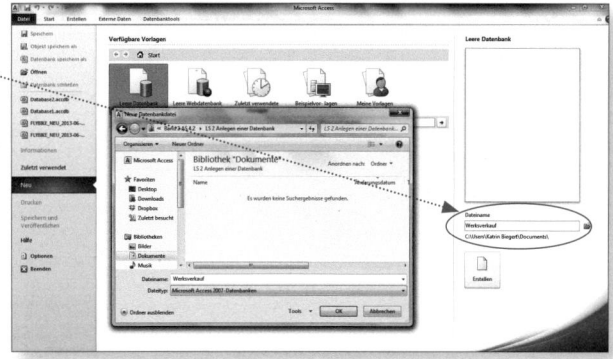

Es öffnet sich die sogenannte **Datenblattansicht**, in der später die Datensätze (z. B. Kundendaten) angelegt wer-den. Wechseln Sie über den Button **Ansicht** in die **Entwurfsansicht**.

Sie werden gebeten, für die erste Tabelle einen Namen zu vergeben. Legen Sie die Tabelle *Kunden* an.

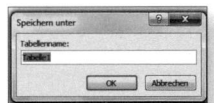

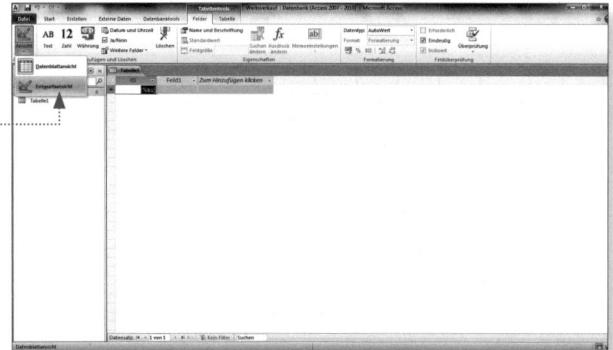

Nun befinden Sie sich in der Entwurfsansicht der Daten-bank. Hier erstellen Sie das Datenbankgerüst, indem Sie die Tabellen mit den dazugehörigen Attributen (Spalten-überschriften) erstellen. Standardmäßig ist das erste At-tribut *ID* vorgegeben und als **Primärschlüssel** festgelegt, was Sie an dem kleinen Schlüsselsymbol vor dem Feldna-men erkennen. Feldname ist ein Synonym für Attribut oder auch Spaltenüberschrift.

Benennen Sie den Primärschlüssel um in *Kundennummer*.

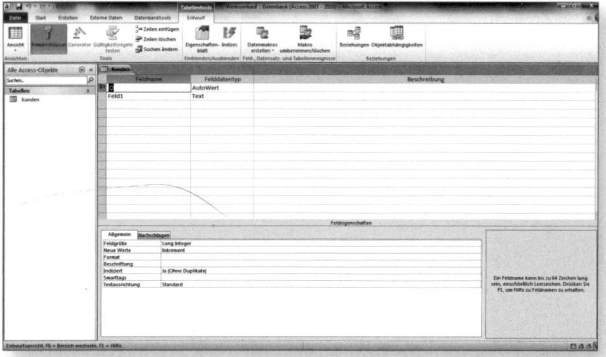

Wollen Sie ein Attribut als Primärschlüssel festlegen, wählen Sie das **Schlüsselsymbol** aus, das Sie unter den **Tabellen-tools** im Register **Entwurf** in der Gruppe **Tools** finden. Ein Primärschlüssel kann auch aus zwei zusammengesetzten Fel-dern bestehen, d. h. die Kombination von zwei Feldern ist einzigartig. Die Inhalte der einzelnen Felder können mehrfach in einer Tabelle auftauchen.

Überlegen Sie, bei welchen beiden Attributen aus der Tabelle *Rechnungspositionen* (bzw. *Speisen_zu_Rechnung*), die Marino Caponi in Lernsituation 20 erstellt hat, es sich um einen zusammengesetzten Primärschlüssel handelt. Begründen Sie Ihre Antwort.

Um einen zusammengesetzten Primärschlüssel in Access zu erstellen, markieren Sie mit der Maus in der Entwurfsansicht beide Feldnamen und wählen anschließend das Symbol Primärschlüssel aus. Das Schlüsselsymbol taucht nun vor beiden Attributen auf.

Für jedes Attribut ist ein passender Felddatentyp zu wählen. Folgende Felddatentypen stellt Ihnen Access zur Verfügung.

Mit der Taste F1 bietet Access Informationen zu den verschiedenen Datenfeldtypen an. Rufen Sie diese Informationen auf und machen Sie sich in folgender Tabelle Notizen zu den Datenfeldtypen und ihrer Speichergröße. Wählen Sie ein eigenes Beispiel für jeden Felddatentyp.

Einstellung	Datentyp	Größe	Beispiel
Text			
Memo			
Zahl			
Datum/Uhrzeit			
Währung			
AutoWert			
Ja/Nein			
OLE-Objekt			
Hyperlink			
Anlage			

Legen Sie die Tabelle *Kunden* komplett an. In der Spalte Beschreibung können Sie bei nicht selbsterklärenden Feldnamen eine Erläuterung ergänzen. Dieses Feld muss allerdings nicht ausgefüllt werden und dient dem Datenbankanwender lediglich zur Information. In den **Feldeigenschaften** im unteren Fensterbereich können weitere Funktionen für die einzelnen Attribute festgelegt werden. Geben Sie bei allen Feldnamen an, dass eine **Eingabe erforderlich** ist. Begrenzen Sie beim Attribut *PLZ* außerdem die Feldlänge auf 5 Stellen.

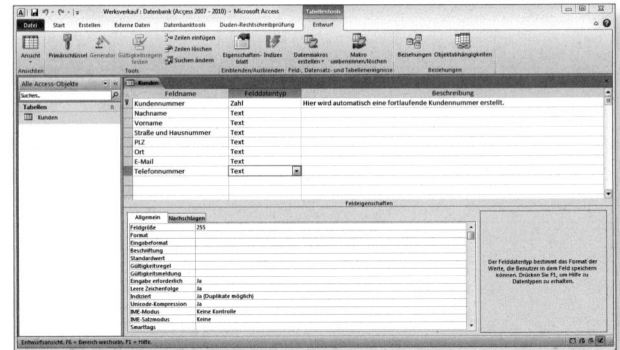

Wechseln Sie in die **Datenblattansicht** und fügen Sie Datensätze für die Kunden des Werksverkaufs ein. E-Mail und Telefonnummer wurden an der Kasse erfragt und sind hier bereits eingetragen.

Kunden Nr.	Nachname	Vorname	Straße und Hausnummer	PLZ	Ort	E-Mail	Telefonnummer
1						amueller@web.de	0441-567082
2						siefel@t-online.de	0228-571390
3						a.feldner@gmx.de	0221-325198
4						karendres@freenet.de	0177-3412056

Legen Sie nun eine neue Tabelle an, indem Sie über das Register **Erstellen** in der Gruppe **Tabellen** das Symbol **Tabellenentwurf** anklicken.

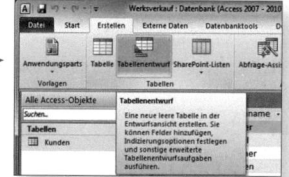

Erstellen Sie eine Rechnungstabelle in der Entwurfsansicht. Nutzen Sie hierzu Ihr ERM aus Lernsituation 20. Wählen Sie sinnvolle Felddatentypen sowie Feldeigenschaften und legen Sie einen Primärschlüssel fest.

Ergänzen Sie Ihre Tabelle um das Attribut *Zahlungsart* und wählen Sie hierfür den Felddatentyp **Nachschlage-Assistent** aus. Geben Sie an, dass Sie selbst Werte in eine Liste eintragen möchten.

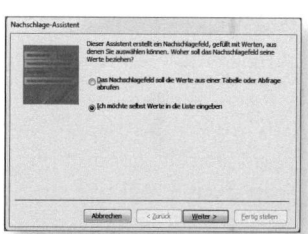

Geben Sie die beiden möglichen Zahlungsarten *Electronic Cash* und *Barzahlung* als Auswahlalternativen an.

Klicken Sie auf **Fertig stellen**, speichern Sie Ihre Tabelle unter dem Namen *Rechnung* und wechseln Sie in die Datenblattansicht. Ergänzen Sie folgende Datensätze.

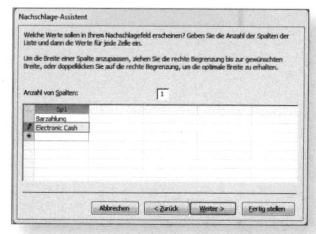

Rechnungs Nr.	Datum	Art der Zahlung	Kunden Nr.
1			1
2			2
3			3
4			4

Verknüpfung der Tabellen Kunden und Rechnung

Im ERM wurde die Mastertabelle Kunden mit der Detailtabelle Rechnung über den Fremdschlüssel Kundennummer verknüpft. Um diese Verknüpfung in MS Access vorzunehmen, speichern und schließen Sie zunächst die beiden Tabellen. Wählen Sie anschließend die Registerkarte **Datenbanktools** aus und klicken Sie auf das Symbol **Beziehungen** in der Gruppe **Beziehungen**. Gehen Sie im sich öffnenden Fenster auf die Registerkarte **Tabellen** und markieren Sie die Tabellen, die Sie verknüpfen wollen. Klicken Sie auf **Hinzufügen** und schließen Sie anschließend das Auswahlfenster.

Über das Register **Entwurf** und die Gruppe **Tools** gelangen Sie nun zum Symbol **Beziehungen bearbeiten**, über das Sie die beiden Tabellen verbinden können. Klicken Sie auf **Neue Erstellen** und wählen Sie die Tabelle *Kunden* mit dem Primärschlüssel *Kundennummer* aus und anschließend die Tabelle *Rechnung* mit dem Fremdschlüssel *Kundennummer*.

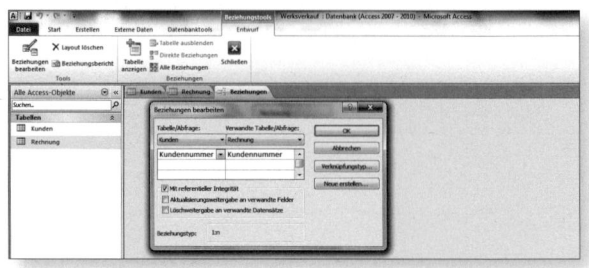

Setzen Sie den Haken bei **Mit referentieller Integrität**.
Diese Bedingung stellt sicher, dass verknüpfte Datensätze nicht versehentlich gelöscht oder verändert werden, solange die Beziehung gültig ist.

Folgende Bedingungen müssen erfüllt sein, damit man in Access die referentielle Integrität festlegen kann:
1. Eines der beiden ausgewählten Attribute ist ein Primärschlüssel.
2. Beide Attribute weisen den gleichen Datentyp auf.
3. Die beiden Tabellen gehören zu einer Datenbank.

Wurde eine Beziehung mit referentieller Integrität erstellt, so kann im Fremdschlüsselfeld der Detailtabelle kein Wert eingetragen werden, den es nicht als Primärschlüssel in der Mastertabelle gibt. Man kann keinen Datensatz aus einer Mastertabelle löschen oder den Wert eines Primärschlüssels ändern, wenn es dazugehörige Datensätze in einer Detailtabelle gibt.

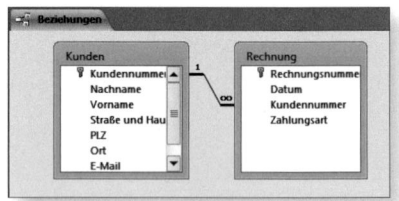

Begründen Sie, vor dem Hintergrund dieser Informationen, weshalb in der Tabelle Kunden die Kundennummer mit dem Felddatentyp **Zahl** und nicht mit **Autowert** gespeichert wurde.

_____

_____

_____

_____

_____

Legen Sie auch noch die fehlenden Tabellen *Rechnungspositionen* und *Artikel* in MS Access an, wie im Handlungsauftrag 3 gefordert.

Arbeitsblatt 21.1 | Beobachtungsbogen zur Datenbank-Präsentation

Beurteilungs-kriterien	Beurteilung und Anmerkungen		Anmerkungen und Verbesserungsvorschläge
Aufbau des Vortrags	wirkt strukturiert ☐	wirkt unübersichtlich ☐	
Gestik, Mimik und Blickkontakt	sichere Ausstrahlung ☐	wirkt unsicher ☐	
Wortwahl (Fachbegriffe)	trägt mit Fachbegriffen vor ☐	Umgangssprache ☐	
Sprechtempo	angemessenes Tempo, gut zu verfolgen ☐	redet schnell, Verständlichkeit leidet ☐	
Tabellen vollständig angelegt	trifft zu ☐	trifft nicht zu ☐	
Attribute und Schlüsselattribute vorhanden	trifft zu ☐	trifft nicht zu ☐	
Sinnvolle Datenfeldtypen vergeben	trifft zu ☐	trifft nicht zu ☐	
Datensätze korrekt eingefügt	trifft zu ☐	trifft nicht zu ☐	
Korrekte Beziehungen gesetzt	trifft zu ☐	trifft nicht zu ☐	
Passende Beziehungstypen gewählt	trifft zu ☐	trifft nicht zu ☐	

Aufgaben

Aufgabe 1

Legen Sie mithilfe ihres ERMs aus der Lernsituation 20 eine Datenbank für den Verkauf von geführten Fahrradreisen in MS Access an. Berücksichtigen Sie hierbei die referentielle Integrität und passende Beziehungstypen.

Zur Unterstützung stellt Ihnen Frau Lai folgende Gesprächsnotizen aus einer Besprechung mit Herrn Gerland zu Verfügung:

- Bereits drei telefonische Buchungen, die alle am 15.05.20XX nach unserer Werbeaktion auf einer Fahrradmesse eingegangen sind:
  Herr Lars Meier, Weilerstraße 11 aus 55116 Mainz will Taunusreise machen, gewünschte Zahlungsart Kreditkarte, IBAN: DE23 5505 0120 1552 3751 90 Sparkasse Mainz
  Frau Sabine Gollon, Elsener Weg 6a aus 45136 Essen möchte Bergisches-Land-Tour buchen, gewünschte Zahlungsart Kreditkarte, IBAN: DE23 3605 0105 2405 9835 68 Sparkasse Essen
  Herr Torsten Künerst, Frankenforster Allee 12 in 33098 Paderborn interessiert an Rheinlandtour, gewünschte Zahlungsart Überweisung, IBAN: DE23 4765 0130 5598 7465 12 Sparkasse Paderborn
- Bergisches-Land-Tour wird von Reiseleiter Ernst Freisch geführt, Personalnummer P12, IBAN: DE23 2805 0100 5087 2371 47 Sparkasse Oldenburg
  Taunusreise wird von Reiseleiter Marie Weber begleitet, Personalnummer P15, IBAN: DE23 2805 0100 2750 9236 55 Sparkasse Oldenburg
  Rheinlandtour wird von Marcel Rodde geleitet, Personalnummer P9, IBAN: DE23 2805 0100 3712 3086 71 Sparkasse Oldenburg. Er leitet ebenfalls die Tour durch das Siebengebirge, für die noch keine Anmeldungen vorliegen.
  Adressen der Reiseleiter werden von der Personalabteilung später nachgereicht
- Aus zugriffsrechtlichen Gründen sollen die Kontodaten der Kunden und die des Personals in zwei separaten Tabellen abgespeichert werden.
- Alle Interessenten haben eine Anzahlung von 25% des Reisepreises getätigt;
  Bergisches-Land-Tour (Nr. 1) dauert 5 Tage und beginnt am 25.08.20XX, Preis 525,00 €.
  Taunusreise (Nr. 2) dauert 3 Tage und beginnt am 22.07.20XX, Preis 280,00 €.
  Rheinlandtour (Nr. 3) dauert 6 Tage und beginnt am 28.06.20XX, Preis 655,00 €.
  Siebengebirgetour (Nr. 4) dauert 5 Tage und beginnt am 01.08.20XX, Preis 540,00 €.

Aufgabe 2

Legen Sie mithilfe ihres ERMs aus der Lernsituation 20 eine Datenbank für das Angebot von Fahrradkursen in MS Access an. Berücksichtigen Sie hierbei die referentielle Integrität und passende Beziehungstypen. Als weitere Arbeitsmittel erhalten Sie folgende Notizen von Frau Lai:

Kunden
Wählen Sie selbstständig Daten für 2 verschiedene Testkunden aus. Ein Kunde soll sich für einen Kurs anmelden und der zweite Kunde soll sich für zwei verschiedene Kurse registrieren.

Schulungen
Es sollen vorerst die Schulungen Kinderfahrradführerschein, ein Mountainbikekurs für Erwachsene und ein Techniktraining für Rennradfahrer angeboten werden.
Kursnummern sind eigenständig zu vergeben

Trainer Olaf Mertens
Personalnummer P1, Zülpicher Straße 26, 50674 Köln, 0221-62830, mertens@gmx.de

Schulungen
Schulungsnummern können frei gewählt werden.
Bezeichnungen siehe Kurse

Kurse
Folgende Kurse wurden bisher terminiert:
Kinderfahrradführerschein
- Trainer Olaf, Ort: München, Datum 15.07.20XX
- Trainer: Martha, Ort: Hannover, Datum: 15.07.20XX
Mountainbikekurs
- Trainer Felix, Ort: Bad Honnef, Datum 26.07.20XX und weiterer Kurs am 02.08.20XX
Techniktraining Rennrad
- Trainer Olaf, Ort Köln, Datum: 19.07.20XX

Trainerin Martha Riefel
Personalnummer P2, Bachstraße 50, 30167 Hannover, 0511-7060123, riefel@web.de

Trainer Felix Oplina
Personalnummer P3, Rittershausstraße 15, 53113 Bonn, 0228-3546901, f.oplina@gmail.com

Aufgabe 3

Individuelle Datenbankprojekte der Schülerinnen und Schüler

Als offenes Projekt sollen Sie zu verschiedenen Themen selbstständig Datenbanken in MS Access anlegen und Ihre Ergebnisse in einer Präsentation vorstellen. Folgende Themen stehen u. a. zur Auswahl. Sie können auch eigene Themenvorschläge einbringen.

1. Krankenhaus
2. Lebensmittelmarkt, z. B. Aldi
3. Kindergarten
4. Warenkaufhaus wie z. B. Karstadt
5. Gymnasium
6. Grundschule
7. Sicherheitsfirma
8. IT-Firma
9. Kfz-Werkstatt
10. Tankstelle
11. Altenheim
12. Möbelhaus wie z. B. Ikea
13. Industrieunternehmen wie z. B. Haribo
14. Selbstständiger Handwerker, z. B. Maler
15. Gärtnerei
16. Eisdiele
17. Konditorei oder Bäcker
18. Sportverein
19. Konzertveranstalter
20. Fitnessstudio
21. Bücherei
22. Textileinzelhandel wie z. B. H & M
23. Apotheke
usw.

Folgende Anforderungen sollte Ihr Datenbankprojekt erfüllen:

a Halten Sie die Datenbankanforderungen zunächst schriftlich in einem Text fest. Sie können selbst bestimmen, welchen Ausschnitt der Wirklichkeit Ihre Datenbank abbilden soll, allerdings müssen die Angaben im Text auch anschließend in Ihrer Access Datenbank wiederzufinden sein. Beachten Sie, dass die Datenbank mindestens 5 Tabellen enthalten muss.

b Planen Sie ihre Datenbank mit einem Entity-Relationship-Modell inkl. Beziehungen und Primärschlüsseln.

c Setzen Sie die Datenbank in MS Access um und pflegen Sie je Tabelle mindestens 5 selbst gewählte Datensätze ein. Setzen Sie die passenden Beziehungen zwischen den Tabellen.

d Bereiten Sie sich darauf vor, Ihre schriftlich formulierten Datenbankanforderungen, das ERM und die Datenbank in MS Access in einem 10- bis 15-minütigen Vortrag vorzustellen.

Aufgabe 4

Ordnen Sie den folgenden Fachbegriffen und Sachverhalten jeweils die richtige Erklärung zu. Tragen Sie Ihr Ergebnis in der Tabelle unten ein.

	Fachbegriff		Erklärung
1	Die Datenblattansicht	a	setzt Access automatisch eine laufende Nummer ein, die üblicherweise bei 1 beginnt.
2	In der Entwurfsansicht	b	muss im Fremdschlüssel die Feldeigenschaft „indiziert – ohne Duplikate" gewählt werden.
3	Beim Datenfeldtyp Autowert	c	müssen immer den gleichen Datenfeldtyp ausweisen.
4	Der Datenfeldtyp Zahl	d	dass eines der beiden ausgewählten Attribute ein Primärschlüssel ist, beide Attribute den gleichen Datentyp aufweisen und beide Tabellen zu einer Datenbank gehören.
5	Beim Datenfeldtyp Text	e	kann man eine neue Tabelle erstellen oder jede verfügbare Eigenschaft für ein Feld festlegen oder ändern sowie Felder hinzufügen, entfernen oder ändern.
6	Will man in Access eine 1:1-Beziehung setzen,	f	können sowohl Ziffern als auch Buchstaben und Sonderzeichen eingegeben werden.
7	Ein Primärschlüssel	g	lassen sich verschiedene Auswahlmöglichkeiten in einem Dropdown-Menü in der Datenblattansicht vorgeben.
8	Primär- und Fremdschlüssel	h	dient der Eintragung und der übersichtlichen Darstellung von Datensätzen sowie der Durchführung von Abfragen.
9	Die referentielle Integrität besagt,	i	besteht aus einer Kombination von zwei Feldern, die einzigartig ist. Die Inhalte der einzelnen Felder können mehrfach in einer Tabelle auftauchen.
10	Bei einer 1:n-Beziehung	j	dass in der Master- und Detailtabelle ein Datensatz mit entsprechendem Wert im Primär- und Fremdschlüssel existiert. Eine Datensatzlöschung oder Änderung des Schlüssels in einem Primärdatensatz ist nur möglich, wenn zu diesem Datensatz keine abhängigen Datensätze in Beziehung stehen.
11	Ein zusammengesetzter Primärschlüssel	k	erlaubt lediglich die Eingabe von Ziffern.
12	Über den Felddatentyp Nachschlage-Assistent	l	ist ein Datensatz in einer Tabelle mit mehreren Datensätzen in einer zweiten Tabelle verknüpft.
13	Voraussetzung zur Festlegung der referentiellen Integrität ist,	m	sollte man zuerst die Tabellenstruktur in der Entwurfsansicht mit passenden Datenfeldtypen erstellen, anschließend die Datensätze in der Datenblattansicht hinzufügen und abschließend die Beziehungen zwischen den Tabellen setzen.
14	Beim Anlegen einer Datenbank,	n	wird durch das Schlüsselsymbol vor dem Feldnamen gekennzeichnet.

1	2	3	4	5	6	7	8	9	10	11	12	13	14

Aufgabe 5
Erweitern Sie Ihre Lernkartei.

Aufgabe 6
Ergänzen Sie Ihr Lerntagebuch.

SB BWR ▸ Seite 264 ff. | Handlungsfeld 4, Kap. 5.2

LS BWR ▸ Seite 229 ff. | Lernsituation 43

Abfragen in der Datenbank

Situation

Frau Lai leitet Ihnen folgende E-Mail weiter und bittet Sie, die notwendigen Änderungen in der Datenbank des Werksverkaufs durchzuführen. Außerdem möchte Frau Lai gerne wissen, wie viele verschiedene Artikel zurzeit im Werksverkauf angeboten werden und wie viel sie durchschnittlich kosten.

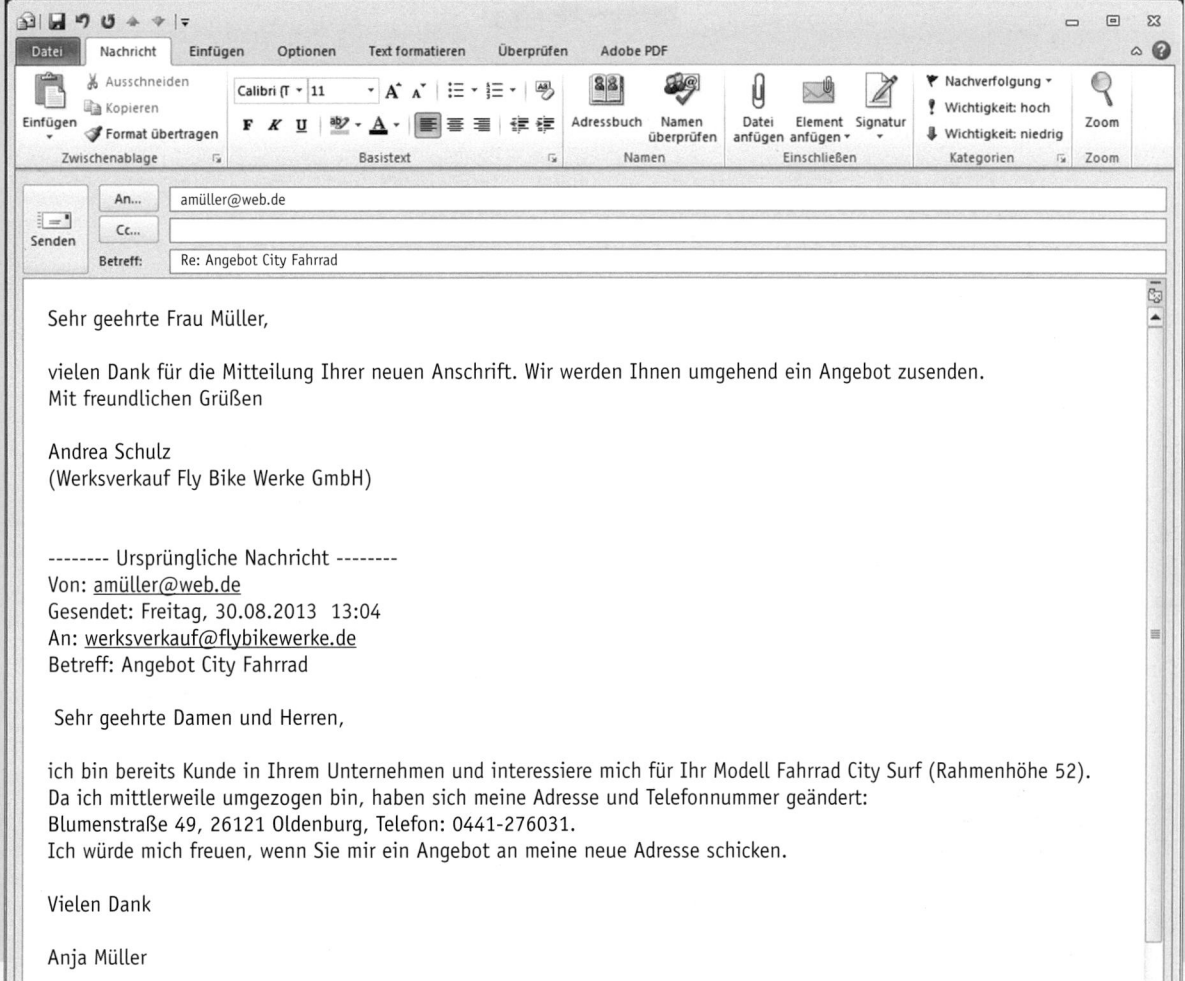

Handlungsaufträge

1 Planen Sie Ihr Vorgehen systematisch und notieren Sie zunächst, wer welche Informationen braucht und welche Arbeitsschritte notwendig werden. Orientieren Sie sich dabei wieder an der Herleitung der Problemstellung aus Lernsituation 15 bzw. nutzen Sie die Kopiervorlage.

2 Bearbeiten Sie die Informationsblätter 22.1, 22.2 und 22.3 und führen Sie die notwendigen Arbeitsschritte in MS Access durch.

3 Verfassen Sie ein normgerechtes Angebot für Frau Müller und speichern Sie Ihr Ergebnis unter *AngebotMüller.docx* ab.

4 Vergleichen Sie Ihr Angebot und die zuvor erstellten Abfragen mit Ihrem Sitznachbarn und diskutieren Sie Unterschiede und Schwierigkeiten.

Informationsblatt 22.1 (3 Seiten) | Die Auswahlabfrage

Öffnen Sie die Datenbank *Werksverkauf.accdb*. Wie beim Anlegen einer Tabelle unterscheidet man auch bei der Erstellung einer Abfrage zwischen der Entwurfs- und Datenblattansicht. Erstellen Sie zunächst über den Button Abfrageentwurf in der Entwurfsansicht eine neue Abfrage zur den Kundendaten von Frau Müller.

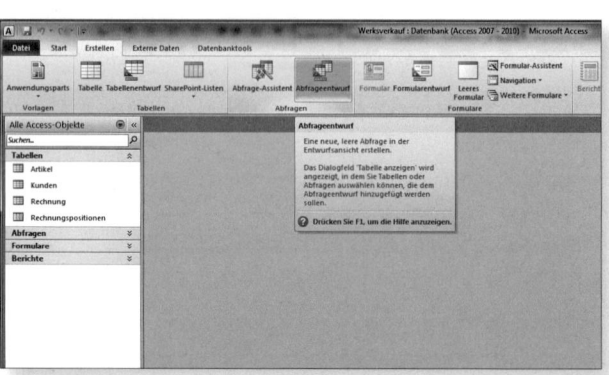

Im ersten Schritt müssen Sie nun die Tabellen auswählen, die Sie für die Daten von Frau Müller benötigen.

Notieren Sie, welche Tabelle bzw. Tabellen Sie zur Adressänderung benötigen und begründen Sie Ihre Entscheidung.

_____

_____

_____

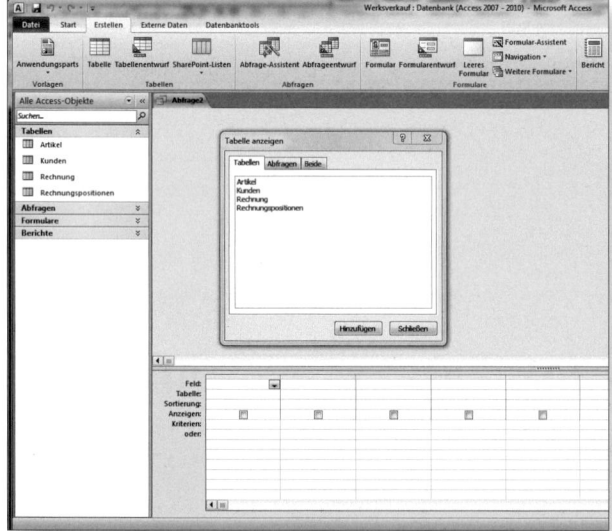

Mit einer sogenannten Auswahlabfrage (Abfragetyp **Auswählen**) soll zunächst der gesamte Kundenstammdatensatz von Frau Müller angezeigt werden. Bei einer Auswahlabfrage werden Daten aus ein oder mehreren Tabellen ausgegeben, die einem bestimmten Suchkriterium entsprechen.

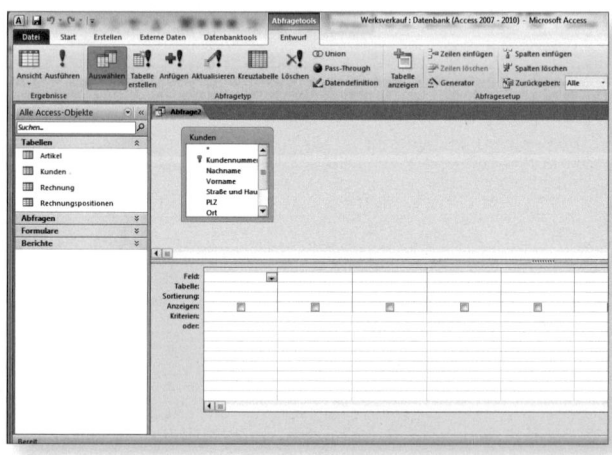

Hinweis

Bei der Filterfunktion in MS Access handelt es sich um eine Sonderform einer Abfrage. Sie wertet nur Daten aus einem einzelnen Feld einer einzelnen Tabelle aus. Generell sind Abfragen jedoch nicht auf einzelne Tabellen beschränkt, sondern sie können auch mit mehreren miteinander in Beziehung stehenden Tabellen arbeiten.

Nach der Tabellenauswahl erscheint die Tabelle mit ihren zugehörigen Attributen- im oberen Fenster. Die untere Hälfte der Entwurfsansicht ermöglicht die Auswahl der in der Abfrage gewünschten Felder und der Kriterien, die die Datensätze erfüllen sollen.

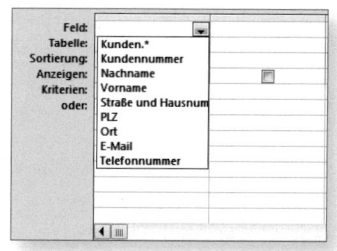

Unter dem Dropdown-Menü **Feld** kann das gewünschte Attribut, das ausgegeben werden soll, bestimmt werden. Wählt man die erste Möglichkeit *Kunden.** aus, so werden alle Attribute der Tabelle Kunden angezeigt.

Bei der Angabe **Tabelle** erscheint der Tabellenname, aus der das Attribut stammt. Im Feld **Sortierung** kann eine Sortierungsreihenfolge der Abfrageergebnisse angegeben werden.

Durch die Auswahl **Anzeigen** kann ein Feld schnell und unkompliziert im Abfrageergebnis hinzugefügt oder verborgen werden. Im Feld **Kriterien** gibt man die Eigenschaften an, die die Feldinhalte erfüllen sollen. Hierbei gibt es folgende Möglichkeiten:

Kriterien für Felder mit dem Datentyp Text:

Ausgabe von Datensätzen, die ...	Beispiel für die Eingabe im Feld Kriterium
... genau einem Feldeintrag entsprechen.	"Müller"
... nicht mit einem bestimmten Feldeintrag übereinstimmen.	nicht "Müller"
... mit einem bestimmten Buchstaben (z. B.: M) beginnen.	M* (* ist hierbei ein Platzhalter für jede Art und Anzahl von Zeichen. Daher können Sie auch vor einen bestimmten Ausdruck gesetzt werden oder vor und nach einer bestimmten Zeichenkombination.)
... nicht mit einem bestimmten Anfangsbuchstaben beginnen.	nicht M*
... in einem bestimmten Buchstabenbereich liegen (z. B.: von A bis F).	"[A-F]*" (Man nennt dieses Suchkriterium auch Wie-Operator.)
... einen von mehreren, vergebenen Einträgen enthalten.	In ("Bonn"; "Oldenburg") (Man nennt diese Suchkriterium auch In-Operator oder Listenfunktion)
... über keinen Eintrag in einem Feld verfügen.	ist Null (Man spricht vom Null-Wert, wenn ein Feld keinen Eintrag hat.)
... über einen Eintrag in einem Feld verfügen.	ist nicht Null

Kriterien für die Felder im Datentyp Zahl, Währung oder Autowert:

Ausgabe von Datensätzen, die ...	Beispiel für die Eingabe im Feld Kriterium
... genau einem Feldeintrag entsprechen.	"120,00"
... nicht mit einem bestimmten Feldeintrag übereinstimmen	nicht "120,00"
... einen Wert enthalten, der größer bzw. größer gleich als anderer Wert sind	> 120,00 >= 120,00
... einen Wert enthalten, der größer bzw. größer gleich als anderer Wert sind	< 120,00 <= 120,00
... auf die angegebene Ziffer enden	wie "*,80" (Man nennt dieses Suchkriterium auch Wie-Operator.)
... einen von mehreren, vergebenen Einträgen enthalten.	In(100,80; 81,47) (Man nennt dieses Suchkriterium auch In-Operator oder Listenfunktion.)
... über keinen Eintrag in einem Feld verfügen.	ist Null
... über einen Eintrag in einem Feld verfügen.	Ist nicht Null

> **Hinweis**
> Möchte man alle Spalten (Felder, Attribute) einer Tabelle anzeigen, aber nur Datensätze auswählen, die bestimmte Auswahlkriterien erfüllen (z. B. alle vorhandenen Informationen über Kunden aus Oldenburg), gibt man in der ersten Auswahlspalte unter **Feld** *Kunden.** (= alle Attribute) ein und in der zweiten Spalte unter **Feld** das Attribut, nach dem gefiltert werden soll, also z. B. *PLZ*.
> **Achtung:** Im Feld **Anzeigen** in diesem Fall nur in der ersten Spalte ein Häkchen setzen, sonst erscheint die Spalte PLZ doppelt.

Führen Sie eine Abfrage zur Ausgabe des Datensatzes von Frau Müller durch und notieren Sie, welche Feldeinstellungen und Abfragekriterien Sie wählen. Testen Sie über den Befehl **Ausführen** in der Gruppe **Ergebnisse**, welches Abfrageergebnis Sie erhalten.

_____

_____

_____

Speichern Sie Ihre Abfrage unter *Kunde Müller* ab (rechter Mausklick auf den Reiter **Abfrage 1** der Registerkarte).

Informationsblatt 22.2 | Die Abfragefunktionen

Frau Lai möchte wissen, wie viele Artikel im Werksverkauf angeboten werden und wie viel sie im Durchschnitt kosten. Notieren Sie, aus welcher Tabelle, die gesuchten Informationen stammen. Überlegen Sie, worin im Vergleich zur vorherigen Abfrage der Unterschied liegt.

_____

_____

_____

_____

Erstellen Sie einen neuen Abfrageentwurf. Rufen Sie im unteren Bereich der Entwurfsansicht durch Drücken der rechten Maustaste das Kontextmenü auf. Wenn Sie auf den Menüpunkt Σ **Summen** klicken, wird der Abfragetabelle ein neues Feld **Funktion** hinzugefügt.

Öffnen Sie das Dropdown-Menü im neuen Feld **Funktion** und ergänzen Sie in der folgenden Übersicht, welche Funktionen zur Durchführung von Berechnungen in Abfragen genutzt werden können. Nutzen Sie die Hilfefunktion oder recherchieren Sie im Internet.

Abfragefunktion	Erklärung
Gruppierung	
Summe	
Mittelwert	
Min	
Max	
Anzahl	
StaAbw	
Varianz	
Erster Wert	
Letzter Wert	

Man kann auch gewöhnliche Berechnungen mit Werten vornehmen, wie Addition, Subtraktion, Division oder Multiplikation. Beispielsweise berechnet man den Bruttoverkaufspreis, indem man in der Zeile **Feld** [*Verkaufspreis Netto*]*1,19 eingibt.

Führen Sie eine Abfrage zur Ausgabe der durchschnittlichen Nettoverkaufspreise und der Anzahl der geführten Artikel durch und speichern Sie Ihr Ergebnis unter *Artikelauswertung* ab.

Informationsblatt 22.3 | Die Aktionsabfrage

Bisher haben Sie bereits vorhandene Daten von Frau Müller aufgerufen und Informationen zum Artikelbestand genutzt, um neue Berechnungen durchzuführen. Der vorhandene Datenbestand blieb dabei unverändert.

Mit einer **Aktionsabfrage** können Sie einzelne Daten oder ganze Datensätze aber auch ändern, löschen oder neu hinzufügen. Daher ist es wichtig, vor der Erstellung von Aktionsabfragen eine Sicherheitskopie der ursprünglichen Datenbank anzulegen. Insbesondere bei großen Datenbeständen helfen Aktionsabfragen den Datenbestand schnell und einfach anzupassen.

> **Hinweis**
> Vor einer Aktionsabfrage unbedingt eine Sicherheitskopie der Datenbank erstellen!

Da Frau Müller umgezogen ist, sollen ihre Daten nun mithilfe einer Aktualisierungsabfrage korrigiert werden. Klicken Sie im Register **Erstellen** in der Gruppe **Abfragen** wieder auf **Abfrageentwurf** und anschließend im sich öffnenden Entwurfsmenü in der Gruppe **Abfragetyp** auf **Aktualisieren**.

Im unteren Teil der Entwurfsansicht fallen nun die Felder **Sortierung** und **Anzeigen** weg und es erscheint die neue Zeile **Aktualisieren**. Hier trägt man den neuen Feldinhalt ein. Unter dem Punkt **Feld** wird wiederum das zu verändernde Attribut ausgewählt. Beim Punkt **Kriterien** wird wie bei der Auswahlabfrage angegeben, bei welchem Datensatz die Aktualisierung vorgenommen werden soll.

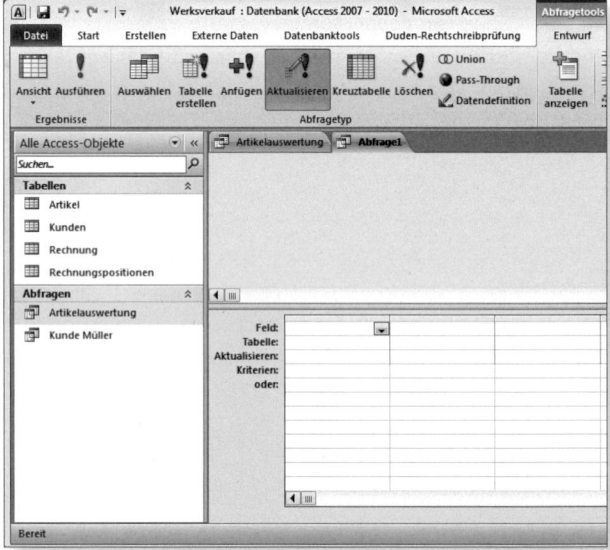

Bei der Aktualisierungsabfrage erscheint nach dem Anklicken des Befehls **Ausführen** nochmals eine Sicherheitsabfrage die mit **Ja** bestätigt werden muss. In der Datenblattansicht der betroffenen Tabelle erscheinen nun die aktualisierten Datenbestände.

Führen Sie passende Aktualisierungsabfragen zur Adressänderung von Frau Müller durch und notieren Sie, welche Angaben Sie in den Feldern **Feld**, **Aktualisierung** und **Kriterien** eintragen.

_____

_____

_____

Speichern Sie die Abfrage unter dem Namen *Adressänderung Müller*.

Führen Sie zur Ermittlung des Verkaufspreises eine Abfrage für das Fahrradmodell Fahrrad City Surf (Rahmenhöhe 52) durch. Formulieren Sie anschließend ein normgerechtes Angebot für Frau Müller.

_____

_____

_____

Aufgaben

Aufgabe 1

Führen Sie folgenden Auswahl- und Aktualisierungsabfragen für die Datenbank der Fly Bike Werke GmbH durch. Fertigen Sie zuvor eine Sicherheitskopie der Datenbank an.

a Ausgabe aller Mitarbeiter aus dem PLZ-Gebiet 26180

b Ausgabe aller Personalnummern von Mitarbeitern, deren Nachname mit B beginnt

c Ausgabe aller Daten für Artikel, die einen Verkaufspreis von 300,00 € oder höher haben

d Ausgabe aller Artikeldaten für die Produktgruppe Fahrrad Trekking Free

e Ausgabe von Artikelnummer, Artikelbezeichnung und Verkaufspreis für alle Artikel der Warengruppe 20

f Ausgabe aller Stammdaten der Lieferanten, die nicht aus Deutschland kommen

g Ausgabe aller Stammdaten der Lieferanten, bei denen die Fly Bike Werke GmbH eine Kundennummer hat

h Ausgabe der Anzahl, der in der Datenbank erfassten Kunden

i Ausgabe von Kundennummer und Adresse aller Kunden, die eine Zahlungsmoral der Mahnstufe 2 haben

j Ausgabe des durchschnittlichen Vorjahresumsatzes aller Kunden

k Frau Maria Pietsch (Personalnummer 22336) hat geheiratet und heißt nun mit Nachnamen Friedel.

l Die Kontonummer von Sebastian Steffes (DE29 2802 1705 0000 5920 45) ändert sich zu DE17 3705 0198 2931 3419 82.

m Der Verkaufspreis des Fahrradmodells Trekking Free erhöht sich auf 370,00 €.

n Der Fahrradanhänger Sven erhält die neue Artikelbezeichnung Fahrradanhänger Joggster.

Aufgabe 2

Formulieren Sie eigene Beispiele für Auswahlabfragen in den Datenbanken Fahrradreisen und Fahrradkurse. Nutzen Sie hierfür jeweils die 3 × 3-Methode. In der oberen Zeile notieren Sie drei selbstgewählte Beispiele für Auswahlabfragen. In die darunter liegenden beiden Zeilen bzw. 6 Felder schreiben Sie 6 verschiedene Abfragen von ihren Mitschülern auf. Nachdem Sie alle Felder ausgefüllt haben, führen Sie alle Abfragen in Einzelarbeit durch. Erstellen Sie für jede Abfrage einen Screenshot von der Entwurfsansicht und speichern Sie das Abfrageergebnis unter einem passenden Namen. Bereiten Sie sich darauf vor, Ihre Ergebnisse zu präsentieren.

Auswahlabfragen in der Datenbank Fahrradreisen:

Eigene Abfragen			
Abfragen von Mitschülern			

Auswahlabfragen in der Datenbank Fahrradkurse:

Eigene Abfragen			
Abfragen von Mitschülern			

Wiederholen Sie die 3 × 3-Methode für Änderungsabfragen in den Datenbanken Fahrradreisen und Fahrradkurse.

Hinweis
Fertigen Sie zuvor Sicherheitskopien der beiden Datenbanken an und speichern Sie sie unter dem Namen *Fahrradkurse-Sicherung.accdb* und *Fahrradreisen-Sicherung.accdb*.

Änderungsabfragen in der Datenbank Fahrradreisen:

Eigene Änderungsabfragen			
Änderungsabfragen von Mitschülern			

Änderungsabfragen in der Datenbank Fahrradkurse:

Eigene Änderungsabfragen			
Änderungsabfragen von Mitschülern			

Aufgabe 3

Beantworten Sie die folgenden Wiederholungsfragen.

a Was versteht man unter einer Auswahlabfrage?

b Worin besteht der Unterschied zwischen einer Auswahlabfrage und der Filterfunktion?

c Was wird im oberen und unteren Bereich der Entwurfsansicht einer Abfrage dargestellt?

d Was wird ausgeben, wenn in der Zeile Feld *Tabellenname.** ausgewählt wird?

e Mit welchen beiden Suchkriterien können Sie nach Kunden suchen, die in Bonn und Köln wohnen?

f Worin besteht der Unterschied zwischen einem Feldeintrag mit der Zahl 0 und dem Nullwert?

g Was versteht man unter Abfragefunktionen?

h Worin liegt der Unterschied zwischen Auswahl- und Aktionsabfragen?

i Überlegen Sie, welchen Nachteil die Durchführung einer Löschabfrage für die veraltete Adresse von Frau Müller gegenüber einer Aktualisierungsabfrage hat.

Aufgabe 4

Erweitern Sie ihre Lernkartei.

Aufgabe 5

Führen Sie Ihr Lerntagebuch.

SB BWR ▶ Seite 264 ff. | Handlungsfeld 4, Kap. 5.2

LS BWR ▶ Seite 229 ff. | Lernsituation 43

Mit der Datenbank Berichte und Formulare erstellen

Situation

Frau Lai hat zu zwei Telefongesprächen mit Herrn Gerland Notizen angefertigt. Den Mitarbeiter des Werksverkaufs soll das Arbeiten mit der Datenbank erleichtert werden. Unterstützen Sie Frau Lai bei der Anpassung der Datenbank.

Telefonnotiz

Praktikanten der IT-Abteilung
_An_

15.09.20XX
Datum /Zeit

Herr Gerland (Abteilungsleiter Vertrieb)
Anrufer / Firma

0441 885-4240
Telefon

☐ Ruft wieder an ☐ Ruft zurück
☐ erbittet Anruf ☒ Möchte Sie treffen

Nachricht:

• Herr G. hatte Treffen mit MA des Werksverkaufs
• Eingabe neuer Kunden in Datenbank zu ungenau
• Eingabemaske erwünscht mit zusätzlichen Feldern
  – Kunde angelegt am
  – auf uns aufmerksam geworden durch
  – Newsletter per E-Mail erwünscht
  – Beratung erfolgt über

• Herr G bittet um Anpassung der Datenbank

Edith Lai (Leiterin IT-Abteilung)
Angenommen von

Telefonnotiz

Praktikanten der IT-Abteilung
_An_

16.09.20XX
Datum /Zeit

Herr Gerland (Abteilungsleiter Vertrieb)
Anrufer / Firma

0441 885-4240
Telefon

☐ Ruft wieder an ☐ Ruft zurück
☐ erbittet Anruf ☒ Möchte Sie treffen

Nachricht:

• Überblick über bisherige Rechnungen zu Auswertungszwecken gewünscht
  – Kundennr., Rechnungsnr. und Datum
  – Positionsnr., Menge
  – Artikelnummer mit Verkaufspreis netto
  – Rechnungsbetrag netto soll berechnet werden

Edith Lai (Leiterin IT-Abteilung)
Angenommen von

Handlungsaufträge

1 Lesen Sie die beiden Telefonnotizen durch. Sichten Sie anschließend die Informationsblätter zu Formularen und Berichten. Begründen Sie, bei welchem Arbeitsauftrag von Herrn Gerland Sie welchen Typ anwenden.

2 Fertigen Sie anschließend eine handschriftliche Skizze des Formulars und des Berichts an. Vergleichen Sie Ihre Ergebnisse mit einem Drei-Schritt-Interview.

3 Bearbeiten Sie das Arbeitsblatt 23.1: Erstellung des Kundenformulars und speichern Sie Ihre Ergebnisse in der Datenbank *Werksverkauf.accdb* ab.

4 Erstellen Sie anschließend mit Hilfe des Arbeitsblattes 23.2 einen Rechnungsbericht. Speichern Sie Ihre Ergebnisse ebenfalls in der Datenbank *Werksverkauf.accdb* ab.

5 Bereiten Sie sich darauf vor, Ihre Ergebnisse Herrn Gerland vorzustellen, indem Sie das Kundenformular mit folgenden Daten testen.

Ingrid Forster
Westersteder Straße 3
26160 Bad Zwischenahn
E-Mail: forster@web.de
Tel: 04403 923987
→ am 17.09.20XX zu Fahrradhelmen beraten
→ Newsletter per E-Mail erwünscht
→ auf Werksverkauf durch unsere Internetseite aufmerksam geworden

Erläutern Sie anschließend den Aufbau des Rechnungsberichts.

Informationsblatt 23.1 (2 Seiten) | Formulare erstellen

Formulare dienen dazu, Daten aus Tabellen und Abfragen benutzerfreundlich darzustellen, Tabellen Daten hinzuzufügen, Daten in Tabellen zu aktualisieren, kurz gesagt: zur komfortablen Bearbeitung der Daten am Bildschirm.

Auch Formulare lassen sich – wie Tabellen – auf unterschiedliche Arten darstellen:

1   Mit **AutoFormular** erstellt Access automatisch ein Formular mit **allen** Datenfeldern **einer** gewählten Tabelle oder Abfrage.

2   Mit dem **Formular-Assistent** kann man in verschiedenen Dialogfenstern bestimmen, welche Datenfelder aus welchen Tabellen und Abfragen im Formular angezeigt werden sollen und wie das Formular grafisch gestaltet sein soll.

3   In der **Entwurfsansicht** kann man ein neues Formular ganz individuell gestalten oder ein bestehendes Formular bearbeiten. So können auch nachträglich Grafiken und Steuerelemente in ein Formular eingefügt werden.

> **Hinweis**
> **Steuerelemente** = Objekte der grafischen Benutzeroberfläche zur Steuerung des Formulars durch den Benutzer

Der **Formular-Assistent** bietet verschiedene Möglichkeiten, das Layout eines Formulars festzulegen:

Darstellungsart	Erläuterung	Vorschau
Einspaltig	Es wird immer nur ein Datensatz auf einmal am Bildschirm angezeigt, wie auf einer Karteikarte. Zum Erfassen neuer Datensätze ist dieses Layout sehr vorteilhaft.	
Tabellarisch	In jeder Zeile wird ein Datensatz angezeigt. Das gleichzeitige Anzeigen mehrerer Datensätze in einem Formular bietet einen guten Überblick über die Daten.	
Datenblatt	Diese Darstellungsart entspricht der normalen Datenblattansicht. Anders als bei der tabellarischen Darstellungsart kann hier kein Layout festgelegt werden.	
Blocksatz	Hier wird, wie bei der einspaltigen Darstellungsart, immer nur ein Datensatz auf einmal am Bildschirm angezeigt. Die Datenfelder stehen aber nicht alle untereinander, sondern abwechselnd neben- und untereinander.	

Das erstellte Formular hat automatisch am unteren Fensterrand Navigationsschaltflächen, um in den Datensätzen zu navigieren:

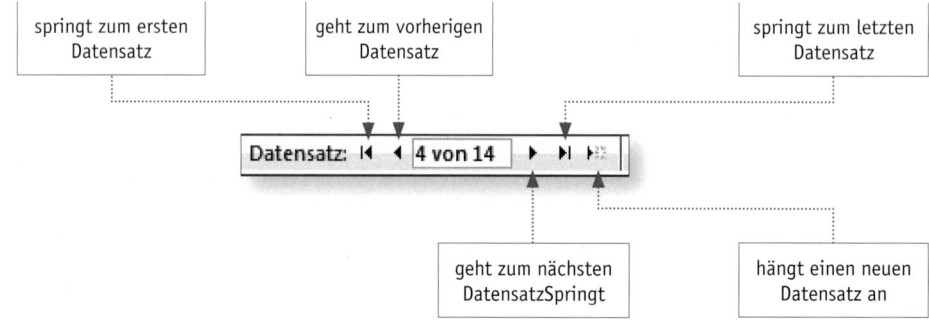

springt zum ersten Datensatz

geht zum vorherigen Datensatz

springt zum letzten Datensatz

geht zum nächsten DatensatzSpringt

hängt einen neuen Datensatz an

Arbeitet man in der **Entwurfsansicht**, so erscheint zunächst ein leeres Formular. Alle wichtigen Steuerelemente sind in der Multifunktionsleiste zu finden.

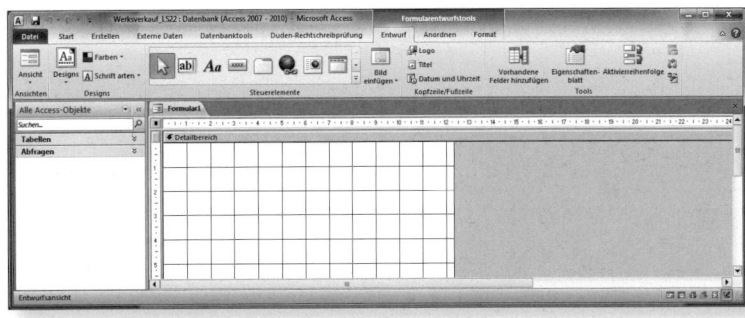

Um ein Steuerelement auf dem Formular zu platzieren, aktiviert man es in der Multifunktionsleiste und zieht es auf dem Formular mit gedrückter linker Maustaste bis zur gewünschten Größe auf.

Bei den **Steuerelementen** unterscheidet man drei Arten:

1 **Gebundene Steuerelemente**
   Sie enthalten Daten aus Feldern von Tabellen oder Abfragen, mit denen sie quasi fest verbunden sind.

2 **Berechnete Steuerelemente**
   Das sind meist gebundene Steuerelemente, bei denen aber auf den Feldern noch Berechnungen durchgeführt werden.

3 **Ungebundene Steuerelemente**
   sind Steuerelemente, die keine Datenquelle haben, sondern nur der Beschriftung und Gestaltung dienen.

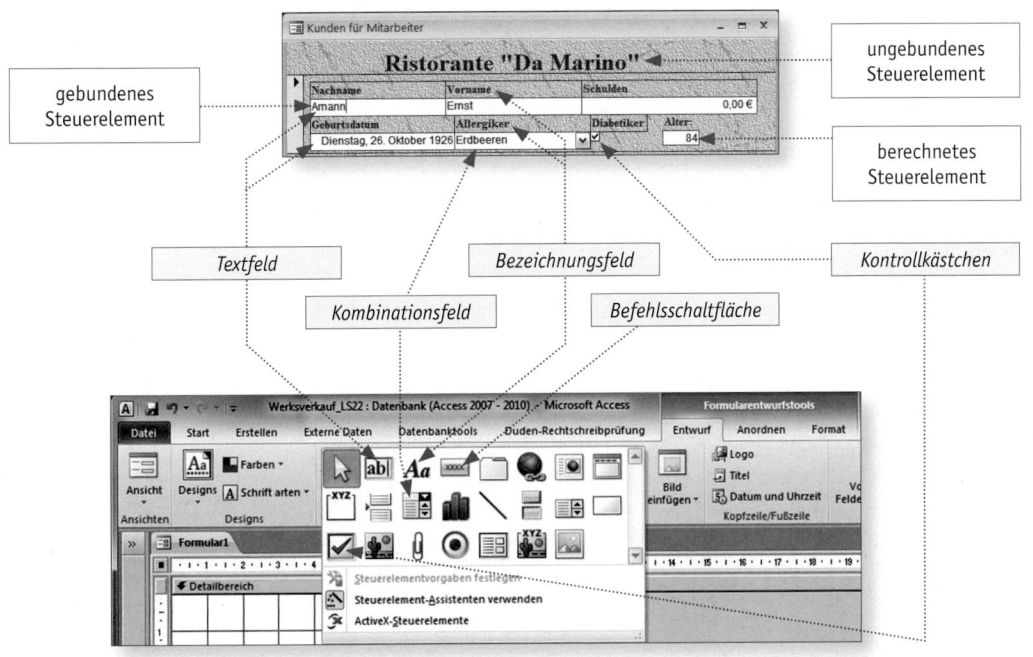

Informationsblatt 23.2 | Berichte erstellen

In Berichten kann man beliebige Datenzusammenstellungen ausdrucken, sei es eine Kundenliste, eine Rezeptsammlung oder eine Speisekarte. Für jeden Bedarf gibt es eine geeignete Möglichkeit, einen Bericht zu erzeugen.

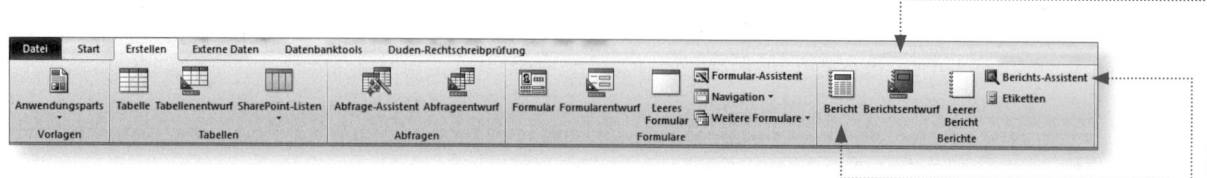

Auch bei Berichten gibt es, wie bei Tabellen und Formularen, unterschiedliche Möglichkeiten der Erstellung:

1   Mit dem **Berichtstool** erstellt Access automatisch einen Bericht mit allen Datenfeldern **einer** gewählten Tabelle oder Abfrage.

2   Mit der Hilfe des **Berichts-Assistenten** kann bestimmt werden, welche Datenfelder aus welchen Tabellen und Abfragen im Bericht gedruckt werden sollen und wie der Bericht grafisch gestaltet sein soll.

3   Über den **Berichtsentwurf** kann ein neuer Bericht ganz individuell gestaltet oder ein bestehender Bericht bearbeitet werden. Es ist auch möglich, nachträglich Grafiken und Steuerelemente in den Bericht einzufügen.

Der erstellte Bericht hat in der Seitenansicht automatisch am unteren Fensterrand eine Navigationsschaltfläche, um in den Seiten des Berichts zu navigieren.

Erstellt man einen Bericht in der **Entwurfsansicht**, so erscheint zunächst ein leerer Bericht und eine Werkzeugkiste mit **Steuerelementen**.

Ein Bericht gliedert sich in mehrere Bereiche:
- den Berichtskopf,
- den Seitenkopf,
- den Detailbereich,
- den Seitenfuß und
- den Berichtsfuß.

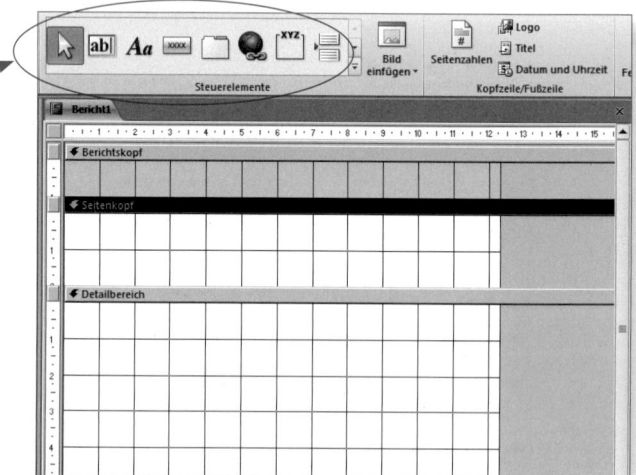

Um ein Steuerelement auf dem Bericht zu platzieren, klickt man es in der Multifunktionsleiste mit der linken Maustaste an und zieht es auf dem Bericht mit gedrückter linker Maustaste bis zur gewünschten Größe auf.

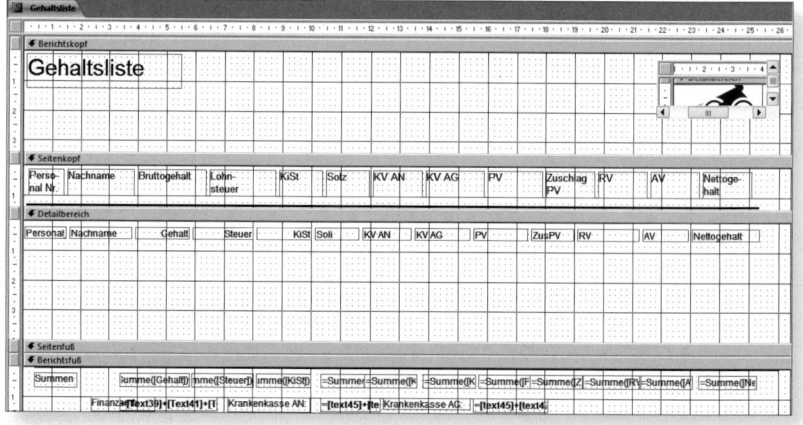

Wie bei Formularen unterscheidet man auch bei Berichten gebundene, berechnete und ungebundene Steuerelemente.

Arbeitsblatt 23.1 | Erstellung des Kundenformulars

Auf der Registerkarte **Erstellen** finden Sie in der Gruppe **Formulare** eine Schaltfläche **Formular-Assistent**. Dieses Werkzeug führt den Benutzer schrittweise durch die Erstellung eines Formulars und eignet sich daher besonders für den Entwurf der ersten Formulare.

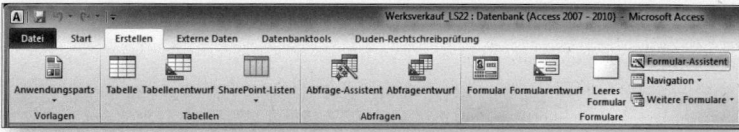

Im ersten Dialogfenster werden die Felder ausgewählt, die im Formular enthalten sein sollen. Sie können aus verschiedenen Tabellen oder Abfragen stammen. Notieren Sie anhand Ihrer Notizen aus dem Drei-Schritt-Interview, welche Felder aus welchen Tabellen Sie im Kundenformular benötigen:

_____

_____

_____

_____

_____

_____   _____

Vergleichen Sie die bisherigen Felder mit den Anforderungen aus der Ausgangssituation. Notieren Sie die noch fehlenden Datenfelder des Kundenformulars.

_____

_____

_____

_____

Begründen Sie mithilfe Ihrer Kenntnisse aus dem Informationsblatt 23.1, wie die noch fehlenden Felder in die Auswahl des Formular-Assistenten gelangen und nehmen Sie die notwendigen Veränderungen an der Datenbank vor.

_____

_____

_____

_____

Im folgenden Dialogfenster kann zwischen vier Layouts für das Formular gewählt werden. Begründen Sie, welches Layout für das Kundenformular geeignet ist.

_____

_____

_____

_____

Im dritten Schritt wird ein Titel für das Formular vergeben, in diesem Fall *Kundenformular*. Generell sollte man jedes Formular eindeutig benennen, sodass es beim Anlegen vieler verschiedener Formulare nicht zu Verwechslungen kommen kann.

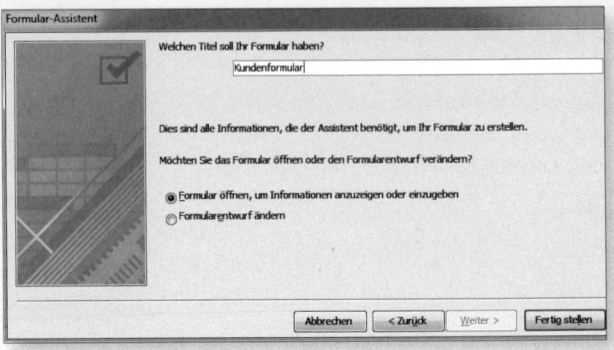

Im unteren Bereich des Dialogfensters kann man auswählen, ob im nächsten Schritt die Formularansicht oder Entwurfsansicht geöffnet werden soll. Wir wählen **Formular öffnen**, um uns das bisherige Ergebnis anzuschauen.

Verschaffen Sie sich einen Überblick über das bisherige Zwischenergebnis und gehen Sie mithilfe der Pfeile am unteren Seitenrand alle vier Datensätze durch.

Wechseln Sie zurück in die Entwurfsansicht. Erläutern Sie, welche Art von Steuerelement für die noch fehlenden Felder gewählt wird.

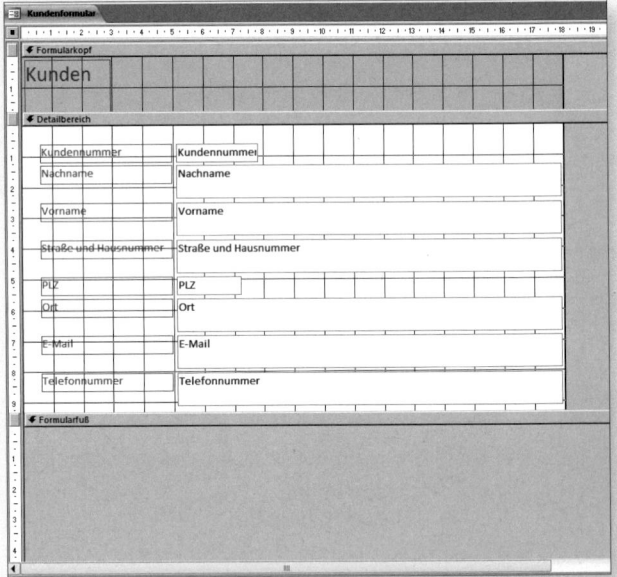

Hinweis

Steuerelemente setzen sich aus einen Bezeichnungsfeld und einem Textfeld zusammen. Man kann beide Elemente unabhängig voneinander positionieren, indem man sie an der oberen linken Ecke (am grauen Quadrat) mit gedrückter Maustaste an die gewünschte Stelle zieht.

Nehmen Sie sinnvolle Anpassungen im Layout vor, sodass alle Bezeichnungen vollständig zu lesen sind. Vergrößern Sie wenn nötig den Detailbereich, indem Sie den Formularfuß nach unten ziehen.

Fügen Sie im Formularkopf das Logo der Fly Bike Werke hinzu.

Testen Sie die Funktionsweise des Kundenformulars mit ihren eigenen Daten als Kundendaten.

Fly Bike Werke GmbH

Arbeitsblatt 23.2 | Erstellung eines Rechnungsberichts

Ebenso wie der Formular-Assistent führt auch der Berichts-Assistent den Benutzer Schritt für Schritt durch die Erstellung eines Berichts.

Er wird ebenfalls über die Register- karte **Erstellen** geöffnet.

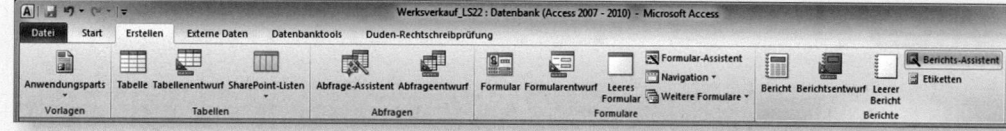

Im ersten Dialogfenster werden wieder die Felder ausge- wählt, die im Bericht enthalten sein sollen. Die Felder können aus verschiedenen Tabellen oder Abfragen stam- men, die über das Dropdown-Menü im oberen Fensterbe- reich aufgeführt sind.

Nutzen Sie Ihre Notizen aus dem Drei-Schritt-Interview, um herauszufinden, welche Felder aus welchen Tabellen oder Abfragen Sie für den Rechnungsbericht benötigen.

Tabellenname	Felder

Hinweis

Die Schlüsselattribute werden nur einmal aus einer Tabelle übernommen und nicht mehrfach aus verschiedenen Tabelle

Im nächsten Schritt wird bestimmt, wie die Daten im Bericht angeordnet werden.

In der Regel sollen die Datensätze in einem Bericht in einer bestimmten Reihenfolge erscheinen. Bei einer Lieferantenliste zum Beispiel könnte eine alphabetische Sortierung nach dem Unternehmensnamen sinnvoll sein. Darüber hinaus empfiehlt es sich möglicherweise, die Datensätze in bestimmten Gruppen zusammenzufassen. Bei der Lieferantenliste könnte beispielsweise nach Regionen gruppiert werden. Auf diese Weise können Berichte optisch gegliedert und einführende sowie zu- sammenfassende Daten für jede Gruppe angezeigt wer- den. Angaben hierzu können in diesem Dialogfenster erfolgen.

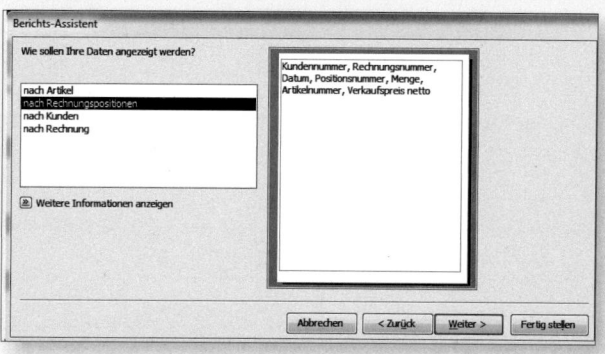

Im nächsten Dialogfenster können weitere Gruppierungs-
ebenen hinzugefügt werden. Da die Datensätze nach der
Rechnungsnummer sortiert und gruppiert werden sollen,
wird das Feld hinzugefügt und mit der Priorität ganz
nach oben verschoben.

Die Sortierung der Datensätze kann im nächsten Schritt
angegeben werden. Hier können bis zu vier verschiedene
Felder als Sortierungskriterium benannt werden. Notieren
Sie, nach welchem Feld die Datensätze in aufsteigender
Reihenfolge sortiert werden sollten.

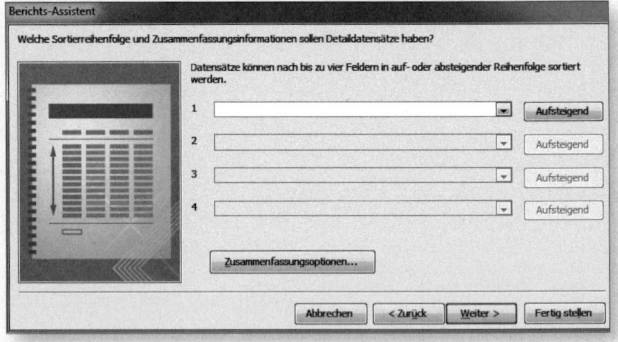

_____

_____

_____

Des Weiteren können verschiedene Zusammenfassungsoptionen angeben
werden, wie z. B. die Berechnung von Summen und prozentualen Anteilen
der einzelnen Summen an der Gesamtsumme. Markieren Sie die von Herrn
Gerland gewünschten Optionen.

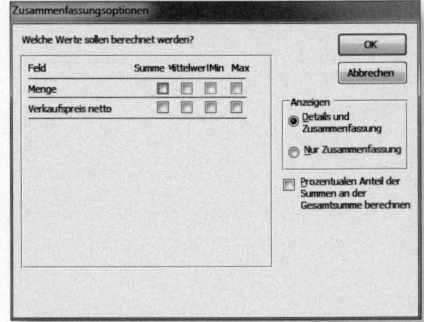

Im vorletzten Schritt können verschiedenen Angaben zum Layout und zur
Seitenausrichtung vorgenommen werden. Da in diesem Fall viele Felder
nebeneinander stehen, ist es sinnvoll den Bericht im Querformat anzuordnen
und das Layout **Block** zu wählen.

Im letzten Schritt kann ein Titel für den Bericht vergeben werden. Speichern Sie den Bericht unter dem Titel *Rechnungs-
auswertung*. Nehmen Sie in der Entwurfsansicht ggf. Anpassungen vor, sofern einzelne Bezeichnungen und Feldinhalte
nicht komplett lesbar sind.

Schauen Sie sich Ihren Bericht anschließend in der Berichtsansicht an. Sind Sie zufrieden? Sind alle Angaben korrekt?
Listen Sie auf, was Sie korrigieren müssen und was Sie verbessern wollen:

_____

_____

_____

Wie gehen Sie vor?

_____

_____

_____

Aufgaben

Aufgabe 1

Beantworten Sie folgende Verständnisfragen zu den Informationsmaterialien:

a Wozu dienen Formulare und Berichte?

b Worin unterscheiden sich gebundene, ungebundene und berechnete Steuerelemente?

c Wozu dient die Entwurfsansicht bei Berichten und Formularen?

d Welchen Vorteil hat die Berichts- bzw. Formularerstellung mithilfe des Assistenten?

e Wo wird der Berichtskopf und Seitenkopf auf einem Formular angezeigt?

f Was versteht man unter dem Detailbereich bei Formularen oder Berichten?

Aufgabe 2

Ergänzen Sie im Kundenformular in der Entwurfsansicht das Feld Geburtsdatum. Tragen Sie anschließend folgende Daten ein.

a Kundennr. 1   15.05.1980
   Kundennr. 2   21.03.1975
   Kundennr. 3   30.10.1970
   Kundennr. 4   24.12.1966
   Kundennr. 5   eigenes Geburtsdatum
   Kundennr. 6   07.04.1972 (Frau Forster)

b Erstellen Sie einen Bericht Geburtstage, den die Fly Bike Werke GmbH nutzen kann, um z. B. Rabattgutscheine zum Geburtstag der Kunden zu verschicken.

Aufgabe 3

Zukünftig soll auf den Rechnungen ebenfalls der Verkäufer vermerkt werden. Hierzu soll in der Datenbank Werksverkauf ein Formular für das Anlegen der Verkäufer erstellt werden.

a Erstellen Sie die notwendige Tabelle in der Entwurfsansicht und setzen Sie eine sinnvolle Beziehung zu einer weiteren Tabelle.

b Erstellen Sie das Formular Verkäufer Werksverkauf. Geben Sie in der Formularansicht folgende Datensätze ein.
   • Ralf Steder, Aalweg 7, 26127 Oldenburg,
     Telefon 0441 276747,
     eingestellt am 01.07.2013
   • Marie Gerstel, Werftweg 12, 26135 Oldenburg,
     Telefon 0441 231234,
     eingestellt am 15.07.2013
   • Marcel Muchmann, Gartenstraße 20,
     26122 Oldenburg, Telefon 0441 8192356,
     eingestellt am 01.08.2013

c Lassen Sie die Mitarbeiternummer, Vorname, Nachname und Einstellungsdatum im Bericht Werksverkaufsmitarbeiter ausgeben. Zusätzlich soll ausgerechnet werden, wie viele Rechnungen ein Verkäufer erstellt hat.

Aufgabe 4

Testen Sie Ihr Wissen zu den Lernsituationen der Anforderungssituation 4.2. Erstellen Sie hierzu eine Magische Wand zu den Lernsituationen 20 bis 23 in Gruppenarbeit. Folgende Themengebiete sind jeweils von einer Gruppe zu bearbeiten:

Planung einer Datenbank		Anlegen einer Datenbank		Abfragen erstellen		Formulare erstellen		Berichte erstellen	
10	10	10	10	10	10	10	10	10	10
20	20	20	20	20	20	20	20	20	20
30	30	30	30	30	30	30	30	30	30
40	40	40	40	40	40	40	40	40	40
50	50	50	50	50	50	50	50	50	50

a Erstellen Sie in den Gruppen jeweils 10 verschiedene Fragen oder Aufgaben zu Ihrem Themengebiet. Notieren Sie hierfür die Frage auf der Rückseite einer Karteikarte. Auf der Vorderseite stehen Ihr Themengebiete und die zu erreichende Punktzahl.

Wählen Sie den Schwierigkeitsgrad entsprechend der zu erreichenden Punktzahl. Natürlich können Sie alle Datenbanken aus den vier Lernsituationen nutzen. Die Fragen und Aufgabenstellungen sollen innerhalb von 5 Minuten zu beantworten sein.

b Fertigen Sie anschließend eine Lösung der Frage oder Aufgabenstellung an. Sofern es sich um eine Verständnisfrage handelt, halten Sie die Antwort in einem Word-Dokument fest. Haben Sie eine Anwendungsaufgabe zu einer Datenbank erstellt, z. B. die Erstellung eines Berichts, fertigen Sie eine digitale Musterlösung an.

c Speichern Sie alle Lösungen in einem Ordner mit dem Namen Ihres Themengebiets ab und lassen Sie Ihrem Lehrer/Ihrer Lehrerin diesen Ordner zukommen, übergeben Sie auch die Karteikarten mit Ihren Fragen. Bilden Sie nun zwei Gruppen, die gegeneinander spielen. Jedes Gruppenmitglied muss mindestens einmal eine Frage beantworten. Bestimmen Sie deshalb im Vorhinein die Reihenfolge der Spieler in Ihrer Gruppe. Die Gruppen sind immer abwechselnd an der Reihe. Die erste Gruppe wählt eine Frage nach gewünschtem Schwierigkeitsgrad aus. Für die Beantwortung der Frage beraten sich die Gruppenmitglieder kurz miteinander. Der Gruppensprecher gibt für seine Gruppe die Antwort. Bei Anwendungsaufgaben kann sich die Gruppe ebenfalls im Vorhinein beraten, die Durchführung erfolgt jedoch durch den Gruppensprecher.

Die erste Antwort bzw. das erste Ergebnis gilt. Die Frage muss innerhalb von fünf Minute beantwortet werden. Wenn die Antwort richtig ist, erhält die Gruppe die entsprechende Punktezahl. Falls die Antwort falsch ist, wird der Gruppe die entsprechende Punktezahl abgezogen und die andere Gruppe erhält die Möglichkeit, die Frage zu beantworten.

Aufgabe 5
Ergänzen Sie Ihre Lernkartei.

Aufgabe 6
Führen Sie Ihr Lerntagebuch.

SB BWR ▸ Seite 11 ff. | Handlungsfeld 5, Kapitel 2

LS BWR ▸ Seite 14 ff. | Lernsituation 58

Die Personalbeschaffung planen

Situation

Bettina Lotto befindet sich im letzten Ausbildungsjahr zur Industriekauffrau. Zum Ende ihrer Ausbildungszeit ist Bettina in der Verwaltung/Personal eingesetzt. Die Personalverantwortliche Veruschka Linden bittet Bettina zu einem Gespräch.

Bettina Lotto Hallo Frau Linden!

Frau Linden Hallo Frau Lotto! Ich habe gerade ein Gespräch mit der Firmenleitung geführt und wir haben uns Gedanken über Personalbedarf, -beschaffung und -auswahl gemacht. In den letzten Jahren ist uns nämlich aufgefallen, dass immer mehr Bewerbungsunterlagen bei uns eingegangen sind. Es kamen meist viel zu viele Bewerber auf eine Stelle und wir haben fast alle Kandidaten zu einem Vorstellungsgespräch eingeladen. Deshalb haben wir uns überlegt, nun den Ablauf zu verbessern.

Bettina Lotto Da gibt es sicherlich einige Möglichkeiten und Ideen, die ich vorbringen kann.

Frau Linden Das wäre schön. Bevor Sie sich einen Prozessablauf überlegen und ihn auch visualisieren, wäre erst noch die quartalsmäßige Überarbeitung unseres Organigramms fällig. Die Daten finden Sie in unserer Unternehmenssoftware.

Bettina Lotto Da mache ich mich direkt dran.

Frau Linden Ach, was mir gerade noch einfällt. Wichtig ist, dass Sie noch den Betriebsrat mit in den Prozessablauf für die Personalbeschaffung und -auswahl mit einbeziehen

Bettina Lotto Gut, dass Sie das noch sagen. Das werde ich natürlich berücksichtigen.

Handlungsaufträge

1 Bettina Lotto möchte, bevor sie mit der Arbeit beginnt, ihr Vorgehen klar strukturieren. Helfen Sie ihr dabei und erstellen Sie eine Tabelle nach dem Muster von Arbeitsblatt 15.1 (bzw. nutzen Sie die Kopiervorlage „Herleitung der Problemstellung").

2 Recherchieren Sie in der Datenbank den aktuellen Personalbestand der Fly Bike Werke GmbH (alternativ stellt Ihnen Ihre Lehrkraft einen Screenshot aus der Datenbank zur Verfügung).

3 Erstellen Sie mithilfe eines frei wählbaren Programms ein Organigramm (einfache aufbereitete Personalstatistik) mit den Personaldaten, die Sie zuvor recherchiert haben, bzw. füllen Sie das Arbeitsblatt 24.1 manuell aus.

4 Informieren Sie sich über die Rolle des Betriebsrates bei der Personalbeschaffung eines Unternehmens und erstellen Sie eine MindMap zum Thema betriebliche Mitbestimmung.

5 Visualisieren Sie den gesamten Prozess der Personalbedarfsplanung und -beschaffung mithilfe einer Ereignisgesteuerten Prozesskette (EPK). Verwenden Sie hierzu die vorgegebenen Elemente auf Arbeitsblatt 24.2 und bringen Sie sie in die richtige Reihenfolge.

6 Präsentieren Sie das Organigramm, die MindMap und die EPK im Plenum und geben Sie den anderen Schülern ein Feedback zu ihren Präsentationen.

Arbeitsblatt 24.1 | Ein Organigramm erstellen

Erstellen Sie ein Organigramm als einfache aufbereitete Personalstatistik mithilfe der vorhandenen Datenbank. Nutzen Sie dazu die Funktion einer Parameterabfrage in Access (wie in Lernsituation 23 bereits gelernt), die dem Benutzer die Mitarbeiter einer Abteilung anzeigt. Der Benutzer soll selbst auswählen können, welche Abteilung er ausgewertet haben möchte.

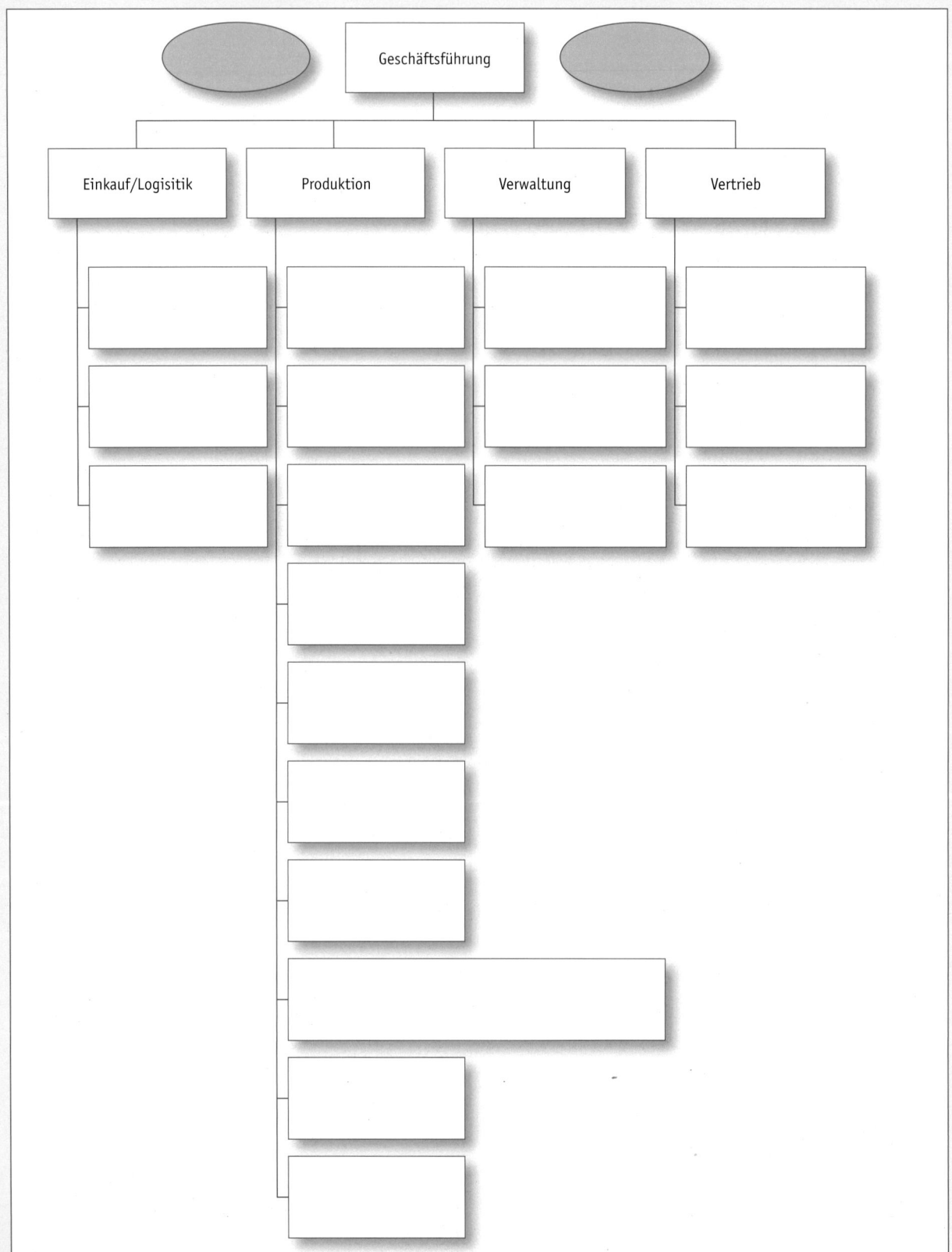

Arbeitsblatt 24.2 | Ereignisgesteuerte Prozesskette Personalbeschaffung

Visualisieren Sie den gesamten Prozess der Personalbedarfsplanung und -beschaffung unter Berücksichtigung des Betriebs-rates mithilfe einer Ereignisgesteuerten Prozesskette. Verwenden Sie hierzu die vorgegebenen Elemente und bringen Sie sie in die richtige Reihenfolge.

a Elemente der Ereignissicht der EPK

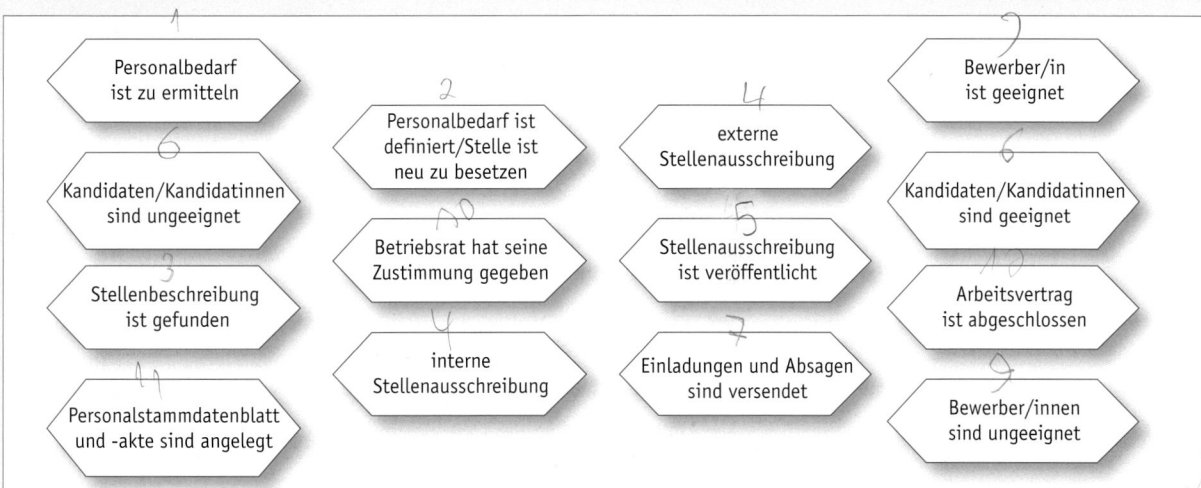

b Elemente der Funktionssicht der EPK

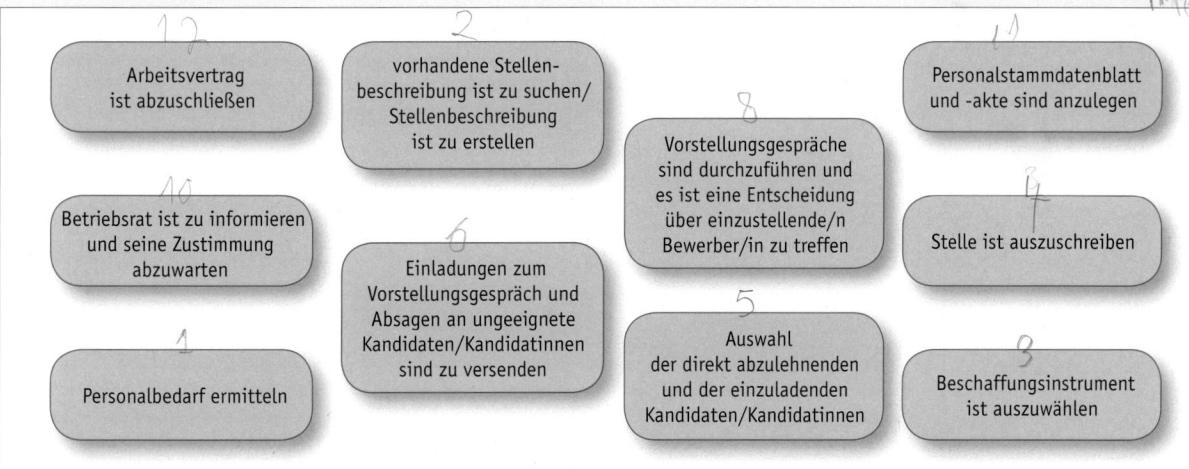

c Elemente der Datensicht der EPK

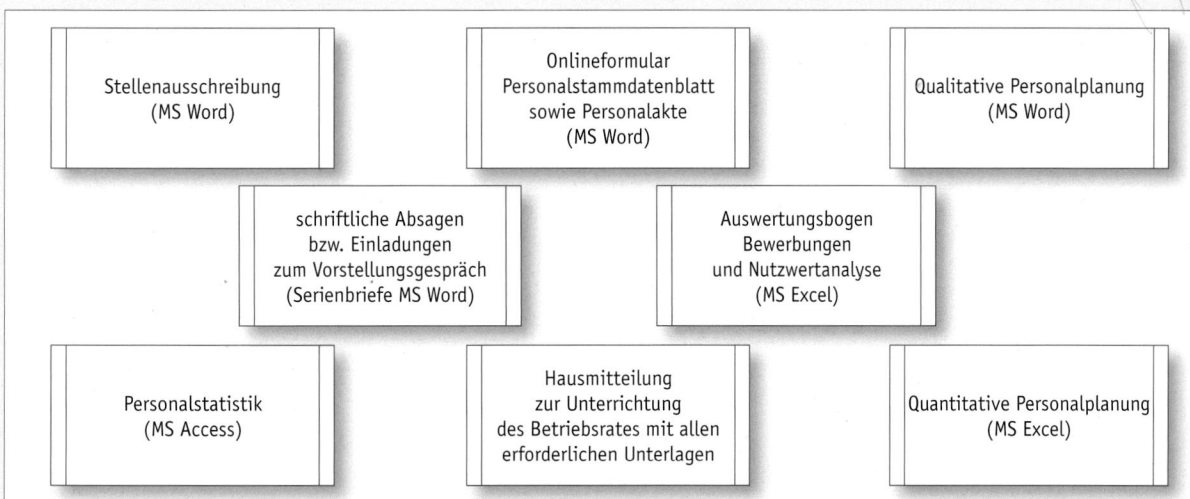

Aufgaben

Aufgabe 1
Oliver Thüne, Abteilungsleiter der Abteilung Einkauf/Logistik braucht für die Kosten- und Kapazitätsschätzungen eines Projektes Informationen zu seinen Mitarbeitern. Zu den benötigten Informationen gehören das Bruttogehalt, die tägliche Arbeitszeit und der Resturlaub im aktuellen Jahr. Filtern Sie diese Informationen aus der Datenbank heraus und stellen Sie sie übersichtlich dar.

Personalnummer	Name	Bruttolohn	Tägliche Arbeitszeit	Resturlaub

Aufgabe 2
Um frei werdende Stellen im Unternehmen mit eigenen Mitarbeitern zu besetzen, werden oft innerbetriebliche Stellenausschreibungen oder Versetzungen verwendet. Neben der Besetzung mit eigenen Mitarbeitern ist auch eine externe Personalbeschaffung möglich. Inwiefern kann der Betriebsrat auf die Auswahl der Beschaffungsinstrumente Einfluss nehmen?

Aufgabe 3
Die Personalabteilung möchte neben einem Auswertungsbogen für vorliegende Bewerbungen feste Auswahlrichtlinien für die Personalauswahl festlegen. Muss der Betriebsrat dazu mit eingebunden werden, oder kann die Personalabteilung oder Geschäftsführung diese alleine festlegen?

Aufgabe 4
Erweitern Sie Ihre Lernkartei.

Aufgabe 5
Ergänzen Sie Ihr Lerntagebuch.

SB BWR ▶ Seite 11 ff. | Handlungsfeld 5, Kap. 2.2 und 2.3

LS BWR ▶ Seite 14 ff. | Lernsituation 58

Quantitative Personal-planung und Instrumente der Personalbeschaffung

Situation

Frau Linden ist mit Bettinas Darstellung sehr zufrieden, sodass sie sie gleich mit weiteren Aufgaben der Personalplanung, Personalbeschaffung und Personalauswahl betraut. Dazu findet Bettina Lotto folgende Hausmitteilung auf ihrem Schreibtisch.

Fly Bike Werke GmbH

Hausmitteilung

Absender		Empfänger	
☐ Geschäftsführung		☐ Geschäftsführung	
☐ Zentralsekretariat		☐ Zentralsekretariat	
☐ Rechnungswesen/Controlling		☐ Rechnungswesen/Controlling	
☐ Einkauf/Logistik		☐ Einkauf/Logistik	
☐ Produktion		☐ Produktion	
☐ Verwaltung		☐ Verwaltung	
☐ Vertrieb		☐ Vertrieb	
☐ Frau/Herr Linden		☐	
☐		☐	

Mit der Bitte um

☐ Kenntnisnahme ☒ Erledigung ☐ Stellungnahme
☐ Rücksprache ☐ Rückgabe ☐ Weiterleitung
☐ ☐

Bitte geben Sie hier Ihren Text ein:

Hallo Frau Lotto,

danke für das Organigramm und die Prozesskette. Für das kommende Geschäftsjahr stehen einige Veränderungen an. Nähere Infos lege ich bei. Ich müsste wissen, ob wir aufgrund der Veränderungen Neueinstellungen oder sogar Entlassungen durchführen müssten. Falls ein Personalbedarf entsteht, bereiten Sie bitte den Beschaffungsprozess selbstständig vor. Zu Informationszwecken finden Sie anbei zusätzlich noch eine Stellenbeschreibung aus dem Rechnungswesen.

Mit freundlichen Grüßen,
Veruschka Linden

Handlungsaufträge

1 Helfen Sie Bettina Lotto bei der Personalplanung und -beschaffung. Strukturieren Sie Ihr Vorgehen dazu zunächst wieder nach dem Muster von Arbeitsblatt 15.1 (oder benutzen Sie die Kopiervorlage).

2 Planen Sie den quantitativen Personalbedarf mithilfe von Arbeitsblatt 25.1 und berücksichtigen Sie hierbei die Informationen, die Bettina Lotto von Frau Linden erhalten hat.

3 Informieren Sie sich anhand Ihres BWL-Buches über die Instrumente der Personalbeschaffung. Visualisieren Sie die Vor- und Nachteile der verschiedenen Möglichkeiten anhand einer Tabelle, die Sie mit Ihrem Textverarbeitungsprogramm erstellen, bzw. ergänzen Sie das Arbeitsblatt 25.2. Welches Instrument sollte Ihrer Meinung nach zum Einsatz kommen?

- Zwei Auszubildende aus der Produktion beenden in diesem Jahr ihre Ausbildung und erhalten bis zum 31.07 einen befristeten Arbeitsvertrag. Zum 01.08 sind die Ausbildungsplätze bereits wieder besetzt.

- Am 01.05. geht die Mitarbeiterin Sylvia Dogan in Mutterschutz und danach für zwei Jahre in Elternzeit.

- Bettina Lotto beendet in diesem Jahr auch ihre Ausbildung und wird Frau Dogan in den nächsten zwei Jahren vertreten.

- Die Erfahrung hat gezeigt, dass die Fluktuationsrate in Vorfertigung und Komplettierung jährlich etwa 10 Prozent beträgt.

- Zum 30.09 beendet ein ehemaliger Mitarbeiter seinen Wehrdienst und wird in die Produktion (Komplettierung/Vorfertigung) zurückkehren)

- Frau Taubert hat ihr Arbeitsverhältnis zum 30.04 gekündigt.

- Zu Beginn des Geschäftsjahres waren alle Stellen der Fly Bike Werke besetzt. Somit erfüllte dieser Personalstand den geplanten Personalbestand (=Sollbestand)

4   Stellen Sie das Beschaffungsinstrument Ihrer Wahl im Plenum vor und begründen Sie Ihre Entscheidung.

5   Informieren Sie sich anhand der Stellenbeschreibung (auf dieser Seite) über die Qualifikationen, die der neue Mitarbeiter bzw. die neue Mitarbeiterin haben sollte, und über die Aufgaben, die seiner/ihrer Stelle zugeordnet sind.

Führen Sie anschließend den nächsten Schritt zur Besetzung der offenen Stelle durch, indem Sie mithilfe Ihres Textverarbeitungsprogramms eine geeignete Stellenanzeige für die Fly Bike Werke formulieren. Achten Sie dabei darauf, dass die Anzeige alle notwendigen Informationen beinhaltet. Nutzen Sie hierzu als Informationsquelle Ihr BWL-Buch oder weitere geeignete Quellen wie eine Tageszeitung.

Stellenbeschreibung	
Stellenbezeichnung	Mitarbeiterin im Rechnungswesen
Aufgabengebiet/ Hauptaufgabe	• Dokumentation aller Geschäftsvorfälle in der Kreditoren- und Debitorenbuchhaltung als Grundlage des Controllings • Vorbereitung vermögensbasierter Entscheidungen der Geschäftsführung • Periodenmäßige Kontenabschlüsse erstellen
Tätigkeitsbeschreibung/ Einzelaufgaben	Der Mitarbeiter bzw. die Mitarbeiterin übernimmt im Unternehmen folgende Tätigkeiten: • Abgleich Lieferantenrechnungen mit Wareneingangsmeldung • Buchung Lieferantenrechnungen/-belastungen • Kontrolle der gebuchten Rechnungen und Archivierung • Kreditorenzahlungen unter Zugrundelegung der Zahlungsvorschlagsliste • Debitorenzahlungen buchen, Differenzen klären und berichtigen, unberechtigte Abzüge nachfordern • Mahnwesen Debitoren • Lieferantenmahnungen auf Berechtigung und Richtigkeit prüfen und bearbeiten • Kassenbuchführung und Buchung • Periodenabschluss Buchhaltung • Handhabung und Umgang mit zeitgemäßen Kommunikationsmitteln
Weisungsbefugnisse	Übergeordnete Stelle: Leiter Verwaltung Christoph Steffes Untergeordnete Stelle: keine Gleichgeordnete Stelle: Hans-Christian Müller
Qualifikationsanforderungen	• sehr guter Abschluss: Fachhochschulreife Wirtschaft und Verwaltung und abgeschlossene kaufmännische Ausbildung • überdurchschnittlich gute Kenntnisse von kaufmännischen Prozessen • sehr gute Kenntnisse in Tabellenkalkulation • sehr gute Kenntnisse in Präsentationssoftware • sehr gute Kenntnisse in Textverarbeitung • Kenntnisse in einer Unternehmenssoftware (SAP oder Microsoft Dynamics NAV oder Ähnliches) • hohe Auffassungsgabe • Kommunikationsfähigkeit • Kontaktfähigkeit • mündliche und schriftliche Ausdrucksfähigkeit • Motivation • Selbststeuerung • Teamarbeit

Arbeitsblatt 25.1 | Quantitative Personalplanung

Bestimmen Sie die Veränderungen im Personalbestand und ermitteln Sie die Anzahl der neu einzustellenden Mitarbeiterinnen bzw. Mitarbeiter. Bilden Sie hierzu folgende Datei mit einem Tabellenkalkulationsprogramm nach und unterlegen Sie die Zellen – wo sinnvoll – mit Formeln.

	A	B	C	D	E	F
1		Quantitative Personalplanung				
2		Geschäfts-leitung	Einkauf/Logistik	Produktion	Verwaltung	Vertrieb
3	Ist-Personalbestand am Anfang der Planperiode	3	5	20	5,5	6
4	– voraussichtliche Personalabgänge					
5	+ erwartete Personalzugänge					
6	= prognostizierter Personalbestand zum Planungszeitpunkt					
7	– geplanter Personalbestand (Vergleich zum Soll-Personalbestand entsprechend der Unternehmensplanung)					
8	= erforderlicher Personalbedarf (ggf. Personalabbau oder Neueinstellung)					

Raum für Notizen/Erläuterungen

_____

_____

_____

_____

_____

Arbeitsblatt 25.2 | Beschaffungsinstrumente

1 Rufen Sie sich die Instrumente der Personalbeschaffung in Erinnerung und setzen Sie sich mit ihren Vor- und Nachteilen auseinander. Vervollständigen Sie die nachfolgende Übersicht und ergänzen Sie Beschaffungsinstrumente, die Sie aus Ihren persönlichen Erfahrungen kennen.

2 Welche(s) Beschaffungsinstrument(e) halten Sie für die bevorstehenden Personalmaßnahmen bei den Fly Bike Werken für geeignet? Begründen Sie.

Beschaffungsinstrumente		
	Pro	Kontra
Interne Stellenausschreibung		
Externe Personalbeschaffung		
Stellenanzeige		

Mein Vorschlag zur Personalbeschaffung:

_____

_____

_____

_____

_____

_____

_____

_____

Aufgaben

Aufgabe 1
Als Personalsachbearbeiter der Fly Bike Werke GmbH planen Sie den Personalbedarf für das nächste Jahr. Erläutern Sie kurz, welche innerbetrieblichen und außerbetrieblichen Einflüsse in Ihre Planung einbezogen werden müssen.

Aufgabe 2
Recherchieren Sie, was der Begriff der qualitativen Personalplanung bedeutet und erläutern Sie ihn anhand eines konkreten Beispiels innerhalb der Fly Bike Werke GmbH.

Aufgabe 3
Die Fly Bike Werke GmbH kann die benötigten Mitarbeiter sowohl aus dem eigenen Unternehmen als auch von außen beschaffen. Ordnen Sie den folgenden Positionen im Unternehmen mindestens ein geeignetes Beschaffungsinstrument zu. Begründen Sie ihre Auswahl.
- Lagermitarbeiter/Lagermitarbeiterin
- Prokurist/Prokuristin
- Kfm. Mitarbeiter/Kfm. Mitarbeiterin
- Mitarbeiter/Mitarbeiterin in der Produktion
- Leitende Positionen in Forschung- und Entwicklung

Aufgabe 4
Bestimmen Sie die Veränderungen im Personalbestand und ermitteln Sie die Anzahl der neu einzustellenden Mitarbeiterinnen bzw. Mitarbeiter bzw. die durchzuführenden Kündigungen. Nutzen Sie dazu Ihre Vorlage zur quantitativen Personalplanung. Welche Schritte sind im Anschluss an die quantitative Personalplanung von der Personalabteilung durchzuführen?

Aufgabe 5
Ralf Gerland hat entschieden, dass Rolf Polster gekündigt werden soll. Formulieren Sie ein entsprechendes Kündigungsschreiben. Um zukünftig bei Abmahnungen und Kündigungen weniger Arbeit zu haben, erstellen Sie hierzu entsprechende Textbausteine und verwenden Sie sie in Ihrem Kündigungsschreiben.

Aufgabe 6
Um kurzfristig einen Ersatz für Lukas Work (Arbeitsplanungsingenieur) zu finden, benötigt die Personalleasingfirma eine Stellenbeschreibung der Arbeitsplanung. Erstellen Sie mithilfe Ihres Textverarbeitungsprogramms eine entsprechende Stellenbeschreibung. Zur Konkretisierung des Aufgabengebietes und der Tätigkeitsbeschreibung usw. recherchieren Sie die notwendigen Informationen im Internet (z. B. www.berufenet.arbeitsagentur.de)

Aufgabe 7
Erweitern Sie Ihre Lernkartei.

Aufgabe 8
Führen Sie Ihr Lerntagebuch.

- 3 Mitarbeiter der Produktion haben eine kaufmännische Zusatzausbildung gemacht. Davon werden zukünftig zwei Mitarbeiter im Vertrieb und einer im Einkauf tätig sein.

- Ein Mitarbeiter der Produktion (Lukas Work) fällt spontan aufgrund einer Operation und anschließender Reha für ein halbes Jahr aus.

- Aufgrund einer Investitionsmaßnahme benötigt die Produktion zukünftig nur noch 18 Mitarbeiter/innen. Die Investition führt allerdings zu einer Kapazitätserhöhung, sodass der Vertrieb eine Arbeitskraft zusätzlich braucht.

- Ann-Kathrin Nemitz-Müller hat ihre Stelle zum Ende des Quartals gekündigt.

- Der Vertriebsleiter Ralf Gerland hat in seinem halbjährlichen Personalentwicklungsgespräch Rolf Polster mitgeteilt, dass er mit seiner Arbeitsleistung im letzten Jahr nicht zufrieden ist, da er wiederholt (trotz Abmahnung) erhebliche Fehler gemacht hat.

SB BWR ▶ Seite 17 ff. | Handlungsfeld 5, Kap. 2.4

Den richtigen Bewerber auswählen

Situation

Nachdem Bettina Lotto die Stellenausschreibung über das ausgewählte Beschaffungsinstrument geschaltet hat, erhält die Fly Bike Werke GmbH einige Bewerbungen für die ausgeschriebene Stelle. Frau Linden informiert Bettina mit einer E-Mail.

Hallo Frau Lotto,

nun haben wir tatsächlich über 20 Bewerbungen für die ausgeschriebene Stelle im Rechnungswesen erhalten.

Frau Fee (Sekretariat) hat netterweise bereits unvollständige Bewerbungen aussortiert und eine Excel-Tabelle mit den Adressdaten der ungeeigneten Kandidaten erstellt.

Nun liegen uns noch drei Bewerbungen vor, die ich eingescannt und dieser Mail beigefügt habe. Diese Bewerber sollten wir zum Vorstellungsgespräch einladen. Und dann müssen wir kritisch prüfen, wem wir eine Zusage für die Stelle geben.

Leider haben wir in der Personalabteilung noch keinen allgemeinen Auswertungsbogen für Bewerbungen. Um eine möglichst objektive Auswahl unter den Kandidaten treffen zu können, wäre es schön, wenn Sie einen solchen Bogen entwerfen könnten, der dann auch bei zukünftige Stellenbesetzungen zum Einsatz kommen kann.

Mit freundlichen Grüßen
Veruschka Linden
(Fly Bike Werke GmbH; linden@flybike.de)

Handlungsaufträge

1   Rufen Sie sich noch einmal in Erinnerung, welche Arbeitsschritte Bettina Lotto durchführen muss, bis der neue Mitarbeiter oder die neue Mitarbeiterin seine/ihre Arbeit aufnehmen kann. Nehmen Sie hierzu auch Ihre EPK aus Lernsituation 24 zu Hilfe.

2   Strukturieren Sie Ihre Vorgehensweise bis zur Einladung der geeigneten Kandidaten/Kandidatinnen wieder mithilfe einer Übersicht wie in Arbeitsblatt 15.1 „Selbstständige Herleitung der Problemstellung".

3   Entwerfen Sie einen Auswertungsbogen und wählen Sie mithilfe einer anschließenden Nutzwertanalyse geeignete Bewerber bzw. Bewerberinnen aus, die zum Vorstellungsgespräch eingeladen werden sollen. Nutzen Sie dazu Arbeitsblatt 26.1. (Sofern Sie bereits mit dem ersten Band der Informationswirtschaft gearbeitet haben, können Sie auch auf Ihre Excel-Tabelle zum qualitativen Angebotsvergleich/Nutzwertanalyse zurückgreifen, die Sie in Lernsituation 10 erstellt haben)

4   Schlagen Sie dem Plenum mindestens einen Bewerber bzw. eine Bewerberin vor, die zum Vorstellungsgespräch eingeladen werden sollte und begründen Sie Ihre Entscheidung.

Arbeitsblatt 26.1 | Auswertungsbogen und Nutzwertanalyse zur Bewerberauswahl

Erstellen Sie einen Auswertungsbogen zur Bewertung von Bewerbungen. Berücksichtigen Sie dabei die in Ihrem BWL-Buch dargestellten Aspekte zur Auswertung von Bewerbungsunterlagen.

Aspekt	Einschätzung (sehr gut = 5 Punkte, ungenügend = 1 Punkt)	Kommentar
	sehr gut |----|----|----|----| ungenügend	
	sehr gut |----|----|----|----| ungenügend	
	sehr gut |----|----|----|----| ungenügend	
	sehr gut |----|----|----|----| ungenügend	
	sehr gut |----|----|----|----| ungenügend	
	sehr gut |----|----|----|----| ungenügend	
	sehr gut |----|----|----|----| ungenügend	
	sehr gut |----|----|----|----| ungenügend	

Sichten Sie die drei Bewerbungen, die Frau Linden Bettina Lotto geschickt hat (siehe Seiten 106 bis 111) und führen Sie mithilfe Ihres Auswertungsbogens eine Nutzwertanalyse durch. Nutzen Sie hierzu auch das Arbeitsblatt 10.3 aus dem ersten Band des Arbeitsbuchs W plus V Informationswirtschaft sowie Ihre in Lernsituation 10 erstellte Excel-Tabelle *Nutzwertanalyse.xlsx* (bzw. erstellen Sie jetzt eine neue Tabelle oder nutzen Sie die Vorlage, die Ihnen Ihre Lehrkraft zur Verfügung gestellt hat). Entscheiden Sie, wen Sie zum Vorstellungsgespräch einladen würden.

Gewichten Sie Ihre Auswahlkriterien mit Faktoren zwischen 1 (weniger wichtig) und 5 (sehr wichtig) und vergeben Sie in Ihrem Auswertungsbogen entsprechend zwischen 1 und 5 Punkten für die Erfüllung der Kriterien.

Nutzwertanalyse							
Kriterium	Gewichtungs-faktor	Punkte	Punktewert	Punkte	Punktewert	Punkte	Punktewert
Gesamtergebnis		✕		✕		✕	
Bestes Ergebnis:			Bester Bewerber			

Swetlana Axt 25. November 20XX
Lütticher Straße 17
26123 Oldenburg

Fly Bike Werke GmbH
Rostocker Str. 334
26121 Oldenburg

Bewerbung als Sachbearbeiterin im Rechnungswesen

Sehr geehrte Damen und Herren,

hiermit bewerbe ich mich um die Stelle als Sachbearbeiterin im Rechnungswesen.
In den letzten drei Jahren absolvierte ich eine Ausbildung zur Industriekauffrau bei
der Giand Deutschland GmbH. Eine Übernahme nach der Ausbildung war leider
wegen Unstimmigkeiten nicht möglich.

Während meiner Ausbildung habe ich einige Zeit im Rechnungswesen gearbeitet.
Die Arbeit dort hat mir besonders gut gefallen, denn dort konnte ich meine Stärken
besonders gut einsetzen.

Über eine Einladung zu einem persönlichen Gespräch würde ich mich sehr freuen.

Mit freundlichen Grüßen

Swetlana Axt

Anlagen
Lebenslauf
Arbeitszeugnis

Lebenslauf

Persönliche Daten
Lütticher Straße 17
26123 Oldenburg
Tel.: 0441 8975870
E-Mail: svet.axt@web.de
Geboren in Berlin, am 28. Januar 1990
verheiratet, eine Tochter

Berufsausbildung
08/2011–06/2014   Dreijährige Ausbildung zur Industriekauffrau
                   Giand Deutschland GmbH

Schulbildung
08/2006–07/2008   Fachhochschulreife für Wirtschaft- und Verwaltung am Max-Weber
                   Berufskolleg Düsseldorf
08/2000–07/2006   Fachoberschulreife an der Realschule Langenfeld
08/1996–07/2000   Grundschule in Düsseldorf Langenfeld

Praktikum
03/2010–08/2011   Praktikum Giand Deutschland, Einkaufsabteilung

Sonstiges
08/2008–07/2011   Elternzeit und Aushilfe in der Boutique Check-it out

Kenntnisse und Fähigkeiten
   Englisch in Wort und Schrift
   Russisch in Wort und Schrift (Muttersprache)
   Internet-Benutzung
   ECDL, Europäischer Computerführerschein
   Pkw-Führerschein

Hobbys
Rennradfahren und Jazztanz

Oldenburg, 25.11.20XX

Swetlana Axt

GIAND

Giand Deutschland GmbH
Straßburgerstraße 180
26129 Oldenburg
Telefon 0441 7583209

Frau
Swetlana Axt
Lütticherstraße 17
26123 Oldenburg

Arbeitszeugnis

Frau Swetlana Axt, geboren am 28. Januar 1990 in Berlin, war in der Zeit vom
1. März 2010 bis zum 31. Juli 2011 in unserem Unternehmen zunächst als Prakti-
kantin beschäftigt.
Vom 1. August 2011 bis zum 20. Juni 2014 hat sie bei uns ihre Ausbildung als
Industriekauffrau absolviert.

Während ihrer Ausbildung arbeitete Frau Axt stets zu unserer vollen Zufrieden-
heit. Ihre schnelle Auffassungsgabe und ihr selbstständiges Arbeiten sind hierbei
besonders hervorzuheben.

Bei den Mitarbeitern war Frau Axt wegen ihrer großen Hilfs- und Kooperations-
bereitschaft sehr beliebt; ihren Vorgesetzten gegenüber zeigte sie sich stets loyal.

Wir bedauern es sehr, dass Frau Axt uns aus beruflichen Gründen verlässt, da
wir ihr in unserem Haus leider keine ihren Wünschen entsprechende Perspektive
bieten können. Wir wünschen ihr und ihrer Familie alles Gute.

Oldenburg, 20. Juni 2014

Michaela Meier

Abteilungsleiterin Personal

Charly Dombrovczik   17. November 20XX
Moltkestraße 78
26122 Oldenburg
Tel.: 0441 6534768
Email: super-charly@hotmail.com

Flybike Werke GmbH
Frau Linden
Rostocker Str. 334
26121 Oldenburg

Bewerbung als Sachbearbeiter im Rechnungswesen
Ihre Annonce in der Nordwest Zeitung

Sehr geehrte Damen und Herren,

hiermit bewerbe ich mich um die von Ihnen ausgeschriebene Stelle als Sachbearbeiter im Rechnungswesen.

Diese Stelle passt genau zu mir und es würde mir sehr viel Spaß machen, bei Ihnen
arbeiten zu dürfen. In den letzten zwei Jahren nach Abschluss meiner Ausbildung
zum Bürokaufmann arbeitete ich beim Elektrokomponentenerzeuger Media-Quick,
der im Sommer dieses Jahres wegen Insolvenz schließen musste. Seitdem bin
ich auf der Suche nach einer neuen Stelle. Grundsätzlich könnte ich mich in allen
kaufmännischen Abteilungen gut einarbeiten.

Über eine Einladung zu einem persönlichen Gespräch würde ich mich sehr freuen.

Mit freundlichen Grüßen

Charly Dombrovczik

Anlagen
Lebenslauf
Arbeitszeugnis

Lebenslauf

Von:
Charly Dombrovczik
Moltkestraße 78
26122 Oldenburg
Geb. am 22. Juli 1990 in Hannover
in Hannover

Ausbildung
2009–2012   Ausbildung zum Bürokaufmann bei Media-Quick

Schulbildung
2000–2008   qualifizierter Hauptschulabschluss an der
             Gustav-Stresemann-Hauptschule in Bonn
1996–2000   Grundschule in Bonn-Lengsdorf

Aushilfstätigkeit
2003–2007   Aushilfe im Getränkemarkt „Pittermännchen"

Sonstige Fähigkeiten
             Englisch
             Lkw- und Pkw-Führerschein
             Computerkenntnisse

Hobbys
             Fußball (HSV)
             Computerspiele

MEDIA - QUICK
Elektrokomponenten OHG
Schillerstraße 102
26122 Oldenburg

Herrn
Charly Dombrovczik
Moltkestr. 78
26122 Oldenburg

Arbeitszeugnis

Herr Charly Dombrovczik, geboren am 22. Juli 1990 in Hannover, hat
vom 01.09.2009 bis zum 02.07.2012 in unserem Unternehmen seine
Ausbildung zum Bürokaufmann absolviert.

Herr Dombrovczik hat neben den üblichen Arbeiten im Zusammenhang
mit seiner Ausbildung die Verkaufsstatistiken selbstständig geführt und
ausgewertet.

Herr Dombrovczik, mit dessen Leistungen wir voll zufrieden sind, hat die
ihm übertragenen Aufgaben pflichtbewusst und termingerecht ausgeführt.
Wegen seiner sehr umgänglichen, zuvorkommenden und gesprächsbe-
reiten Art ist Herr Dombrovczik bei allen Kollegen und den Kunden sehr
beliebt.

Leider ist es uns aufgrund unserer Insolvenz nicht möglich, Herrn
Dombrovczik einen festen Arbeitsplatz anzubieten. Wir wünschen Herrn
Dombrovczik alles Gute für seinen weiteren beruflichen Werdegang.

Oldenburg, 02. Juli 2012

Christian Müller
Sales Manager

Sabrina Schreiner
Goethestraße 49
26123 Oldenburg

17. November 20XX

Fly Bike Werke GmbH
Rostocker Str. 334
26121 Oldenburg

Bewerbung als Mitarbeiterin im Rechnungswesen
Ihre Annonce in stellenscout24

Sehr geehrte Damen und Herren,

hiermit bewerbe ich mich um die von Ihnen ausgeschriebene Stelle als
Mitarbeiterin im Rechnungswesen.

Meine Qualifikationen entsprechen genau Ihren Anforderungen. Ich habe
Spaß am Umgang mit Zahlen und Reportings, u. a. auch Erfahrungen in
der Bearbeitung von Kreditorenrechnungen und natürlich eine abge-
schlossene Ausbildung
als Industriekauffrau. Solide Englischkenntnisse bringe ich ebenso mit.
Zwar wäre die Anfahrt von mir zu Hause zur Rostocker Straße ein kleines
Problem, für das ich aber noch eine Lösung suchen könnte.

Für ein Vorstellungsgespräch stehe ich gern zur Verfügung.

Mit freundlichen Grüßen

Sabrina Schreiner

Anlagen
Lebenslauf
Arbeitszeugnis
Teilnahmebescheinigung VHS Oldenburg

Lebenslauf

Sabrina Schreiner
Goethestraße 49
16123 Oldenburg
Geb. am 14. Juni 1995 in Köln

Ausbildung
2012–2014   zur Industriekauffrau bei Meinzel
                Verpackungs GmbH Oldenburg

Schulbildung
2002–2010   Fachhochschulreife am Drei-Königs-Gymnasium Köln
1998–2002   Grundschule in Köln-Ehrenfeld

Schulpraktikum
2009   Autohaus Brabeck
2007   Kölner Zoo

Sonstiges
                Gute Englischkenntnisse
                Besuch des VHS-Kurses „Sicher auftreten und Rhetorik"
                Gute Computerkenntnisse

Hobbys
                Lesen
                Pferde

Recklinghausen, 17. November 20XX

Sabrina Schreiner

MEINZEL

Meinzel Verpackungss GmbH
Moltkestraße 176
26123 Oldenburg

Frau
Sabrina Schreiner
Goethestr. 49
26123 Oldenburg

Arbeitszeugnis

Frau Sabrina Schreiner, geboren am 14. Juni 1995 in Köln, hat vom 01.August 2012
bis zum 29. Juni 2014 in unserem Unternehmen ihre Ausbildung zur Industriekauffrau
absolviert.

Frau Schreiner zeigte großes Interesse für ihre Ausbildung und war stets mit vollem Eifer
bei der Sache. Die in sie gesteckten Erwartungen wurden erfüllt.

Den Mitarbeitern war Frau Schreiner eine umgängliche Kollegin; ihr Verhalten gegenüber
den Vorgesetzten war insgesamt nicht zu beanstanden. Großes Verständnis zeigte Frau
Schreiner für alle Anliegen der Kunden.

Es ist uns bekannt, dass Frau Schreiner nach ihrer Ausbildung ein Betätigungsfeld sucht, das
ihren besonderen Neigungen und Fähigkeiten stärker entspricht. Wir sind leider nicht in der
Lage, ihr ein solches Betätigungsfeld anzubieten.
Wir wünschen Frau Schreiner für ihren weiteren beruflichen Werdegang in einem anderen
Unternehmen alles Gute.

Oldenburg, 29. Juni 2014

Nicole schmidt
Geschäftsführerin

 **VHS Oldenburg**

Schillerstraße 27
26122 Oldenburg

Teilnahmebescheinigung

Frau Sabrina Schreiner hat vom 12. bis zum 15. April 20XX an
unserem Seminar „Sicher auftreten und Rhetorik" teilgenommen.

Die Fortbildung richtete sich an Arbeitnehmer und Auszubildende
im kaufmännischen Bereich und beinhaltete folgende Themen:

• sicher und strukturiert präsentieren
• den eigenen Standpunkt glaubwürdig vertreten können
• richtiger Einsatz von Stimme und Körpersprache
• überzeugend argumentieren

Oldenburg, 15.04.20XX

Sandy Schmitz
Seminarleiterin

Aufgaben

Aufgabe 1

Frau Linden erhält auf eine ausgeschriebene Stelle im Vertrieb folgende Bewerbung. Suchen und markieren Sie formale und inhaltliche Fehler der Bewerbung.

Marina Leisten, August-Wilhelm-Kühnholz-Str. 22, 26135 Oldenburg
Tel.: 0441-808503, e-mail: sexymarina@gmail.com

Flybike Werke GmbH
z. Hd. Frau Linden
Rostocker Str. 334

26121 Oldenburg

Oldenburg

Ihre Anzeige im Oldenburger Stadtanzeiger

Sehr geehrte Damen und Herren,

mit großem Interesse habe ich Ihre Anzeige gelesen und will als Mitarbeiterin für den Vertrieb von Fahrrädern in Ihrem Unternehmen arbeiten.

Seit dem Aschluss meiner Ausbildung als Kauffrau im Groß- und Außenhandel arbeite ich als Aushilfe im Elektro-Fachmarkt. Der Umgang mit Kunden und der Verkauf von verschiedenen ARtikeln macht mir Spaß.

Sport spielt für mich sowohl im privaten als auch im beruflichen eine große Rolle. Fahrradrennen im Team zu fahren und damit etwas zu erreichen erfüllt mich jedes mal mit großer Freude. So auch die Arbeit im Team im beruflichen Alltag.

Ich würde mich sehr freuen, wenn ich in meinem zukünfigten beruflichen Umfeld mein Hobby gewinnbringend einbringen könnte.

Wenn ich mit meiner Bewerbung Ihr Interesse geweckt habe, freue ich mich sehr über ein Vorstellungsgespräch.

Mit freundlichen Grüßen

Marina Leisten

Anlagen
Zeugnisse
Lebenslauf

Aufgabe 2

Erstellen Sie für einen kaufmännischen Ausbildungsplatz (z. B. Kaufmann/-frau im Groß- und Außenhandel; Bankkaufmann/-frau; Industriekaufmann/-frau usw.) eine Bewerbung. Um eine gezielte Bewerbung (Anschreiben und Lebenslauf) formulieren zu können, suchen Sie sich eine geeignete Stellenanzeige in der Tageszeitung oder beim Arbeitsamt heraus. Alternativ können Sie auch nach einem geeigneten Ausbildungsbetrieb in ihrer Nähe suchen und eine Spontanbewerbung schreiben. Informieren Sie sich anschließend unter www.berufenet.arbeitsagentur.de über den entsprechenden Ausbildungsberuf. Beachten Sie weiterhin die von Ihnen erarbeiteten Kriterien zur Beurteilung einer Bewerbung und erstellen Sie Ihre Bewerbung mit einem Textverarbeitungsprogramm. Versuchen Sie, sich positiv vor anderen Bewerbungen hervorzuheben, indem Sie zeigen, dass Sie gut mit Ihrem Textverarbeitungsprogramm umgehen können.

Aufgabe 3

Bewerten Sie die Bewerbung eines Mitschülers/einer Mitschülerin, die Ihnen zugeteilt wurde, objektiv mit ihrem erstellen Bewertungsbogen. Nehme Sie das Lob und die Kritik zu der von Ihnen erstellen Bewerbung entgegen und optimieren Sie Ihre Bewerbung für zukünftige Bewerbungen.

Gehen Sie dabei bei der Vorbereitung und Durchführung der Feedbackrunde wie folgt vor:

a Anonymisieren Sie Ihre in Aufgabe 2 erstellte Bewerbung und stellen Sie sie Ihrer Lehrerin/Ihrem Lehrer digital zur Verfügung.

b Benennen Sie die Datei mit dem ersten und letzten Buchstaben des Namens Ihrer Mutter und dem Geburtsdatum ihrer Mutter z. B. *GE2101.docx*, wenn Ihre Mutter Gabriele heißt und am 21.01 geboren wurde

c Sie erhalten eine anonymisierte Bewerbung, die Sie mithilfe Ihres Bewertungsbogens objektiv analysieren. Formulieren Sie weiterhin einen kurzen Kommentar mit positiver und falls notwendig auch negativer Kritik.

d Stellen Sie den digitalen Bewertungsbogen Ihrer Lehrkraft zur Verfügung, die ihn an den entsprechenden Bewerber weiterleitet. Benennen Sie dazu den ausgefüllten Bewertungsbogen z. B. *BW_AE1909.docx*, wenn Ihnen die Bewerbung *AE1909.docx* zugeteilt wurde.

e Berücksichtigen Sie die Kritik zu ihrer Bewerbung und optimieren Sie sie entsprechend.

Aufgabe 4

Da Ihre Bewerbung (Anschreiben und Lebenslauf) nun optimiert ist und keine Fehler mehr beinhaltet, wurden Sie zum Vorstellungsgespräch eingeladen.

a Rufen Sie sich noch einmal in Erinnerung, mit welchen Fragen Sie beim Vorstellungsgespräch rechnen müssen. Halten Sie diese Fragen fest und bereiten Sie stichpunktartig entsprechende Antworten vor. Rufen Sie sich dabei auch in Erinnerung, welche Fragen nicht erlaubt sind. Spielen Sie in Gedanken durch, wie Sie reagieren werden, wenn Ihnen solche unzulässigen Fragen dennoch gestellt werden. Halten Sie auch dazu Stichpunkte fest.

b Finden Sie sich anschließend in Zweierteams zusammen. Informieren Sie Ihren Teampartner/Ihre Teampartnerin kurz darüber, bei welchem Unternehmen Sie sich beworben haben. Anschließend simulieren Sie gemeinsam ein Bewerbungsgespräch, wobei einer von Ihnen die Rolle des Personalverantwortlichen des Unternehmens übernimmt, der andere sich selbst spielt.

c Reflektieren Sie gemeinsam das simulierte Bewerbungsgespräch. Der Bewerber/die Bewerberin beginnt mit der Reflexion. Anschließend gibt der Personalverantwortliche seinen Eindruck wider. Berücksichtigen Sie dabei die Feedbackregeln.

d Halten Sie sich stichpunktartig fest, was Sie bei einem realen Bewerbungsgespräch anders/besser machen würden.

e Nun tauschen Sie die Rollen, sodass Ihr Teampartner die Rolle desjenigen übernimmt, der sich bewirbt.

Aufgabe 5

Erweitern Sie Ihre Lernkartei.

Aufgabe 6

Führen Sie Ihr Lerntagebuch.

SB BWR ▸ Seite 17 ff. | Handlungsfeld 5, Kap. 2.4

Absagen und Zusagen im Bewerbungsprozess

Situation

Inzwischen sind die Bewerbungsunterlagen ausgewertet und die verbleibenden Kandidaten können zum Vorstellungsgespräch eingeladen werden. Bettina Lotto hat wieder gute Arbeit geleistet und Frau Linden ist sehr zufrieden mit ihr, sodass sie Bettina auch bei den weiteren Schritten des Bewerbungsverfahrens wieder gern mit einbezieht und ihr eine Reihe von weiteren Aufgaben zur Bearbeitung überlässt.

Fly Bike Werke GmbH

Hausmitteilung

Absender		Empfänger	
☐ Geschäftsführung		☐ Geschäftsführung	
☐ Zentralsekretariat		☐ Zentralsekretariat	
☐ Rechnungswesen/Controlling		☐ Rechnungswesen/Controlling	
☐ Einkauf/Logistik		☐ Einkauf/Logistik	
☐ Produktion		☐ Produktion	
☒ Verwaltung		☒ Verwaltung	
☐ Vertrieb		☐ Vertrieb	
☒ Herr/Frau Linden		☒ Herr/Frau Lotto	
☐		☐	

Mit der Bitte um

☐ Kenntnisnahme	☒ Erledigung	☐ Stellungnahme
☐ Rücksprache	☐ Rückgabe	☐ Weiterleitung
☐	☐	

Bitte geben Sie hier Ihren Text ein:

Hallo Frau Lotto,

vielen Dank für die Auswertung der Bewerbungsunterlagen.
Mein Vorschlag: Wir laden die beiden besten Bewerber zum Vorstellungsgespräch ein und der Kandidat bzw. die Kandidatin, der/die unseren Anforderungen nicht entspricht, erhält eine Absage.
Sie hatten doch für die Abteilung Rechnungswesen Mahnschreiben mithilfe von Textbausteinen erstellt. Vielleicht gibt es diese Möglichkeit ja auch für unseren Zweck?
Frau Fee hat ja bereits eine Liste mit den Bewerbern angefertigt, gegen die wir uns schon im Vorfeld entschieden haben. Könnten Sie diese Liste zur Grundlage nehmen und bitte die Absageschreiben an alle Bewerber fertigstellen, die von uns keine Einladung erhalten? Wie Sie das möglichst effizient machen, brauche ich Ihnen ja nicht mehr zu erklären.
Und dann könnten Sie mich bei der Vorbereitung der Bewerbungsgespräche unterstützen. Den Entwurf einer „Checkliste" habe ich handschriftlich skizziert. Vielleicht könnten Sie hier mit Excel oder Word eine etwas professionellere Version entwerfen? Vielleicht fallen Ihnen ja auch noch ein paar Punkte ein, an die ich bisher noch nicht gedacht habe? Es wäre außerdem schön, wenn ich pro Bewerbungsverfahren eine Mappe hätte, in die ich für alle Bewerber, mit denen wir gesprochen haben, ein entsprechendes Tabellenblatt einheften könnte, das es mir leichter macht, einen möglichst objektiven Vergleich zu ziehen.

Danke und freundliche Grüße
Veruschka Linden

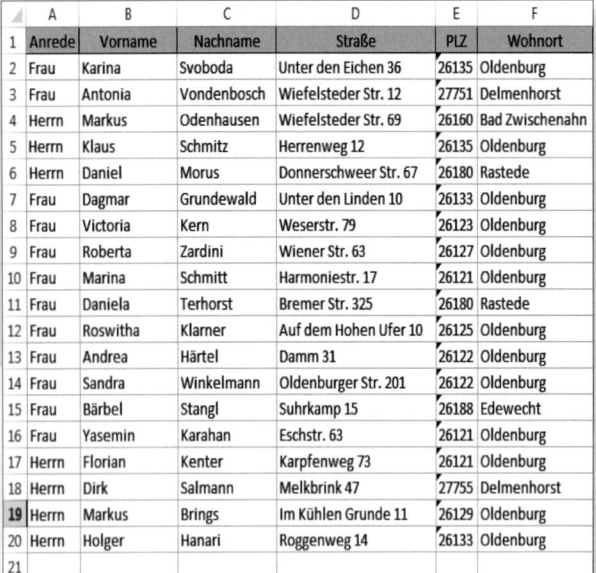

	A	B	C	D	E	F
1	Anrede	Vorname	Nachname	Straße	PLZ	Wohnort
2	Frau	Karina	Svoboda	Unter den Eichen 36	26135	Oldenburg
3	Frau	Antonia	Vondenbosch	Wiefelsteder Str. 12	27751	Delmenhorst
4	Herrn	Markus	Odenhausen	Wiefelsteder Str. 69	26160	Bad Zwischenahn
5	Herrn	Klaus	Schmitz	Herrenweg 12	26135	Oldenburg
6	Herrn	Daniel	Morus	Donnerschweer Str. 67	26180	Rastede
7	Frau	Dagmar	Grundewald	Unter den Linden 10	26133	Oldenburg
8	Frau	Victoria	Kern	Weserstr. 79	26123	Oldenburg
9	Frau	Roberta	Zardini	Wiener Str. 63	26127	Oldenburg
10	Frau	Marina	Schmitt	Harmoniestr. 17	26121	Oldenburg
11	Frau	Daniela	Terhorst	Bremer Str. 325	26180	Rastede
12	Frau	Roswitha	Klarner	Auf dem Hohen Ufer 10	26125	Oldenburg
13	Frau	Andrea	Härtel	Damm 31	26122	Oldenburg
14	Frau	Sandra	Winkelmann	Oldenburger Str. 201	26122	Oldenburg
15	Frau	Bärbel	Stangl	Suhrkamp 15	26188	Edewecht
16	Frau	Yasemin	Karahan	Eschstr. 63	26121	Oldenburg
17	Herrn	Florian	Kenter	Karpfenweg 73	26121	Oldenburg
18	Herrn	Dirk	Salmann	Melkbrink 47	27755	Delmenhorst
19	Herrn	Markus	Brings	Im Kühlen Grunde 11	26129	Oldenburg
20	Herrn	Holger	Hanari	Roggenweg 14	26133	Oldenburg
21						

Handlungsaufträge

1 Frau Linden hat Bettina Lotto erneut viele kleine Aufgaben übertragen. Helfen Sie Ihr den Überblick zu behalten und strukturieren Sie wieder alle ToDos in einer Übersicht.

2 Laden Sie die geeigneten Bewerber (vgl. Lernsituation 26) zu einem Vorstellungsgespräch ein. Arbeiten Sie dabei mit Textbausteinen, eine entsprechende Vorlage finden Sie auf Informationsblatt 27.1.

3 Schreiben Sie den ungeeigneten Bewerbern eine Absage. Frau Linden sprach davon, dabei möglichst effizient vorzugehen. Woran denkt sie dabei? Die Liste mit den schon im Vorfeld aussortierten Bewerbern finden Sie auf dieser Seite bzw. in der Datei, die Ihnen Ihre Lehrkraft zur Verfügung stellt.

4 Rufen Sie sich mithilfe Ihres BWL-Buchs noch einmal ins Gedächtnis, welche Aufgaben ein Vorstellungsgespräch hat, welche Fragen dort geklärt werden können bzw. welche Fragen nicht zulässig sind. Erstellen Sie eine entsprechende Bewerbermappe in Excel, die alle Checklisten der Bewerbungsgespräche zur Besetzung einer offenen Stelle beinhaltet. Jede Checkliste sollte zum größten Teil die gleichen Fragen beinhalten und die Möglichkeit einer Bewertung des Bewerbers eröffnen. Zusätzlich sollte es aber auch Raum für individuelle Fragen geben, die gezielt auf den Bewerber ausgerichtet sind. Nutzen Sie dazu Arbeitsblatt 27.1.

Informationsblatt 27.1 (2 Seiten) | Textbausteine zum Thema Bewerbung

Legen Sie die folgenden Textbausteine nach der Anleitung von Informationsblatt 19.2 an und erstellen Sie anschließend die in dieser Lernsituation geforderten Anschreiben an die Bewerber und Bewerberinnen um die offene Stelle im Rechnungswesen der Fly Bike Werke GmbH. (Fragen Sie Ihre Lehrkraft nach einer digitalen Version der hier abgebildeten Tabelle, um die Textbausteine nicht erst abtippen zu müssen.)

Volltext	Baustein Nr	Stichwort
Betreff		
Ihr Bewerbungsschreiben für die Stelle	B01	Bewerbung Stelle
Ihre Bewerbung als	B02	Bewerbung als
Anrede		
Sehr geehrte Damen und Herren,	B01	Anrede allgemein
Sehr geehrte Frau _____ ,	B02	Anrede Frau
Sehr geehrter Herr _____ ,	B03	Anrede Herr
Ablehnung von Bewerbungen		
Vielen Dank für das Interesse an einer Mitarbeit in unserem Unternehmen	B11	Dank für Interesse
Wir haben Ihre Bewerbung eingehend geprüft. Leider weichen Ihre Qualifikationen erheblich von der Stellenbeschreibung in unserer Anzeige ab. Daher erhalten Sie Ihre Unterlagen mit diesem Schreiben zurück.	B12	Qualifikation
Wir haben alle Bewerbungen sorgfältig geprüft und uns für einen anderen Mitbewerber entschieden. Hierfür erbitten wir Ihr Verständnis.	B13	Anderer Bewerber
Nach sorgfältiger Prüfung Ihrer Unterlagen sind wir zu dem Ergebnis gekommen, dass wir von Ihrer Bewerbung zurzeit keinen Gebrauch machen können. Sollte eine ähnliche Stelle in nächster Zeit bei uns zu besetzen sein, werden wir Sie davon unterrichten.	B14	Zur Zeit nicht
Bei der Besetzung der ausgeschriebenen Stelle haben wir uns für einen Ihrer Mitbewerber entschieden. Allein sachliche Gründe waren dabei ausschlaggebend.	B15	Sachliche Gründe anderer Bewerber
Für Ihren weiteren beruflichen und privaten Lebensweg wünschen wir Ihnen alles Gute.	B16	Lebensweg
Als Anlage schicken wir Ihnen Ihre Unterlagen zurück.	B17	Unterlagen
Einladung zum Vorstellungsgespräch		
Nach eingehender Prüfung Ihrer Bewerbungsunterlagen können wir Ihnen mitteilen, dass wir Sie zu einem Vorstellungsgespräch am _____ um _____ Uhr einladen.	B21	Vorstellungsgespräch
Aufgrund Ihrer Bewerbung möchten wir Sie kennen lernen und bitten Sie, sich am _____ um _____ Uhr in unserer Personalabteilung zu melden.	B22	Verbindung Personalabteilung
Über Ihre Bewerbung sind wir sehr erfreut. Daher bitten wir Sie um ein Vorstellungsgespräch. Bitte stimmen Sie mit unserer Personalabteilung einen Termin ab.	B23	Freude, Kontakt
Sollte Ihnen unser Termin nicht genehm sein, bitten wir um Ihre Nachricht mit einem neuen Terminvorschlag.	B24	Termin
Ihre Fahrtkosten werden selbstverständlich von uns übernommen. Belege sind in der Personalabteilung vorzulegen.	B25	Fahrtkosten

Volltext	Baustein Nr	Stichwort
Ablehnung nach der Vorstellung		
Wir danken Ihnen für das Vorstellungsgespräch vom _____. Leider müssen wir Ihnen mitteilen, dass wir uns für einen anderen Bewerber entschieden haben.	B31	Anderer Bewerber nach Vorstellung
Nach dem guten Vorstellungsgespräch fällt uns die Entscheidung nicht leicht, Ihnen mitzuteilen, dass wir uns für einen Mitbewerber entschieden haben.	B32	Mitbewerber nach Vorstellung
Wir wünschen Ihnen jedoch für Ihre berufliche Zukunft alles Gute.	B33	Zukunft, Wünsche
Vertragszusendung		
Ihr Vorstellungsgespräch hat uns gezeigt, dass Sie für die zu besetzende Stelle die richtige Mitarbeiterin sind. Daher freuen wir uns, Ihnen den vorbereiteten Arbeitsvertrag zuzusenden, den Sie bitte unterschrieben an unsere Personalabteilung zurückschicken.	B41	Arbeitsvertrag
Unsere Entscheidung steht fest: Wir möchten Sie als neue Mitarbeiterin/ neuen Mitarbeiter in unserem Unternehmen begrüßen und sind davon überzeugt, die richtige Wahl getroffen zu haben. Senden Sie uns bitte den vorbereiteten und unterschriebenen Arbeitsvertrag zurück.	B42	Neuer Mitarbeiter, Arbeitsvertrag
Wir freuen uns auf Ihre Mitarbeit und erwarten eine gute Zusammenarbeit.	B43	Zusammenarbeit
Grußformel		
Mit freundlichen Grüßen Fly Bike Werke GmbH Abteilung Personal i. A.	B51	Briefschluss
Mit freundlichen Grüßen Fly Bike Werke GmbH Abteilung Personal i. A. Anlage Bewerbungsunterlagen	B52	Briefschluss mit Anlage

Arbeitsblatt 27.1 | Vorbereitung des Bewerbungsgesprächs

Um die Bewerbermappe für Frau Linden zu erstellen, nutzt Bettina Lotto die folgende handschriftliche „Checkliste" von ihr.

Bewerber/Bewerberin:

	unzureichend	Ausreichend	zufriedenstellend	Gut	Bewertung
Fragen zur Bewerbung					
Weshalb haben Sie sich bei uns beworben?	x				1
Was erwarten Sie von uns?		x			2
Weswegen wollen Sie Ihre bisherige Stelle wechseln?				x	4
Was hat Ihnen an unserer Stellenanzeige besonders gefallen?			x		3
Fragen zur Selbstkritik					
Was sind Ihre Stärken?				x	4
Was sind Ihre Schwächen?	x				1
Warum sollen wir Sie einstellen?			x		3
individuell zugeschnittene Fragen					
				x	4
	x				1

1 Legen Sie eine Excel-Tabelle mit mehreren Tabellenblättern an. Jedes Tabellenblatt stellt einen Bewerber bzw. eine Bewerberin dar.

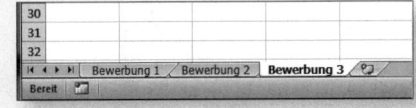

2 Vervollständigen Sie die handschriftlichen Fragen um alle weiteren wichtigen Fragen und bereiten Sie einen individuellen Bereich für Fragen vor, der in die Bewertung einfließt.

3 Hinterlegen Sie mithilfe einer verschachtelten Wenn-Funktion eine geeignete Formel, um für jedes „x", das in einer Spalte gesetzt wird, eine entsprechende Punktzahl in der Bewertungsspalte angezeigt zu bekommen. Ergänzen Sie die Bewertungsspalte um eine Summenbildung, um einen Vergleich der Bewerberinnen und Bewerber zu ermöglichen.

Folgesituation

Bettina Lotto Hallo Frau Linden!

Frau Linden Hallo Frau Lotto, gestern Nachmittag haben wir die beiden Bewerbungsgespräche mit Frau Axt und Frau Schreiner geführt. Beide haben einen guten Eindruck hinterlassen und die Entscheidung gegen Frau Schreiner ist nicht leicht gefallen. Aber dank Ihrer sehr hilfreichen Bewerbermappe haben wir uns letztendlich für Frau Axt entschieden.

Bettina Lotto Es freut mich, dass die Bewerbermappe hilfreich war. Soll ich die Zusage an Frau Axt und die Absage an Frau Schreiner schon einmal vorbereiten und versenden?

Frau Linden Die Zusage an Frau Axt können Sie gerne vorbereiten und versenden. Die Absage für Frau Schreiner können Sie auch gerne schon vorbereiten. Ich möchte sie aber erst versenden, wenn der Betriebsrat der Einstellung zugestimmt hat und Frau Axt den Vertrag unterschrieben hat. Dazu müsste der Betriebsrat informiert werden. Könnten Sie dies schon mal über eine kurze Hausmitteilung erledigen? Es wäre außerdem schön, wenn Sie wieder entsprechende Textbausteine formulieren könnten, die wir auch in einem weiteren Bewerbungsverfahren nutzen können.

Bettina Lotto Selbstverständlich. Ich werde alle notwendigen Schreiben vorbereiten und die vom Betriebsrat benötigten Informationen mit der Hausmitteilung versenden und um eine schnelle Zustimmung bitten.

Frau Linden Das hört sich gut an. Könnten Sie außerdem schon mal einen Personalbogen, in dem die Stammdaten des neuen Mitarbeiters festgehalten werden, vorbereiten. Das machen wir bisher immer manuell, aber vielleicht kann man hierfür auch ein Textverarbeitungsprogramm effektiv einsetzen. Wir benötigen diesen Personalbogen für die Eingabe in der Datenbank und auch für andere interne Zwecke.

Handlungsaufträge

1 Informieren Sie den Betriebsrat. Nutzen Sie dazu die Hausmitteilung auf Arbeitsblatt 27.2. Informieren Sie sich darüber, welche Informationsrechte der Betriebsrat hat und welche Unterlagen ihm zugestellt werden sollten.

2 Schreiben Sie die Zusage an Frau Axt und bereiten Sie die Absage an Frau Schreiner vor. Nutzen Sie dazu bereits vorhandene Textbausteine und erweitern Sie sie falls notwendig.

3 Arbeiten Sie das Informationsblatt 27.2 zur Erstellung von Word-Formularen durch und erstellen Sie anschließend einen Personalbogen (ein Stammdatenformular) nach dem Muster auf Seite 122. Nutzen Sie dabei die Word-Tabellenfunktion und beachten Sie die folgenden Vorgaben:

   a Geben Sie bei Familienstand ein Dropdown-Formularfeld mit den folgenden Auswahlmöglichkeiten ein:
- *Ledig*
- *Verheiratet*
- *Geschieden*
- *Dauernd getrennt lebend*
- *Verwitwet*

   b Bei Konfession sollen Kontrollkästchen eingegeben werden, die Ankreuzmöglichkeiten für *evangelisch*, *katholisch* und *sonstige* beinhalten.

   c Die IBAN soll höchstens 22 Stellen haben.

   d Geben Sie bei BIC folgenden Hilfetext ein, der sowohl bei Betätigen der F1-Taste erscheinen soll als auch in der Statuszeile: „Geben Sie hier den BIC (Bank Identifier Code) ein".

   e Bei der Anzahl der Kinder soll die Vorgabezahl „0" betragen und die maximale Länge 2-stellig sein.

   f Die Steuerklassen sollen aus einem Dropdown-Formularfeld mit römischen Ziffern ausgewählt werden können: I, II, III, IV, V, VI.

Arbeitsblatt 27.2 | Hausmitteilung an den Betriebsrat

Hausmitteilung

Fly Bike Werke GmbH

Absender	Empfänger
☐ Geschäftsführung	☐ Geschäftsführung
☐ Zentralsekretariat	☐ Zentralsekretariat
☐ Rechnungswesen/Controlling	☐ Rechnungswesen/Controlling
☐ Einkauf/Logistik	☐ Einkauf/Logistik
☐ Produktion	☐ Produktion
☐ Verwaltung	☐ Verwaltung
☐ Vertrieb	☐ Vertrieb
☐ Herr/Frau	☐ Herr/Frau
☐	☐

Mit der Bitte um

☐ Kenntnisnahme   ☐ Erledigung   ☐ Stellungnahme

☐ Rücksprache   ☐ Rückgabe   ☐ Weiterleitung

☐   ☐   ☐

Bitte geben Sie hier Ihren Text ein:

Textbausteine zur Information des Betriebsrats über Personalentscheidungen (Notizen):

_____

_____

_____

_____

_____

_____

_____

Informationsblatt 27.2 (2 Seiten) | Online-Formulare in Word erstellen

Wenn Sie ein Formular erstellen wollen, das Sie auf dem Bildschirm immer wieder neu ausfüllen möchten, ist es sinnvoll, dass Ihnen ein festes unveränderliches Gerüst zur Verfügung steht, das jeweils nur ergänzt werden muss. Nutzen Sie dazu die Tabellenfunktion von Word, um das grundsätzliche Aussehen des Formulars festzulegen.

In dem Formular legen Sie Bereiche fest, in denen Eingaben vorgenommen werden dürfen. Alle anderen Bereiche können beim Ausfüllen nicht verändert werden.
Word stellt Ihnen drei verschiedene Formularfelder zur Verfügung:
- Textfelder
- Kontrollkästchenfelder
- Dropdown-Listenfelder

Stellen Sie sicher, dass die Registerkarte **Entwicklertools** im Menüband sichtbar ist. (Wenn nicht, gehen Sie über die Registerkarte **Datei** zu den Word-**Optionen**, wählen dort die Option **Menüband anpassen** und setzen im rechten Fenster ein Häkchen bei **Entwicklertools**).

Auf der Registerkarte **Entwicklertools** finden Sie dann in der Befehlsgruppe **Steuerelemente** eine Schaltfläche für **Vorversionstools***, hinter der sich die Formularfelder verbergen.

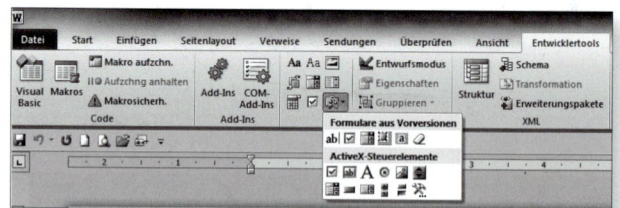

Sie finden dort die Möglichkeit folgende Formularfelder einzufügen und schattiert anzuzeigen.

ab| Textfeld einfügen

☑ Kontrollkästchen einfügen

Dropdownfeld einfügen

Feldschattierung anzeigen

1 Textformularfeld **ab|**

Mit Doppelklick auf das eingefügte Formularfeld öffnet sich die Registerkarte für die verschiedenen Optionen.

Es gibt 6 verschiedene Typen von Formularfeldern
- Normaler Text
- Zahl
- Datum
- Aktuelles Datum
- Aktuelle Uhrzeit
- Berechnung

Bei **Maximale Länge** legen Sie die Anzahl der Zeichen fest, in **Textformat** bestimmen Sie das Zeichenformat. Außerdem können Sie einen **Hilfetext hinzufügen**.

---

* Wir arbeiten hier mit den Vorversionstools, weil nur sie es z. B. ermöglichen, Formularfelder am Monitor mit Grauschattierung sichtbar zu machen. Druckt man die Formulare aus, ist keine Schattierung mehr sichtbar. Bei der Bearbeitung am Monitor ist die Schattierung vorteilhaft, weil sie ein schnelles Auffinden aller Formularfelder ermöglicht.

2 Kontrollkästchen Fomularfeld ☑

Hier können Sie unter anderem die Größe des Kontrollkästchens festlegen.

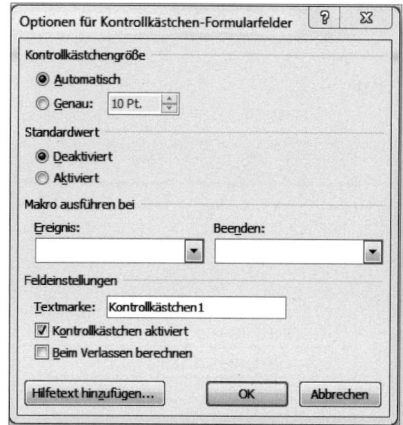

3 Dropdown-Formularfeld

Bei **Dropdownelement** tragen Sie die einzelnen Einträge Ihrer Liste ein.

Durch **Hinzufügen** werden die Einträge in die Dropdownliste übernommen, durch **Entfernen** wieder gelöscht. Mit **Verschieben** können Sie die Reihenfolge der Elemente verändern.

Zu den einzelnen Formularfeldern können Sie einen **Hilfetext hinzufügen**, der entweder bei Betätigen der F1-Taste erscheint oder in der Statuszeile.

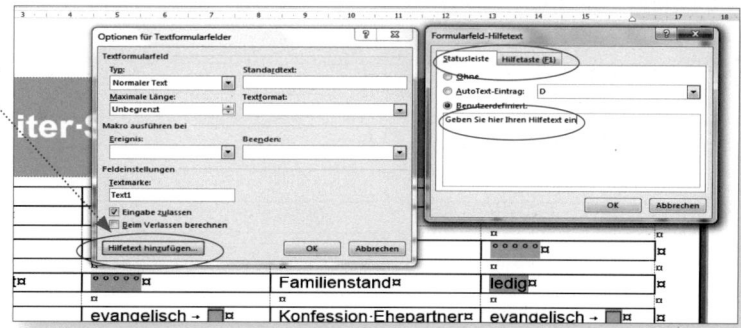

Wenn Sie Ihr Dokument einschließlich aller Formularfelder fertig erstellt haben, klicken Sie in der Registerkarte **Entwicklertools** in der Gruppe **Schützen** auf **Bearbeitung einschr.** Der Aufgabenbereich **Formatierung** und **Bearbeitung einschränken** wird eingeblendet.

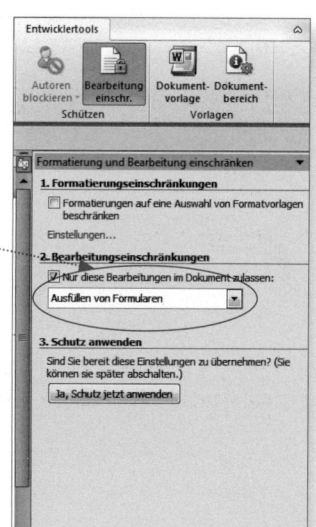

Schalten Sie unterhalb von **2. Bearbeitungseinschränkungen** das Kontrollkästchen **Nur diese Bearbeitung im Dokument zulassen** ein.

Öffnen Sie das Listenfeld unterhalb des eingeschalteten Kontrollkästchens und wählen Sie den Eintrag **Ausfüllen von Formularen** aus.

Klicken Sie dann auf die Schaltfläche **Ja, Schutz jetzt anwenden**.

Hier können Sie noch ein Kennwort gegen unberechtigte Änderungen eingeben.

Testen Sie nun, ob das Formular wie gewünscht funktioniert.

Mit der Tabulatortaste können Sie von einem Formularfeld in das nächste springen.

Wenn Sie etwas ändern wollen, müssen Sie den Dokumentschutz wieder aufheben. Klicken Sie hierzu in der Registerkarte **Entwicklertools** in der Gruppe **Schützen** auf **Bearbeitung einschr.** Der Aufgabenbereich **Formatierung und Bearbeitung** einschränken wird eingeblendet. Wählen Sie nun **Schutz aufheben**.

Muster Personalbogen

Mitarbeiter Stammdaten

Fly Bike Werke GmbH

| Nachname | | Vorname | |
| Ggf. Geburtsname | | | |

| Geburtsdatum | | Geburtsort | |

| Staatsangehörigkeit | | Familienstand | ledig |

Konfession AN	evangelisch ☐	Konfession Ehepartner	evangelisch ☐
	katholisch ☐		katholisch ☐
	andere ☐		andere ☐

| Straße / Hausnummer | | Postleitzahl | |
| | | Wohnort | |

| Telefon | | Mobil | |
| Fax | | | |

| IBAN | | BIC | |

| Anzahl Kinder | 0 | Krankenversicherung | |

| Steuerklasse | I | Finanzamt | |

VL Vertrag Nr.		Empfangendes Institut	
IBAN VL		BIC VL	
Betrag			

| Bruttogehalt | | Wöchentliche Arbeitszeit | |

| Urlaubstage Anspruch | | Urlaubstage Rest | |
| | | Urlaubstage Vorjahr | |

| Qualifikation | | Eintrittsdatum | |

| Bemerkungen | | Foto |

Aufgaben

Aufgabe 1
Erläutern Sie, warum die Verwendung von Formularfeldern im betrieblichen Alltag sinnvoll ist.

Aufgabe 2
Suchen Sie neben dem Stammdatenformular in der Personalabteilung weitere betriebliche Bereiche und Aufgaben, bei denen Formulare sinnvoll eingesetzt werden können.

Aufgabe 3
Bereits des Öfteren haben Sie gesehen, dass die innerbetriebliche Kommunikation mithilfe von Hausmitteilungen abläuft.
Erstellen Sie die Hausmitteilung von Seite 119 als Formular in Word. Ändern Sie eigenständig den Bereich „mit der Bitte um" in ein Dropdown-Formularfeld ab und ergänzen Sie einen Hilfetext, dass bei den hier eingekreisten Kontrollkästchen noch ein Textfeld für den Nachnamen ausgefüllt werden muss

Aufgabe 4
Die Fly Bike Werke GmbH wollen ihr Angebot im Rahmen des Betriebssports ausweiten. Sammeln Sie in einer Lerngruppe Ideen für ein Formular, in dem sich die Mitarbeiterinnen und Mitarbeiter online für verschiedene Sportangebote der Fly Bike Werke anmelden können. Erstellen Sie hierfür ein Formular und nutzen Sie die Tabellenfunktion in Word und die verschiedenen Formularfelder sowie einen Hilfetext.

Aufgabe 5
Bei der IHK Frankfurt am Main finden Sie eine Vorlage eines Standard-Arbeitsvertrages. Downloaden Sie sich diesen Vertrag von der Homepage und modifizieren Sie diese Vorlage, sodass der Vertrag als Vorlage für die Fly Bike Werke GmbH verwendet werden kann. Nutzen Sie die vorbereitete Vorlage, um den Arbeitsvertrag für Frau Axt zu erstellen.

Aufgabe 6
Erweitern Sie Ihre Lernkartei.

Aufgabe 7
Ergänzen Sie Ihr Lerntagebuch.

SB BWR ▶ Seite 36 ff. | Handlungsfeld 5, Kap. 6

LS BWR ▶ Seite 37 ff. | Lernsituation 63

Der Prozess der Entgeltabrechnung

Situation

Bettina Lotto ist aktuell in der Personalabteilung der Fly Bike Werke GmbH eingesetzt. Zurzeit steht die Entgeltabrechnung für die Arbeitnehmer an und Frau Lotto soll dabei tatkräftig unterstützen. Bereits während der schulischen Ausbildung hat sie einiges über die Entgeltabrechnung und insbesondere den Rechenweg vom Brutto- zum Nettolohn gelernt. Bettina ist also gut vorbereitet und hofft ihre Kenntnisse nun auch sinnvoll in der Praxis anwenden zu können. Da es bei der Fly Bike Werke GmbH immer wieder zu Schwierigkeiten und Verzögerungen im Prozess der Entgeltabrechnung kommt, beschließt die Geschäftsleitung, einen eindeutigen Ablauf für die Personalentlohnung zu definieren. Der Ablauf soll wieder als Ereignisgesteuerte Prozesskette dargestellt werden. Am Nachmittag kommt Ihre Vorgesetzte auf Sie zu:

Frau Linden Hallo Frau Lotto, ich weiß, dass Sie nach ein paar Wochen in der Personalabteilung noch nicht mit allen Arbeitsabläufen der Entgeltabrechnung vertraut sind, aber ich weiß auch, dass Sie sich aktuell in der Berufsschule mit den Prozessen der Gehaltsabrechnung beschäftigt haben. Die Tätigkeiten, die durchgeführt werden, um zu einer Entgeltabrechnung zu kommen, sind in unserem Unternehmen nicht klar genug gegliedert. Könnten Sie sich die Abläufe zur Erstellung der Entgeltabrechnungen noch einmal genauer anschauen und die Arbeitsabläufe als Ereignisgesteuerte Prozesskette darstellen?

Bettina Lotto Ja, klar. Das mache ich doch gerne. Allerdings bin ich mir unsicher, ob ich alle Arbeitsabläufe, die zur Berechnung des Gehaltes notwendig sind, wirklich kenne.

Frau Linden Ich versuche, Ihnen das einmal möglichst knapp und übersichtlich zu erklären: Damit wir eine Transparenz der Abläufe bei der Lohn- und Gehaltsabrechnung erreichen und das grundlegende Schema der Abrechnung für alle Beteiligten nachvollziehbar wird, teilen wir die Durchführung in Phasen ein.

Zur monatlichen allgemeinen Lohn- und Gehaltsberechnung gehen wir folgendermaßen vor – ich habe das für Sie hier schon einmal zusammengestellt und ausgedruckt.

Phase 1: Vorbereitung und Durchführung

1 Wir überprüfen alle Arbeitnehmerstammdaten auf Richtigkeit und Vollständigkeit.
2 Falls sich Abweichungen ergeben, ändern wir die Personalstammdaten entsprechend.
3 Weiterhin erfassen wir Urlaubs-, Krank- und Fehltage.
4 Falls es Korrekturabrechnungen zum Vormonat gibt, führen wir sie durch.
5 Anschließend führen wir die eigentliche Abrechnung durch. Dazu gehören:
   a Erstellen der Brutto/Nettoberechnung
   b Lohnsteueranmeldung
   c Beitragsnachweise für die Krankenkassen
   d Erstellen und Übermitteln der Protokolle zu den Löhnen, Gehältern, etc.
   e Erstellen von individuellen Listen für die unterschiedlichen Abteilungen der Fly Bike Werke GmbH auf Anfrage

Phase 2: Versand

1 Nach der Erstellung der Entgeltabrechnungen kuvertieren wir die Abrechnungen für die Mitarbeiter.
2 Im Anschluss erfolgt der Versand der Lohnabrechnungen an unsere Mitarbeiter.
3 Gleichzeitig werden die Zahlungsanweisungen der Löhne und Gehälter an unser Kreditinstitut zur Überweisung an unsere Arbeitnehmer übermittelt.
4 Parallel senden wir die Beitragsnachweise an die Krankenkasse und das Finanzamt.
5 Im letzten Schritt gehen alle wichtigen Informationen an unser Rechnungswesen, wo die Gehaltszahlungen dann verbucht werden.werden die Gehaltszahlungen an das Rechnungswesen übermittelt und dort gebucht.

Handlungsaufträge

1 Verschaffen Sie sich einen Überblick über die Begriffe der Entgeltabrechnung und tragen Sie eine eindeutige Erklärung auf dem Arbeitsblatt 28.1 ein. Nutzen Sie dazu Ihr BWL-Schulbuch und recherchieren Sie im Internet.

2 Listen Sie alle Tätigkeiten auf, die Bettina Lotto bei der Berechnung der Entgelte berücksichtigen muss. Achten Sie darauf, dass diese Tätigkeiten in ihrer Reihenfolge sinnvoll geordnet sind. Geben Sie weiterhin alle Informationen an, die die Personalabteilung im Prozess der Entgeltabrechnung benötigt. Führen Sie auch alle Organisationseinheiten (Abteilungen) und benötigten Informationsdokumente (Informationsobjekte) im Ablauf auf. Tragen Sie Ihre Ergebnisse im Arbeitsblatt 28.2 und 28.3 ein

3 Die Geschäftsleitung möchte zum besseren Verständnis eine EPK vorgestellt bekommen. Setzen Sie den Geschäftsprozess zur Entgeltabrechnung bei der Fly Bike Werke GmbH zunächst als Arbeitsskizze handschriftlich um. Übertragen Sie anschließend die Skizze in PowerPoint und erstellen Sie eine EPK. Speichern Sie die Datei unter dem Namen *EPK_Prozess_Entgeltabrechnung_1.pptx* und präsentieren Sie Ihre Ergebnisse. Zur Vereinfachung können Sie die EPK zum einen in die Phase Vorbereitung und Durchführung und zum anderen in die Phase Versand aufteilen.

4 Führen Sie im Plenum eine Feedbackrunde zur Aufgabe „Erstellung einer Ereignisgesteuerten Prozesskette" in Form eines Blitzlichts durch. Überlegen Sie sich hierzu zunächst gemeinsam eine allgemeine Frage, die durch ein Wort oder einen kurzen Satz beantwortet werden kann. Mögliche Leitfragen könnten sein:

a Wie fühle ich mich momentan?

b Wie zufrieden bin ich mit dem Ergebnis?

c Wie habe ich die Problemstellung wahrgenommen?

d Hat mir der Unterricht Freude bereitet?

Arbeitsblatt 28.1 (2 Seiten) | Notwendige Begriffe für den allgemeinen Ablauf einer Entgeltberechnung

Begriff aus der Entgeltabrechnung	Erklärung
Bruttoentgelt	
Sozialversicherungspflichtiges Bruttoentgelt	
Lohnsteueranmeldung	
Kirchensteuer	
Solidaritätszuschlag	
Lohnsteuertabelle	

Begriff aus der Entgeltabrechnung	Erklärung
Steuerklasse	
Gesetzliche Krankenversicherung	
Pflegeversicherung	
Rentenversicherung	
Arbeitslosenversicherung	
Unfallversicherung	
Vermögensbildung	

Arbeitsblatt 28.2 | Ereignisse und Funktionen der Entgeltabrechnung (Phase 1: Vorbereitung und Durchführung)

Nr.	Ereignis	Funktion (Tätigkeit)	Informationsobjekt	Organisationseinheit
1				
2				
3				
4				
5				
6				
7				
8				
9				
10				

Arbeitsblatt 28.3 | Ereignisse und Funktionen der Entgeltabrechnung (Phase 2: Versand)

Nr.	Ereignis	Funktion (Tätigkeit)	Informationsobjekt	Organisationseinheit
1				
2				
3				
4				
5				
6				
7				
8				
9				
10				

Folgesituation

Nachdem Bettina eine Ereignisgesteuerte Prozesskette zum allgemeinen Ablauf der Entgeltabrechnung erstellt und sie Frau Linden präsentiert hat, kommt sie mit ihrer Vorgesetzten erneut ins Gespräch.

Bettina Lotto Ich habe den Geschäftsprozess zur Entgeltabrechnung erstellt und kenne nun auch die Tätigkeiten und Abläufe, die anfallen. Aber gerade die Berechnung des Nettolohnes verläuft ja nicht immer so reibungslos. Dort müssen viele Vorgaben berücksichtigt werden und es können sich eine Menge Fehler einschleichen.

Frau Linden Ja, da haben Sie Recht. Es ist auch schon vorgekommen, dass die Personalabteilung für einen Mitarbeiter eine falsche Berechnung durchgeführt hat. Meistens sind es Kleinigkeiten, die keine Berücksichtigung finden, aber den Mitarbeiter bei der Übergabe der Monatsabrechnung irritieren. Bettina, was schlagen Sie vor?

Bettina Lotto Ich schlage vor, dass ich den bereits von mir erstellten Prozess erweitere. Ich würde am liebsten einen Teilprozess einfügen, der nur die Ereignisse und Tätigkeiten vom Brutto- zum Nettolohn beinhaltet. Was halten Sie davon?

Frau Linden Eine gute Idee, Bettina! Ergänzen Sie den Gesamtprozess um Ihren vorgeschlagenen Teilprozess. Ich gebe Ihnen dazu noch ein paar Hinweise:

Bei der Durchführung der Lohn- und Gehaltsabrechnung geht die Personalabteilung folgendermaßen vor: Zuerst wird das Bruttogehalt aus dem Stammblatt des Mitarbeiters entnommen. Anschließend werden vermögenswirksame Leistungen (VL) des Arbeitgebers auf das Bruttogehalt aufaddiert. Hier ist wichtig zu wissen, dass nicht jeder Mitarbeiter diese Leistungen bezieht.

Einige Mitarbeiter, besonders in der Produktion, bekommen Prämien oder Überstundenvergütungen. Diese Lohn- bzw. Gehaltsbestandteile sind als Sonderzahlungen auf das Bruttogehalt anzurechnen. Im Anschluss wir dann das Bruttoentgelt bestimmt.

Anschließend werden folgende Beträge vom Bruttoentgelt abgezogen:
1 Lohnsteuer (LSt)
2 Solidaritätszuschlag (SolZ)
3 Kirchensteuer (KiSt)
4 Rentenversicherung
5 Arbeitslosenversicherung
6 Krankenversicherung
7 Pflegeversicherung

Daraus ergibt sich das Nettoentgelt, das wir dem Mitarbeiter auszahlen.
Wir besprechen Ihre Ergänzungen dann wieder. Frohes Schaffen!

Handlungsaufträge

1 Setzen Sie den Geschäftsprozess Personalabrechnung vom Brutto- zum Nettolohn bei der Fly Bike Werke GmbH zunächst auf Arbeitsblatt 28.4 als Arbeitsskizze handschriftlich um. Übertragen Sie anschließend die Skizze in PowerPoint. Speichern Sie die Datei unter dem Namen *EPK_Prozess_Entgeltabrechnung_2.pptx*. Vergessen Sie in Ihrer EPK nicht, auch alle notwendigen Informationsobjekte und Organisationseinheiten einzutragen.

2 Präsentieren Sie Ihre Ergebnisse im Plenum.

Arbeitsblatt 28.4 | Prozessablauf vom Brutto- zum Nettolohn

Organisationssicht	Ereignissicht	Funktionssicht	Datensicht

Brutto-/
Nettoabrechnung ist
durchzuführen

Arbeitsblatt 28.4 | Prozessablauf vom Brutto- zum Nettolohn

Fortsetzung Prozessablauf vom Brutto- zum Nettolohn

Organisationssicht	Ereignissicht	Funktionssicht	Datensicht

Fortsetzung Prozessablauf vom Brutto- zum Nettolohn

Aufgaben

Aufgabe 1
Erklären Sie am Beispiel des Geschäftsprozesses „Allgemeine Entgeltabrechnung", was Teilprozesse sind. Warum ist es sinnvoll, einen Teilprozess zu definieren. Nennen Sie zwei Vorteile.

Aufgabe 2
Stellen Sie anhand des Beispiels „Allgemeine Entgeltabrechnung" die Vorteile der Geschäftsprozessorientierung im Vergleich zur Funktionsbeschreibung in einer kurzen Präsentation dar. Gehen Sie weiterhin auf die Vorteile der Prozessorientierung für die Mitarbeiter der Personalabteilung ein. Welche Vorteile entstehen für die Mitarbeiter durch die Strukturierung von Abläufen in Form von Ereignisgesteuerten Prozessketten?

Aufgabe 3
Bitte prüfen Sie, ob in der nebenstehenden Abbildung die richtigen Bezeichnungen, Beziehungen und Symbole gewählt wurden.

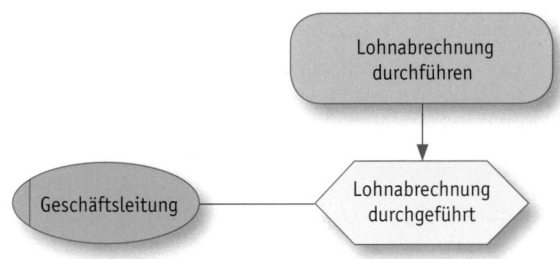

Aufgabe 4
Beschreiben Sie den Unterschied zwischen einem Ereignis und einer Tätigkeit (Funktion).

Lesen Sie folgende EPK-Beschriftungen und kreuzen Sie an: E für Ereignis und F für Funktion

	E	F
• Lohnsteuerbetrag berechnen	☐	☐
• Mitarbeiter sind eingestellt	☐	☐
• Personalbuchungen durchführen	☐	☐
• Lohnsteuerbetrag berechnet	☐	☐
• Mitarbeiter einstellen	☐	☐
• Personalbuchungen sind durchgeführt	☐	☐
• Stammdaten mit aktuellen Mitarbeiterdaten überprüfen	☐	☐
• Zum nächsten Mitarbeiter wechseln	☐	☐
• Personalabrechnung buchen	☐	☐

Aufgabe 5
Erweitern Sie Ihre Lernkartei.

Aufgabe 6
Führen Sie Ihr Lerntagebuch.

SB BWR ▶ Seite 41 ff. | Handlungsfeld 5, Kap. 6.2

LS BWR ▶ Seite 37 ff. | Lernsituation 63
Seite 45 ff. | Lernsituation 64

Eine Entgeltabrechnung erstellen

Situation

Nachdem Bettina Lotto eine Ereignisgesteuerte Prozesskette zur Entgeltabrechnung erstellt und sie der Geschäftsleitung präsentiert hat, kommt Frau Linden erneut auf sie zu.

Frau Linden Hallo Frau Lotto, Sie haben wirklich eine tolle Arbeit geleistet. Ich möchte Ihnen eine weitere Aufgabe übertragen. Unsere Datenbank wird zur Zeit überarbeitet. Mitarbeiter haben uns auf Fehler in der Abrechnung aufmerksam gemacht. Die Überprüfung kann einige Zeit in Anspruch nehmen. Wir wollen darum die Entgeltabrechnung auch in Excel durchführen. Damit haben wir eine gute Basis, um auch zukünftig immer wieder einmal Kontrollen durchzuführen. Besonders nach Änderungen sind solche Gegenchecks oft sehr hilfreich.

Wie Sie ja bereits wissen, wird mit der Entgeltabrechnung der Nettoverdienst für einen Mitarbeiter, in der Regel für einen Monat, ermittelt. Damit wir wissen, wie hoch der auszuzahlende Betrag für unsere Mitarbeiter ist, müssen vorab noch die Zulagen, Zuschläge, Zuwendungen und Sachbezüge hinzugezählt werden, um den lohnsteuer- und sozialversicherungspflichtigen Bruttoverdienst zu erhalten. Anschließend müssen wir in der Regel bei der Lohn- bzw. Gehaltszahlung die Lohnsteuer, Kirchensteuer und Sozialversicherungsbeiträge abziehen und an das Finanzamt und die Krankenkasse bzw. Berufsgenossenschaft abführen.

Bettina Lotto Puh, klingt sehr umfangreich und kompliziert. Wie sieht meine Aufgabe denn nun aus?

Frau Linden Damit ich einen schnellen Überblick über den Auszahlungsbetrag des Gehaltes eines Mitarbeiters bekomme, möchte ich eine einfache Gehaltsabrechnung mit einem Tabellenkalkulationsprogramm erstellen. Leider fehlt mir momentan die Zeit und da habe ich an Sie gedacht!

Ich habe bereits auch schon einen ersten Entwurf vorbereitet, den Sie weiter verwenden können. Der Entwurf enthält leider noch keine Funktionen und greift auch nicht auf das entsprechende Personalstammblatt des jeweiligen Mitarbeiters zu. Diese Aufgabe sollen Sie übernehmen! Bitte erstellen Sie mir zum einen die Entgeltabrechnung in MS Excel und entwickeln Sie mir zum anderen ein Datenblatt mit allen notwendigen Stammdaten, die im Rahmen der Abrechnung von uns benötigt werden. Ich möchte, dass die Tabelle zur Entgeltberechnung auf das Stammdatenblatt zurückgreift und die dort eingetragenen Werte übernimmt und zur weiteren Berechnung verwendet! Vielen Dank!

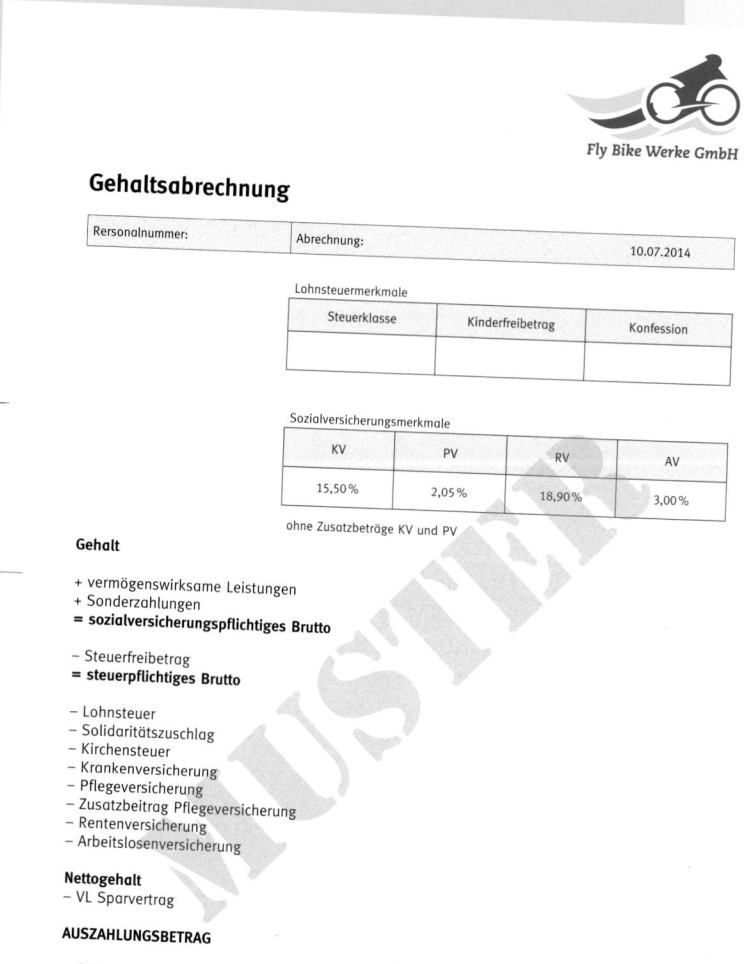

134

Stammdaten des neuen Mitarbeiters Klaus Müller

Mitarbeiter Stammdaten
Fly Bike Werke GmbH

Personalnummer	13025
Nachname	Müller
Vorname	Klaus

Kontakt | Vertrauliche Daten | Abgaben | Betriebliche Daten

Straße	Fischerweg 25
PLZ	26127
Ort	Oldenburg
Land	D
Telefonnummer	441503434

Mitarbeiter Stammdaten
Fly Bike Werke GmbH

Personalnummer	13025
Nachname	Müller
Vorname	Klaus

Kontakt | **Vertrauliche Daten** | Abgaben | Betriebliche Daten

Geburtsdatum	15.01.1984	Bruttogehalt	2.400,00 €
Kontonummer	DE89280101110200897267	Staatsangehörigkeit	Deutsch
BLZ	ESSEDESF280	VL Leistungen AG	13,00 €
Name der Bank	SEB Oldenburg	Sonderzahlungen	200,00 €
Lohnsteuer	366,91 €	Solidaritätszuschlag	0,00 €
Kirchensteuer	33,02 €		

Mitarbeiter Stammdaten
Fly Bike Werke GmbH

Personalnummer	13025
Nachname	Müller
Vorname	Klaus

Kontakt | Vertrauliche Daten | Abgaben | **Betriebliche Daten**

Abteilungsnummer	2	Berufsbezeichnung	Sachbearbeitung Versand
Abteilungsname	Einkauf	Personengruppe	101
Tätigkeit	70142	Gefahrentarif	0,9 kaufmännischer verwaltender Teil
Tät.-Schlüssel A	701	tägl. Arbeitszeit	7,7
Tät.-Schlüssel B	42	Arbeitstage/Woche	5
Kostenstelle	100	Resturlaub	0
Eintrittsdatum	01.04.2007	Urlaubsanspruch VJ	30

Mitarbeiter Stammdaten
Fly Bike Werke GmbH

Personalnummer	13025
Nachname	Müller
Vorname	Klaus

Kontakt | Vertrauliche Daten | **Abgaben** | Betriebliche Daten

Sozialversicherungsnummer	68-150380-G-211
Krankenkasse	AOK,Oldenburg
Steuerklasse	1
Kinderfreibetrag	0
Familienstand	ledig
Konfession	rk
Konfession Ehegatte	unverheiratet
VL Vertrag	40,00 €

Handlungsaufträge

1   Unterstützen Sie Bettina Lotto bei der Erstellung der Berechnungstabelle zur Entgeltabrechnung.
    Erstellen Sie zuerst mithilfe der Informationen, die Ihnen Frau Linden gegeben hat, ein Excel-Datenblatt zur Entgelt-
    abrechnung der Fly Bike Werke GmbH. Orientieren Sie sich am Muster von Seite 134. Benennen Sie das Datenblatt mit
    Entgeltabrechnung.

2   Erstellen Sie weiterhin in einem zweiten Datenblatt die Eingabemaske zur Stammdatenpflege eines Mitarbeiters. Orien-
    tieren Sie sich dabei an den hier abgebildeten Auszügen aus der Datenbank des Unternehmens. Benennen Sie das
    Datenblatt mit *Stammdaten*.

3   Rufen Sie sich mithilfe von Arbeitsblatt 29.1 und 29.2 Ihre
    Kenntnisse zu den Verweisfunktionen von Excel sowie zur
    Arbeit mit mehreren Tabellenblättern in Erinnerung. Nutzen
    Sie diese Informationen, um Ihre zu erstellende Entgeltab-
    rechnung auf dem ersten Blatt Ihrer Exceltabelle mit den
    Stammdaten auf dem zweiten Tabellenblatt zu verbinden.

4   Vervollständigen Sie Ihr Datenblatt Entgeltberechnung, indem
    Sie alle Zellen der Lohnberechnung mit bekannten Formeln und
    Funktionen hinterlegen. Speichern Sie Ihre Datei unter dem
    Namen *Berechnung_Entgelt.xlsx*.

Hinweis

Weisen Sie den Zellen sinnvolle Formate zu, z. B. das
Währungsformat und Prozentformat. Wählen Sie außer-
dem geeignete Formatierungen für eine übersichtliche
Gestaltung der Tabelle, wie z. B. Rahmen und Farben.
Denken Sie auch an die entsprechende Verwendung von
Funktionen und Zellbezügen.

Arbeitsblatt 29.1 | Verweisung auf andere Tabellenblätter

Greifen Sie bei der Bearbeitung der folgenden Aufgaben auch auf den ersten Band der Informationswirtschaft zurück, in dem Sie die Arbeit mit mehreren Tabellenblättern bereits kennengelernt haben (siehe Lernsituation 13, Arbeitsblatt 13.6), oder recherchieren Sie im Internet.

In der Praxis ist es sinnvoll, Daten, die sich ändern, auf getrennten Tabellenblättern zu führen. So kann eine Aktualisierung vorgenommen werden, ohne die entsprechenden Formeln zu verändern.

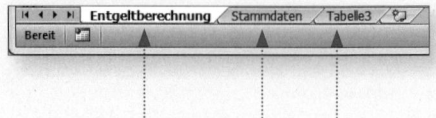

Um innerhalb eines Tabellenfeldes oder in einer Formel auf den Wert eines Feldes in einem anderen Tabellenblatt zugreifen zu können, muss folgende allgemeine Syntax eingegeben werden:

Beispiel

Tabellenblatt Entgeltberechnung

Wenn Sie die Personalnummer aus dem Tabellenblatt Stammdaten angeben wollen, dann geben Sie in die Zelle D6 folgende Funktion ein:

Sie greifen dann auf das Tabellenblatt Stammdaten und auf die Zelle C7 zu.

Wenn Sie die Personalnummer im Tabellenblatt Stammdaten ändern, was ändert sich in der Excel-Tabelle Gehaltsabrechnung?

Arbeitsblatt 29.2 | SVERWEIS

Eine andere Möglichkeit, auf Daten anderer Tabellen oder anderer Tabellenblätter zuzugreifen, ist der SVERWEIS. Mithilfe der Funktion SVERWEIS lassen sich zu einem Zelleninhalt passende Werte aus einem anderen Zellbereich, z. B. einer Tabelle, suchen und in einer weiteren Tabelle anzeigen.

Geben Sie die allgemeine Syntax an:

_____

Wofür stehen folgende Parameter?

Suchkriterium   _____

Matrix   _____

Spaltenindex   _____

Geben Sie die folgenden Tabellen in Excel ein und speichern Sie sie unter dem Namen *MitarbeiterSV.xlsx* ab.

	A	B	C	D	E	F	G	H
1								
2		**Abfrage Mitarbeitergehalt (Brutto)**						
3		**Fly Bike Werke GmbH**						
4							Stammdaten	
5		Übersicht Mitarbeiter einzeln				Personal_Nr.	Nachname	Gehalt Brutto
6						00001	Peters	6.000,00 €
7		Personal_Nr.	Nachname	Gehalt Brutto		00010	Steffes	4.500,00 €
8						00020	Fee	2.526,59 €
9		10000	Thüne	4.726,59 €		10000	Thüne	4.726,59 €
10						11000	Nemitz-Müller	2.893,09 €
11						12100	Schneider	1.976,59 €
12						12200	Özal	1.926,59 €
13						13000	Gilles	2.917,96 €
14						20000	Rother	4.350,00 €
15						20001	Düsentrieb	3.326,59 €
16						20100	Schuhmacher	882,00 €

Füllen Sie die **Zellen C9** und **D9** in der Tabelle *Übersicht Mitarbeiter einzeln* mithilfe der SVERWEIS-Funktion, sodass in der Tabelle Stammdaten die Werte herausgesucht werden, die zu der Personalnummer in der **Zelle B9** passen.

Hinweis
SVERWEIS setzt voraus, dass die Tabelle Stammdaten (die Matrix), in der gesucht werden soll, senkrecht aufgebaut ist und das Suchkriterium in dieser Matrix aufsteigend sortiert ist.

Wie lauten die Formeln für

Zelle C9 _____

Zelle D9 _____

Drücken Sie den Inhalt der Formeln verbal aus:

Zelle C9 _____

_____

Zelle D9 _____

_____

Wodurch unterscheiden sich die Formeln in den Feldern C9 und D9?

_____

_____

Aufgaben

Aufgabe 1

Erstellen Sie eine Lohn- und Gehaltsabrechnung für den nachfolgend genannten Mitarbeiter unter Verwendung einer Tabellenkalkulationssoftware. Nutzen Sie zur Lösung der Aufgabe die Lohnsteuertabelle im Schülerbuch W plus V BWL mit ReWe, Jahrgangsstufe 12 (ISBN 978-3-06-450152-2), Seite 44 (alternativ stellt Ihnen Ihre Lehrkraft eine Kopie zur Verfügung).

a   Jan Sales, 33 Jahre, arbeitet im Vertrieb der Fly Bike Werke. Er verdient 2.610,00 € monatlich (keine Sonderzahlungen, keine VL). Er ist Mitglied einer Kirche (Kirchensteuersatz 9 %), unverheiratet und ohne Kinder. Errechnen Sie seinen Nettoauszahlungsbetrag unter Verwendung geeigneter Funktionen in Excel.

b   Herr Sales beschließt, aus der Kirche auszutreten. Nehmen Sie die Änderungen in Ihrer erstellten Tabelle vor. Wie ändert sich hierdurch sein Nettoauszahlungsbetrag?

c   Herr Sales heiratet seine Freundin. Da sie in etwa genauso viel verdient wie Herr Sales, wählen beide Steuerklasse IV. Wie ändert sich hierdurch sein Nettoauszahlungsbetrag? (Achtung: Denken Sie daran, dass Herr Sales aus der Kirche ausgetreten ist.)

d   Die Frau von Herrn Sales macht eine Weiterbildung und verfügt über kein eigenes Einkommen mehr. Wie ist die Steuerklasse zu ändern? Wie ändert sich hierdurch der Nettoauszahlungsbetrag?

Aufgabe 2

a   Welche Vorteile entstehen bei der Verwendung der Funktion SVERWEIS in Excel?

b   Geben Sie die allgemeine Formel für den SVERWEIS an.

c   Geben Sie eine kurze Erklärung der folgenden Bestandteile der Funktion SVERWEIS an:

Bestandteil SVERWEIS	Erklärung
Suchkriterium	
Matrix	
Spaltenindex	

d   Wodurch unterscheiden sich der SVERWEIS und der WVERWEIS? Geben Sie jeweils ein Beispiel, wann Sie welche Funktion nutzen. Greifen Sie dabei auch auf Arbeitsblatt 13.4 aus dem Band W plus V Informationswirtschaft, Jahrgangsstufe 11, S. 181 zurück.

Aufgabe 3

Die Fly Bike Werke GmbH möchte schnell in Erfahrung bringen, welcher Mitarbeiter wie viel Entgelt bezieht und wie er eingruppiert ist. Entwickeln Sie eine Excel-Tabelle zur schnellen Abfrage und Anzeige der Ergebnisse.

a   Erstellen Sie die Datei *Staffelung_Eingruppierung.xlsx* nach unten abgebildetem Muster und ermitteln Sie mithilfe einer geeigneten, kopierfähigen Formel Nachname, Gehalt Brutto und Eingruppierung. Nutzen Sie die Ihnen bekannte Funktion SVERWEIS.

Der grau hinterlegte Bereich stellt den Eingabebereich dar. Wenn Sie hier eine Veränderung der Personalnummer vornehmen, sollten die entsprechenden Werte aus der Tabelle Stammdaten entnommen werden und in die Tabelle Übersicht Mitarbeiter einzeln eingetragen werden (Zellen C9 und D9).

⊿	A	B	C	D	E	F	G	H	I	J
1										
2										
3										
4								Stammdaten		
5			Übersicht Mitarbeiter einzeln				Personal_Nr.	Nachname	Gehalt Brutto	Eingruppierung
6							00001	Peters	6.000,00 €	1
7		Personal_Nr.	Nachname	Gehalt Brutto	Eingruppierung		00010	Steffes	4.500,00 €	1
8							00020	Fee	2.526,59 €	2
9		00001	Peters	6.000,00 €	1		10000	Thüne	4.726,59 €	1
10							11000	Nemitz-Müller	2.893,09 €	2
11							12100	Schneider	1.976,59 €	3
12							12200	Özal	1.926,59 €	3
13							13000	Gilles	2.917,96 €	2
14							20000	Rother	4.350,00 €	1
15							20001	Düsentrieb	3.326,59 €	1
16							20100	Schuhmacher	882,00 €	4

b   Wie verändert sich die Tabelle Übersicht Mitarbeiter einzeln, wenn Sie die Personalnummer auf 11000 ändern?

c   Nennen Sie zwei Vorteile bei der Verwendung der Funktion SVERWEIS.

SB BWR ▸ Seite 41 ff. | Handlungsfeld 5, Kap. 6.2 und 6.3

LS BWR ▸ Seite 37 ff. | Lernsituation 63 und 64

Software-Ergonomie

Situation

Herr Müller sitzt vor seinem PC und möchte die Entgeltabrechnung für den Mitarbeiter Robert Gilles mithilfe eines Tabellenkalkulationsprogrammes vornehmen. Seine Anwendung *Entgeltabrechnung Fly Bike Werke GmbH* meldet in einem Dialogfenster plötzlich: „Fehler in der Anwendung #201. Eingabe wird abgebrochen."

Herr Müller möchte die aktuelle Eingabemaske gerne schließen, aber leider passiert nichts. Er ist irritiert und kontaktiert eine

erfahrene Kollegin. Leider weiß auch sie keinen Rat. Auch nach einigem Probieren bleibt nichts anderes übrig, als die Anwendung zu schließen. Leider können die zuvor mühsam eingegebenen Daten nicht mehr gespeichert werden. Alle Informationen der letzten Stunde sind verloren.

Herr Müller ist wütend. Nun muss alles erneut eingeben werden und er hat Sorge, dass dieser Fehler erneut auftritt. Außerdem ist er sehr unzufrieden mit dem strukturellen Aufbau der Eingabemaske. Er findet das Tabellenblatt sehr irreführend und teilweise kann er die Schrift aufgrund der Größe und Farbe schlecht lesen. Seinen Feierabend gegen 17:00 Uhr kann er somit vergessen. Überstunden drohen! Damit er nicht erneut Daten eingibt, die verloren gehen, bittet er Bettina Lotto um Hilfe.

Handlungsaufträge

1   Welche Problemstellung ergibt sich aus der Situation? Erstellen Sie eine Übersicht wie in Arbeitsblatt 15.1 (oder nutzen Sie die Kopiervorlage, die Ihre Lehrkraft Ihnen zur Verfügung stellt).

2   Recherchieren Sie, inwiefern es durch schlecht gestaltete Software und Anwendungsdateien zu Fehlermeldungen und Datenverlusten kommen kann.

3   Unterstützen Sie Bettina Lotto bei der Vorbereitung einer Übersicht zu den Grundlagen der ergonomischen Softwaregestaltung und klären Sie unter Verwendung der Informationsblätter 30.1 und 30.2 und einer Internetrecherche die wichtigsten Aspekte ergonomischer Software. Nutzen Sie hierzu das Arbeitsblatt 30.1.

4   Stellen Sie die drei wesentlichen Gestaltungsbereiche der ergonomischen Softwaregestaltung heraus und erklären Sie sie kurz. Beziehen Sie diese Ansätze in einen Verbesserungsvorschlag, den Sie für das Tabellenblatt Entgeltberechnung vornehmen, ein. Nutzen Sie zur strukturierten Darstellung das Arbeitsblatt 30.2.

5   Suchen Sie sich einen Lernpartner, mit dem Sie die unter 3 bearbeiteten Aspekte anschließend besprechen. Teilen Sie die Übersicht zu den Grundlagen der ergonomischen Softwaregestaltung in zwei Hälften ein und machen Sie sich jeweils zum „Experten" für einen Abschnitt. Anschließend erklären Sie Ihrem Lernpartner den Inhalt Ihrer Zusammenfassung. Damit Ihr Lernpartner Ihnen aufmerksam zuhört, bauen Sie zwei kleine Fehler ein, die er herausfinden muss. Geben Sie sich anschließend ein konstruktives Feedback und berichten Sie im Plenum über die Erfahrungen und Schwierigkeiten bei Bearbeitung der Aufgabe.

6   Strukturieren Sie das Tabellenblatt neu und beachten Sie die unter 3 und 4 erstellten Grundlagen der ergonomischen Softwaregestaltung. Setzen Sie anschließend das Tabellenblatt in Excel entsprechend der Gestaltungsgrundlagen um. Speichern Sie die Datei unter *Entgeltabrechnung_neu_[Ihr Nachname].xlsx* und geben Sie Herrn Müller die neue Datei zur Entgeltberechnung.

Arbeitsblatt 30.1 | Ergonomische Softwaregestaltung

Grundlagen

Aspekte der ergonomischen Softwaregestaltung	Erklärung in eigenen Worten	Beispiel
Wahrnehmen		

Informationsblatt 30.1 | Software-Ergonomie – Grundlagen

Software-Ergonomie wird in der heutigen Zeit immer wichtiger, insbesondere für Menschen, die täglich an den Bildschirmen arbeiten. Softwareprogramme mit einer grafischen Benutzungsoberfläche haben die Bedienung unterschiedlicher Anwendungen stark vereinfacht. Allerdings gilt es bei der Erstellung von Anwendungen, z. B. Tabellenkalkulationen oder Datenbankanwendungen, gewisse Regeln einzuhalten. Die Regeln zur Gestaltung von Software werden unter dem Begriff der Software-Ergonomie zusammengefasst.

Was wird unter Software-Ergonomie verstanden?
Eine Software unterstützt die geistige Arbeit von Menschen. Leitfrage ist, wie lassen sich Anwendungen gestalten, mit denen der Benutzer sich intuitiv auseinandersetzen kann und durch die sein menschliches Arbeitshandeln gefördert wird. Ziel ist es, die Software an den Menschen anzupassen und nicht umgekehrt den Menschen an die Technik. Bei der Software-Ergonomie steht die Benutzbarkeit und Gebrauchstauglichkeit von Anwendungen im Vordergrund. Auf diese Weise sollen sowohl die Gesundheit als auch die Sicherheit, das Wohlbefinden und das Leistungsvermögen der Mitarbeiter erhalten bzw. verbessert werden.

Ergonomische Software mindert Belastungen
Schlechte oder suboptimale Softwaregestaltung kann zu erhöhtem Ärger, Frustration und ebenso zu Fehlern und Zeitverlust bei der Bedienung führen. Die psychischen Belastungen nehmen zu. Sie können sich z. B. in Kopfschmerzen, Augenflimmern oder Stress äußern. Die Software-Ergonomie beinhaltet natürlich auch die rechtsverbindlichen Mindestanforderungen, die bei Bildschirmarbeitsplätzen eingehalten werden müssen.

Die gesetzliche Grundlage bildet die Bildschirmarbeitsverordnung.

> **§ 2 Begriffsbestimmung**
>
> (1) Bildschirmgerät im Sinne dieser Verordnung ist ein Bildschirm zur Darstellung alphanumerischer Zeichen oder zur Grafikdarstellung, ungeachtet des Darstellungsverfahrens.
>
> (2) Bildschirmarbeitsplatz im Sinne dieser Verordnung ist ein Arbeitsplatz mit einem Bildschirmgerät, der ausgestattet sein kann mit
>   1. Einrichtungen zur Erfassung von Daten,
>   2. Software, die den Beschäftigten bei der Ausführung ihrer Arbeitsaufgaben zur Verfügung steht,
>   3. Zusatzgeräten und Elementen, die zum Betreiben oder Benutzen des Bildschirmgeräts gehören, oder
>   4. sonstigen Arbeitsmitteln,
>   sowie die unmittelbare Arbeitsumgebung.
>
> (3) Beschäftigte im Sinne dieser Verordnung sind Beschäftigte, die gewöhnlich bei einem nicht unwesentlichen Teil ihrer normalen Arbeit ein Bildschirmgerät benutzen.

Auszug aus der Bildschirmarbeitsverordnung

Quelle: Verordnung über Sicherheit und Gesundheitsschutz bei der Arbeit an Bildschirmgeräten
   (Bildschirmarbeitsverordnung – BildscharbV)
   http://www.gesetze-im-internet.de/bundesrecht/bildscharbv/gesamt.pdf

Ziele der Software-Ergonomie
Zentrale Aspekte im Rahmen der Softwaregestaltung sind zum einen der Dialog, d. h. die Interaktion des Benutzers/der Benutzerin mit dem Programm und seinen Menüs und Befehlen, die er braucht, um seine Aufgabe zu erledigen. Zum anderen spielt die **Benutzungsoberfläche** des Programms mit der Anordnung z. B. der **Informationen**, der Wahl der **Farben** und **Zeichengrößen** eine entscheidende Rolle.

Gelungene Anordnung von Schriftfarbe und Hintergrund	Nicht gelungene Anordnung von Schriftfarbe und Hintergrund
Dieser Text ist gut lesbar	Dieser Text ist kaum lesbar

Beispiel für die Auswahl von Farben und Schriften

Ein weiteres Ziel der Gestaltung ist es, ein handhabbares Programm zu entwickeln, das es dem Benutzer ermöglicht, die Anwendung leicht zu erlernen und zu bedienen.

Informationsblatt 30.2 (2 Seiten) | Software-Ergonomie – Softwaregestaltung

Welche Aspekte sind bei der Softwaregestaltung zu berücksichtigen?

Aspekt	Erklärung
Wahrnehmen	**Hier geht es darum, wann und wie ein Benutzer Informationen wahrnimmt.** Der Benutzer sucht Informationen in einer Anwendung und nimmt sie ggf. nicht sofort wahr. Ziel der Software-Ergonomie ist es, diese Informationsaufnahme für den Benutzer zu erleichtern. Das kann durch Einfachheit, Regelmäßigkeit und Symmetrie in der Anwendung erreicht werden. Folgen bei Nichtbeachtung: • Belastung für das Auge • Erhöhter Konzentrationsbedarf • Motivationsschwierigkeiten
Verstehen	**Hier geht es darum, dass der Benutzer Informationen, die in der Anwendung enthalten sind, versteht.** Möglicherweise werden die Bedeutung der Begriffe, Abkürzungen oder Anweisungen auf dem Bildschirm nicht verstanden. Die Entwickler von Anwendungen setzen sich lange mit der Erstellung einer Software auseinander und wissen, wie das Programm funktioniert. Dem Benutzer erschließt sich die Funktionsweise aber nicht unbedingt sofort. Anwendungen, die diesen Aspekt nicht berücksichtigen, haben zur Folge, dass zusätzlich Zeit benötigt wird, um die Bedeutung der Informationen zu verstehen. Sie bremsen den flüssigen Arbeitsablauf und sollten somit vermieden werden.
Gewöhnen	**Hier geht es darum, die Gewohnheiten des Benutzers auch in der Anwendung zu berücksichtigen.** Der Anwender entwickelt bestimmte Gewohnheiten im Arbeitsalltag. Ein Benutzer ist es beispielsweise gewohnt, sich im Arbeitsalltag Notizen für gewisse Arbeitsabläufe zu machen oder eine Struktur der Abläufe anzufertigen. Unter ergonomischen Aspekten sollte eine Software eine ähnliche Funktion anbieten. Erst dann kann die Akzeptanz für den Gebrauch der Software geschaffen werden und der Benutzer nutzt die Anwendung zielführend.
Verhalten	**Hier geht es darum, wie der Benutzer sich gegenüber der Software verhält und welche Einstellungen er zu der Software hat.** Ist der Anwender zufrieden, ist er motiviert. Fühlt er sich der Software nicht ausgeliefert, so ist schon ein mögliches Ziel der Software-Ergonomie erreicht. Beispiel: Bietet die Software mehrere Möglichkeiten zur Eingabe (z. B. durch Dialogfenster) kann der Benutzer seine Arbeitsweise im Umgang mit der Software selbst gestalten.

Für eine ergonomische Gestaltung von Softwareanwendungen sind insbesondere die Gestaltung der sichtbaren Oberfläche, Abläufe und Funktionen relevant. Der Anwender oder die Anwenderin möchte mit einer Software arbeiten, die die Arbeit unterstützt und somit erleichtert. Ziel ist es, leichter, schneller und besser mit der Anwendung zu arbeiten und die anfallenden Tätigkeiten durch Verwendung einer ergonomisch gestaltenden Software zu optimieren.

Um negative Folgen der Softwarenutzung zu vermeiden, sind grundsätzliche Aspekte aus ergonomischer Sicht zu beachten. Dafür ist es notwendig zu verstehen, wie Menschen aus psychologischer und physiologischer Sicht Informationen verarbeiten.

Gestaltung von Anwendungen unter ergonomischen Aspekten
Ergonomie lässt sich in drei große Gestaltungsbereiche unterteilen:
- **Masken**
  Die Gestaltung von Informationen auf dem Bildschirm ist eine der wesentlichen Bereiche der Software-Ergonomie. Dazu gehören **Farben**, **Schrift** und **grafische Elemente** wie Schaltflächen, **Icons** etc. Dieser Bereich bezieht sich auf die Wahrnehmung von Information.
- **Menüs**
  Ein weiterer Gestaltungsbereich sind Menüs. Dieser Bereich setzt insbesondere Wissen über die Erwartungen und Denkweisen der Benutzer voraus.
- **Dialoge**
  Ein dritter Gestaltungsbereich ist der Dialog mit dem System. Er betrifft z. B. Tastenkombinationen, Tab-Wege, Schaltflächenanordnungen. Hier ist die Ökonomie der Bedienung wichtig.

Anforderungen an die Software-Ergonomie sind gesetzlich geregelt und genormt. Die Normenreihe DIN EN ISO 9241 legt z. B. **verschiedene Grundsätze der Menü-, Masken-, Farb- und Dialoggestaltung** fest. Diese Grundsätze müssen beim Softwareeinsatz am Arbeitsplatz berücksichtigt werden.

Bezogen auf die Erstellung von Tabellenkalkulationsanwendungen können folgende Hinweise hilfreich bei der ergonomischen Gestaltung sein und sollten Berücksichtigung finden:

Farbige Hervorhebung
Umfangreiche Tabellen sind besser lesbar, wenn sie farbig strukturiert sind.

Mit bedingten Formatierungen können Sie zum Beispiel jede zweite Zeile mit einem farbigen Hintergrund versehen. Eine Tabelle kann mit Füllfarben, Mustern und Rahmen deutlich aufgewertet werden. Zum Teil werden Tabellen dadurch erst gebrauchsfähig.

Unterschiedliche Schriftgrößen
Anwendungen sind leichter lesbar und lassen sich für das menschliche Auge besser strukturieren, wenn unterschiedliche Schriftgrößen verwendet werden.

Überschriften für einzelne Tabellen
Jede Tabelle sollte eine eigene Überschrift haben. Das ermöglicht dem Benutzer die schnelle Aufnahme von relevanten Informationen und spart Zeit in der Navigation durch die Tabellenanwendung.

Es lassen sich noch weitere Aspekte aufführen, die Berücksichtigung finden sollten. Ihre Aufgabe muss es sein, ein Gespür für die ergonomische Gestaltung von Anwendungen zu entwickeln. Haben Sie eine Anwendung – zum Beispiel eine Abrechnungstabelle – entworfen, lassen Sie sie von mindestens einer weiteren Person testen. Diese Person kann Ihnen Rückmeldung geben, die Ihnen hilft, Ihren Entwurf unter ergonomischen Gesichtspunkten zu überarbeiten.

Beispiel
Gestaltung von Tabellen in MS Excel

Personal_Nr.	Nachname	Gehalt Brutto	Eingruppierung
00001	Peters	6.000,00 €	1
00010	Steffes	4.500,00 €	1
00020	Fee	2.526,59 €	2
10000	Thüne	4.726,59 €	1
11000	Nemitz-Müller	2.893,09 €	2
12100	Schneider	1.976,59 €	3
12200	Özal	1.926,59 €	3
13000	Gilles	2.917,96 €	2
20000	Rother	4.350,00 €	1
20001	Düsentrieb	3.326,59 €	1
20100	Schuhmacher	882,00 €	4

Tabelle 1: Nicht gelunge Umsetzung unter ergonomischen Aspekten

Stammdaten			
Personal_Nr.	Nachname	Gehalt Brutto	Ein-gruppierung
00001	Peters	6.000,00 €	1
00010	Steffes	4.500,00 €	1
00020	Fee	2.526,59 €	2
10000	Thüne	4.726,59 €	1
11000	Nemitz-Müller	2.893,09 €	2
12100	Schneider	1.976,59 €	3
12200	Özal	1.926,59 €	3
13000	Gilles	2.917,96 €	2
20000	Rother	4.350,00 €	1
20001	Düsentrieb	3.326,59 €	1
20100	Schuhmacher	882,00 €	4

Tabelle 2: Gelunge Umsetzung unter ergonomischen Aspekten

Arbeitsblatt 30.2 | Elemente der Softwaregestaltung

Gestaltungsbereiche

Gestaltungselement	Erklärung	Verbesserungsvorschlag für das Tabellenblatt Entgeltabrechnung
Masken		

Aufgaben

Aufgabe 1

a Was wird unter Softwareergonomie verstanden? Recherchieren Sie dazu im Internet eine gängige Definition. Erklären Sie weiterhin in eigenen Worten die Ziele, die mit einer ergonomischen Softwaregestaltung erreicht werden sollen.

b Geben Sie zwei prägnante Beispiele für die Softwareergonomie!

Aufgabe 2

Bei der Software-Ergonomie wird der Aspekt der Wahrnehmung als ein Gestaltungselement berücksichtigt. Erklären Sie den Aspekt der Wahrnehmung und nennen Sie zwei Beispiele, wie die Wahrnehmung für den Anwender verbessert werden kann.

Aufgabe 3

Folgende Tabelle liegt Ihnen vor:

Personal_Nr	Nachname	Bruttogehalt
00001	Peters	6.000,00 €
00010	Steffes	4.500,00 €
00020	Fee	2.526,59 €
10000	Thüne	4.726,59 €
11000	Nemitz-Müller	2.893,09 €
12100	Schneider	1.976,59 €
12200	Özal	1.926,59 €
13000	Gilles	2.917,96 €
20000	Rother	4.350,00 €
20001	Düsentrieb	3.326,59 €
20100	Schuhmacher	882,00 €
21000	Glaner	3.490,00 €
21100	Exakt	3.990,00 €
21200	Time	3.210,00 €
21300	Work	3.950,00 €
21400	Gerster	550,00 €
22100	Sammer	3.800,00 €
22201	Beck	2.890,00 €
22202	Larsen	3.200,00 €

Erstellen Sie einen Verbesserungsvorschlag unter Berücksichtigung der in Informationsblatt 30.2 Software-Ergonomie – Softwaregestaltung enthaltenen Informationen. Nutzen Sie zur Bearbeitung ein Tabellenkalkulationsprogramm. Stellen Sie Ihren Verbesserungsvorschlag einem Mitschüler/einer Mitschülerin vor.

Gegen welche ergonomischen Gestaltungsaspekte wurde in der obigen Tabelle verstoßen?

Aufgabe 4

Recherchieren Sie im Internet fünf weitere Gestaltungsaspekte, die bei der Erstellung von Tabellen berücksichtigt werden sollten. Erstellen Sie eine Übersicht nach folgendem Muster in MS Word. Speichern Sie die Datei und vergleichen Sie Ihre Ergebnisse mit Ihren Mitschülern/Mitschülerinnen und ergänzen Sie fehlende Informationen.

Nützliche Gestaltungsaspekte bei der Erstellung von Tabellen		
Element	Erklärung	Beispiel
1 ...	...	...

Aufgabe 5

Erweitern Sie Ihre Lernkartei.

Aufgabe 6

Ergänzen Sie Ihr Lerntagebuch.

SB BWR ▸ Seite 41 ff. | Handlungsfeld 7, Kap. 6.2 und 6.3

LS BWR ▸ Seite 37 f. | Lernsituation 63 und 64

Entgeltabrechnung mit der Datenbank

Situation

Der Prozess der Entgeltabrechnung in der Fly Bike Werke GmbH soll effizienter werden. Mit der EPK aus Lernsituation 28 und der Entgeltabrechnung, die Bettina Lotto mithilfe des Tabellenkalkulationsprogramms Excel erstellt hat, ist bereits gute Vorarbeit geleistet, sodass Frau Linden ihre Auszubildende auch mit der nächsten Aufgabe betraut, der Überprüfung der programmierten Datenbank zur Entgeltabrechnung.

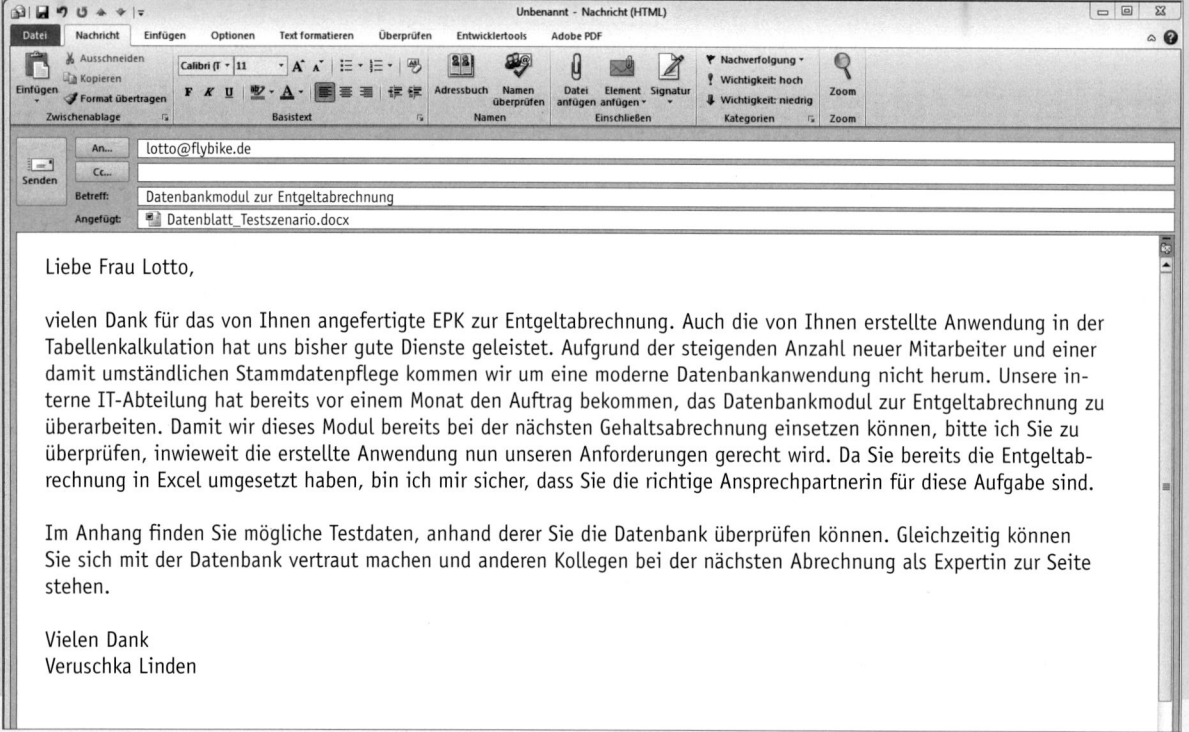

Liebe Frau Lotto,

vielen Dank für das von Ihnen angefertigte EPK zur Entgeltabrechnung. Auch die von Ihnen erstellte Anwendung in der Tabellenkalkulation hat uns bisher gute Dienste geleistet. Aufgrund der steigenden Anzahl neuer Mitarbeiter und einer damit umständlichen Stammdatenpflege kommen wir um eine moderne Datenbankanwendung nicht herum. Unsere interne IT-Abteilung hat bereits vor einem Monat den Auftrag bekommen, das Datenbankmodul zur Entgeltabrechnung zu überarbeiten. Damit wir dieses Modul bereits bei der nächsten Gehaltsabrechnung einsetzen können, bitte ich Sie zu überprüfen, inwieweit die erstellte Anwendung nun unseren Anforderungen gerecht wird. Da Sie bereits die Entgeltabrechnung in Excel umgesetzt haben, bin ich mir sicher, dass Sie die richtige Ansprechpartnerin für diese Aufgabe sind.

Im Anhang finden Sie mögliche Testdaten, anhand derer Sie die Datenbank überprüfen können. Gleichzeitig können Sie sich mit der Datenbank vertraut machen und anderen Kollegen bei der nächsten Abrechnung als Expertin zur Seite stehen.

Vielen Dank
Veruschka Linden

Handlungsaufträge

1 Versetzen Sie sich wieder in die Lage von Bettina Lotto und planen Sie Ihr Vorgehen systematisch. Strukturieren Sie Ihr Vorgehen mithilfe einer Übersicht wie auf Arbeitsblatt 15.1 (bzw. nutzen Sie die Ihnen zur Verfügung gestellte Vorlage „Herleitung der Problemstellung").

2 Öffnen Sie die Datenbank der Fly Bike Werke GmbH und gehen Sie über das Hauptmenü zum Bereich Personalwesen. Legen Sie den Mitarbeiter Andreas Meis aus dem Testszenario an. Alle Informationen, die Sie dazu brauchen, finden Sie auf Arbeitsblatt 31.1.

3 Werten Sie die Daten des Mitarbeiters Andreas Meis aus.
   Folgende Auswertungen sind im Rahmen des Datenbanktests durchzuführen und zu überprüfen:
   a Finden Sie alle Daten, die Sie eingegeben haben, in der Tabelle *Personalstammblatt*?
      Wenn nicht, welche fehlen und wie beurteilen Sie das?
   b Wurden im Eingabeformular alle Daten abgefragt, für die es in der Tabelle Personalstammblatt Felder gibt?
      Wenn nein, welche fehlen und wie beurteilen Sie das?
   c Rufen Sie nun über das Hauptmenü die Gehaltsabrechnung (einzeln) für Herrn Meis auf und prüfen Sie, ob alle Angaben richtig ausgewiesen werden. Einen Ausdruck der Entgeltabrechnung finden Sie auch auf Seite 148 in diesem Buch.
   d Kontrollieren Sie, ob Ihr Ergebnis unter c bei Aufruf der Gehaltsabrechnung für alle Mitarbeiter bestätigt wird.

4 Sofern Sie beim Datenbanktest Fehler gefunden haben, korrigieren Sie sie jetzt. Arbeiten Sie dabei in Dreiergruppen und überlegen Sie genau, wie Sie bei der Korrektur vorgehen. Vergessen Sie nicht, zunächst eine Sicherungskopie Ihrer Datenbank anzulegen.

Arbeitsblatt 31.1 | Eingabe von Personaldaten in die Datenbank

Stammdaten des Mitarbeiters Andreas Meis			
Personalnummer	01002	Kontonummer	DE89280101110200897265
Name	Meis	Bankleitzahl	ESSEDESF280
Vorname	Andreas	Name der Bank	SEB Oldenburg
Straße	Blumenstraße 2	Lohnsteuer	203,50 €
Postleitzahl	18069	Kirchensteuer	0,00 €
Ort	Rostock	Bruttogehalt	2.608,00 €
Land	Deutschland	Staatsangehörigkeit	Deutschland
Telefonnummer	021212112	VL Leistung AG	26,59 €
Geburtsdatum	12.12.1978	Sonderzahlung	283,37 €
		Solidaritätszuschlag	0,00 €
Sozialversicherungsnummer	68-150380-G-123	Steuerklasse	3
Krankenkasse	AOK Oldenburg	Kinderfreibetrag	2
Familienstand	ledig	Konfession	
Konfession Ehegatte		VL-Vertrag	40,00 €
Abteilungsnummer	2	Berufsbezeichnung	Sachbearbeitung Versand
Abteilungsname	Einkauf	Personengruppe	101
Tätigkeit	70142	Gefahrentarif	0,9 Kaufmännischer verwaltender Teil des Unternehmens
Tät.-Schlüssel A	701	Tägl. Arbeitszeit	7,7
Tät.-Schlüssel B	42	Arbeitstage/Woche	5
Kostenstelle	100	Resturlaub	0
Eintrittsdatum	01.02.2010	Urlaubsanspruch VJ	30

Rufen Sie in der Datenbank das Hauptmenü auf und gehen Sie von dort in den Bereich Personalwesen. Listen Sie die Auswahlmöglichkeiten auf, die Sie dort finden:

_____

_____

_____

_____

_____

_____

_____

_____

Legen Sie anhand der Testdaten in der Tabelle Andreas Meis als neuen Mitarbeiter an. Das entsprechende Eingabeformular

finden Sie, wenn Sie auf den Menüpunkt _____ klicken.

Fly Bike Werke GmbH

Gehaltsabrechnung

Rersonalnummer: 01002	Abrechnung:	13.08.2014

Frau
Andreas Meis
Blumenstraße 2
18069 Rostock

Lohnsteuermerkmale

Steuerklasse	Kinderfreibetrag	Konfession
3	2	

Sozialversicherungsmerkmale

KV	PV	RV	AV
15,50 %	2,05 %	18,90 %	3,00 %

ohne Zusatzbeträge KV und PV

Gehalt	**2.608,00 €**
+ vermögenswirksame Leistungen	26,59 €
+ Sonderzahlungen	283,37 €
= sozialversicherungspflichtiges Brutto	**2.917,96 €**
− Steuerfreibetrag	
= steuerpflichtiges Brutto	
− Lohnsteuer	203,50 €
− Solidaritätszuschlag	0,00 €
− Kirchensteuer	0,00 €
− Krankenversicherung	213,01 €
− Pflegeversicherung	29,91 €
− Zusatzbeitrag Pflegeversicherung	0,00 €
− Rentenversicherung	275,75 €
− Arbeitslosenversicherung	43,77 €
Nettogehalt	**2.125,76 €**
− VL Sparvertrag	40,00 €
AUSZAHLUNGSBETRAG	**2.085,76 €**

auf Konto	DE892801011102	
bei der	SEB Oldenburg	ESSEDE5F380

Fly Bike Werke GmbH
Rostocker Str. 334
26121 Oldenburg

www.flybike.de
mail@flybike.de

Bankkonten
Landessparkasse Oldenburg
BLZ 280 501 00
Kto.-Nr. 112326444
IBAN DE86 2805 0100 0112 3264 44
BIC BRLADE21LZO

Geschäftsführer
Hans Peters

Handelsregister
Amtsgericht Oldenburg
HR Oldenburg B 2134

Steuer Nr. 112/8870/0057
USt-Id.-Nr. DE236667691

Aufgaben

Nutzen Sie zur Beantwortung der Fragen die Access-Datenbank FLYBIKE_NEU.

Aufgabe 1

a Nennen Sie Vorteile der Nutzung einer Datenbank gegenüber einer Tabelle in einem Tabellenkalkulationsprogramm.

b Warum kann in einer Datenbankanwendung eine Personalnummer nicht doppelt vergeben werden?

c Erklären Sie Ihren Mitschülern die grundlegende Funktionsweise einer Datenbank.

Aufgabe 2

a Bestimmen Sie den Nettoverdienst des Mitarbeiters Stefan Schneider.

b In welchem Jahr ist der Mitarbeiter in die Fly Bike Werke GmbH eingetreten?

c Wie viele Kinder hat Herr Schneider und welcher Steuerklasse ist er zugeordnet?

Aufgabe 3

a Legen Sie sich selbst als Mitarbeiter der Fly Bike Werke GmbH an. Füllen Sie alle relevanten Felder mit Informationen und lassen Sie sich im Anschluss Ihre eigene Gehaltsabrechnung ausgeben.

b Wie ändert sich Ihr Gehalt, wenn Sie den Lohnsteuerabgabebetrag erhöhen? Erhöhen Sie hierzu den Abgabebetrag und lassen Sie sich im Anschluss erneut Ihre Gehaltsabrechnung ausgeben.

Aufgabe 4

a Erstellen Sie eine Gehaltsliste aller Mitarbeiter der Fly Bike Werke GmbH.

b Lassen Sie sich Adressetiketten der Mitarbeiter drucken.

Aufgabe 5

Erweitern Sie Ihre Lernkartei.

Aufgabe 6

Führen Sie Ihr Lerntagebuch.

SB BWR ▶ Seite 132 ff. | Handlungsfeld 7, Kap. 2 bis 2.4

LS BWR ▶ Seite 112 f. | Lernsituation 76

Jahresabschlussarbeiten planen und durchführen

Situation

Bettina Lotto ist zum Ende ihrer Ausbildung im Rechnungswesen/Controlling eingesetzt und arbeitet eng mit Hans-Christian Müller zusammen. Am ersten Arbeitstag nach dem Jahreswechsel erhält Bettina eine E-Mail von Herrn Müller.

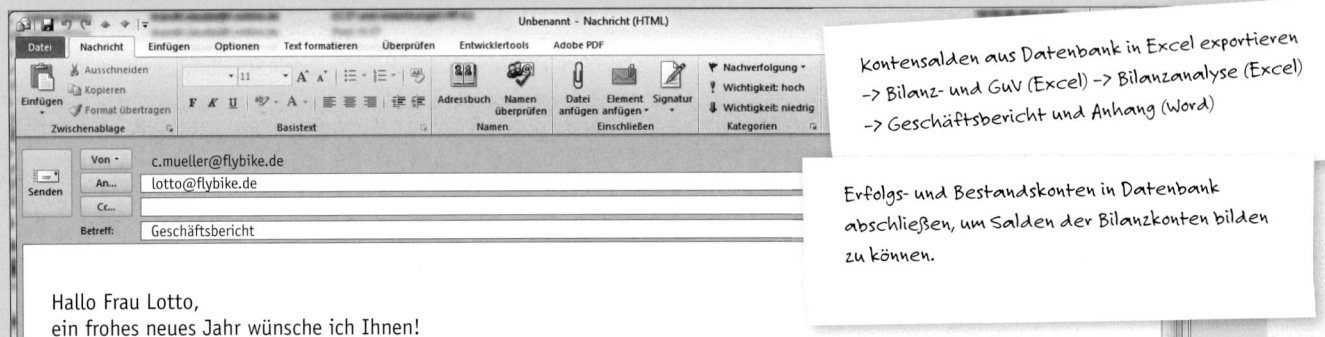

Von: c.mueller@flybike.de
An: lotto@flybike.de
CC:
Betreff: Geschäftsbericht

Post-it: Kontensalden aus Datenbank in Excel exportieren -> Bilanz- und GuV (Excel) -> Bilanzanalyse (Excel) -> Geschäftsbericht und Anhang (Word)

Post-it: Erfolgs- und Bestandskonten in Datenbank abschließen, um Salden der Bilanzkonten bilden zu können.

Hallo Frau Lotto,
ein frohes neues Jahr wünsche ich Ihnen!

Leider habe ich eine starke Erkältung bekommen und wie Sie ja wissen, steht in den nächsten Tagen ganz schön viel Arbeit im Rechnungswesen an. Das neue Jahr ist angebrochen und wir müssen den Jahresabschluss durchführen. Können Sie für die kommenden Auszubildenden eine Prozesskette zum Jahresabschluss erstellen? In allen Abteilungen profitieren unsere neuen Mitarbeiter und Auszubildenden nun von Ihren Prozessketten und es wäre schön, wenn wir sie auch im Rechnungswesen realisieren könnten. Ein paar Post-it-Notizen dazu finden Sie auf meinem Schreibtisch.

Letzte Woche konnte ich glücklicherweise schon alle Unterkonten abschließen, Bewertungsentscheidungen treffen und Abschreibungen usw. buchen. Es wäre aber sehr gut, wenn Sie eine Abfrage und einen entsprechenden Bericht in unserer Datenbank Access erstellen könnten, sodass wir die Salden aller Konten in einer Übersicht sehen und sie anschließend in Excel exportieren können.

Danach müssen wir schnellstmöglich den Jahresabschluss und einen Geschäftsbericht inklusive der Jahresabschlussanalyse für die Gesellschafter erstellen.

Es wäre schön, wenn Sie sogar schon aus der Übersicht eine GuV und eine Bilanz in Excel erstellen könnten. Nutzen Sie dazu am besten gleich Verweise aus der Übersicht, sodass die Bilanz und GuV automatisch aktualisiert wird, falls wir doch noch Buchungen für das letzte Geschäftsjahr tätigen müssen.

Viele Grüße und vielen Dank im Voraus für Ihre Hilfe
Hans-Christian Müller

Post-it: Inventur durchführen, ggf. Korrekturbuchungen vornehmen.

Post-it: Zeitwerte des Anlage- und Umlaufvermögens ermitteln und dann Bewertungsentscheidungen treffen

Handlungsaufträge

1 Bettina Lotto möchte, bevor sie mit der Arbeit beginnt, ihr Vorgehen klar strukturieren. Helfen Sie ihr dabei, indem Sie wie in den vorangegangenen Lernsituationen die Herleitung der Problemstellung ausfüllen.

2 Visualisieren Sie den gesamten Prozess der Jahresabschlussarbeiten mithilfe einer Ereignisgesteuerten Prozesskette (EPK). Bringen Sie dazu die vier Post-its in die richtige Reihenfolge und formulieren Sie anschließend die Elemente einer EPK, wie Sie sie bereits aus anderen Lernsituationen kennen (Achtung die Anzahl der Prozessschritte muss nicht mit der Anzahl der Post-its übereinstimmen!).

3 Ermitteln Sie alle Kontensalden zur Erstellung des Jahresabschlusses der Fly Bike Werke GmbH. Erstellen Sie dazu einen Bericht in der Access-Datenbank der Fly Bike Werke GmbH und exportieren Sie die Daten in Excel. Nutzen Sie hierzu das Arbeitsblatt 32.1.

4 Erstellen Sie mithilfe der nun in Excel vorhandenen Kontensalden eine Bilanz und eine GuV. Nutzen Sie dabei entsprechende Tabellenblattverknüpfungen. Konsolidieren Sie gegebenenfalls Unterkonten, um die Bilanzpositionen berechnen zu können. Hilfestellung hierzu finden Sie auf Arbeitsblatt 32.2.

5 Präsentieren Sie Ihre Arbeitsergebnisse im Plenum und geben Sie ihren Mitschülern ein Feedback zu deren Präsentationen.

Arbeitsblatt 32.1 | Kontensalden aus der Datenbank entnehmen

1 Suchen Sie in der Datenbank nach einer Übersicht über die Bilanz- und GuV-Konten. Wo finden Sie die notwendigen Daten? Beschreiben Sie kurz die Navigation in der Datenbank.

_____

_____

_____

_____

2 Erstellen Sie anschließend eine Abfrage, die die Spalten KontoNr, Kontenbezeichnung, Soll-Saldo und Haben-Saldo umfassen soll. Nutzen Sie eine bereits vorhandene Abfrage für Ihre neue Abfrage und fügen Sie in der Entwurfsansicht die fehlenden Felder hinzu, indem Sie sie aus einer geeigneten Tabelle entnehmen. Speichern Sie Ihre Abfrage unter „Jahresabschluss"

Welche Abfrage bietet sich als Vorlage an?

_____

3 Erstellen Sie nun einen Bericht „Saldenübersicht" im Design *Hardcover*. Entspricht Ihr Bericht der folgenden Abbildung?

4 Exportieren Sie diesen Bericht in eine Excel-Datei mit dem Namen *JA_Analyse.xlsx*, in der dann alle weiteren Berechnungen vorgenommen werden können.

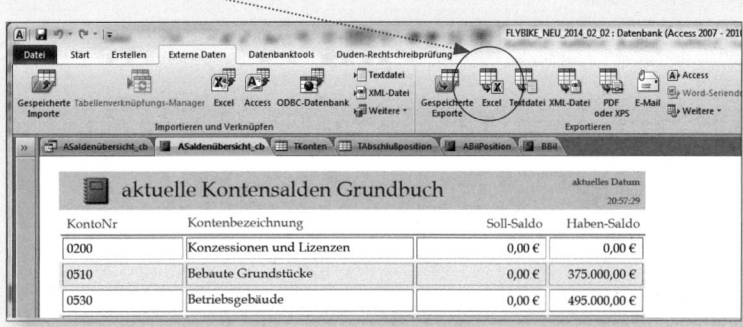

Arbeitsblatt 32.2 | Den Jahresabschluss der Fly Bike Werke GmbH erstellen

Bisher enthält Ihre Excel-Datei *JA_Analyse.xlsx* nur ein Tabellenblatt mit den Werten, die Sie aus Ihrem Bericht exportiert haben.

	A	B	C	D	E
4	0800	Betriebs- und Geschäftsausstattung	0,00 €	202.200,00 €	
5	2000	Rohstoffe	0,00 €	110.000,00 €	
6	2020	Hilfsstoffe	0,00 €	10.000,00 €	
7	2100	Unfertige Erzeugnisse	0,00 €	20.000,00 €	
8	2200	Fertige Erzeugnisse	0,00 €	55.000,00 €	
9	2400	Forderungen (Lieferungen)	0,00 €	791.156,00 €	
10	2600	Vorsteuer	0,00 €	0,00 €	
11	2800	Bank	0,00 €	169.505,00 €	
12	2880	Kasse	0,00 €	15.486,00 €	

Legen Sie weitere Tabellenblätter für die Bilanz und die GuV an und benennen Sie sie entsprechend. Sie können die Register zur besseren Unterscheidung auch unterschiedlich einfärben (Hinweise dazu finden Sie auch auf Arbeitsblatt 13.6 im ersten Band der Informationswirtschaft).

Erstellen Sie auf den entsprechenden Tabellenblättern eine GuV und eine Bilanz, sodass die beiden Tabellen ähnlich aussehen wie nachfolgend gezeigt (oder übernehmen Sie sie aus der Datei, die Ihnen Ihre Lehrkraft zur Verfügung gestellt hat). Auf Seite 11 in Ihrem Buch finden Sie eine detaillierte Bilanz und GuV, die Ihnen als Hilfestellung sowohl bei der Erstellung der Tabellenblätter als auch beim Entwurf der Formeln und Verknüpfungen dienen kann.

Füllen Sie nun die einzelnen Zellen mit Ihren Formeln. Kurze Hinweise darauf, welche Verknüpfungen dazu benötigt werden, finden Sie ebenfalls in der Abbildung.

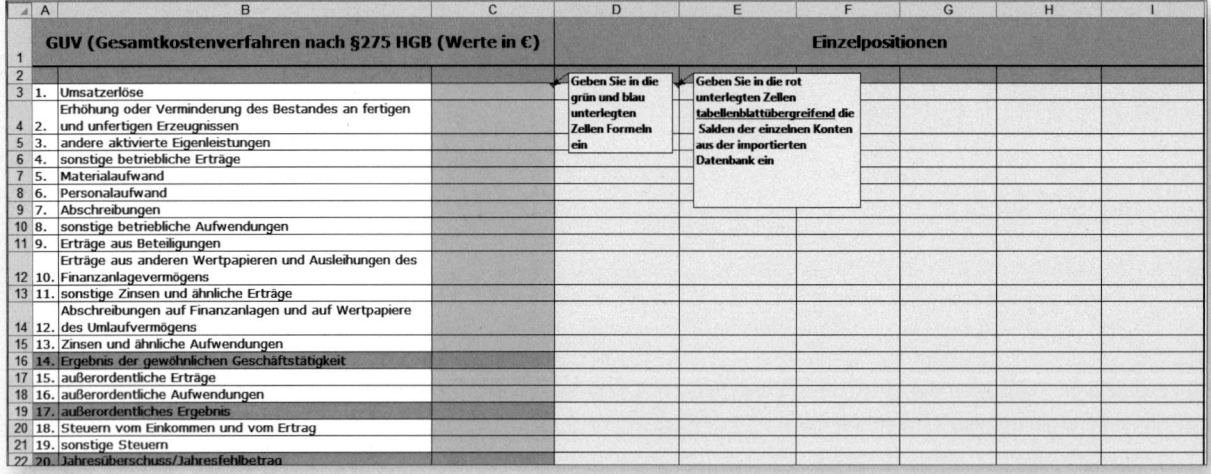

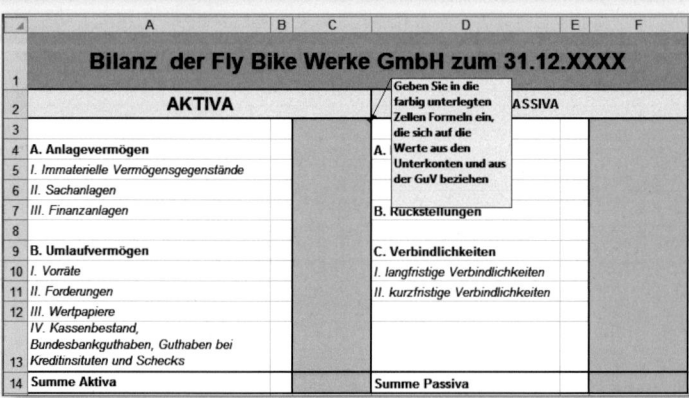

Aufgaben

Aufgabe 1

Erstellen Sie zur Lernsituation 76.1 aus dem Schülerarbeitsbuch W plus V BWL mit ReWe, Jahrgangsstufe 12, eine digitale Lösung, die Sie anschließend auch für weitere Übungsaufgaben zum Jahresabschluss verwenden können. Fragen Sie Ihre Lehrkraft nach einer digitalen Version der Kontensalden, die Sie zur Erstellung des Jahresabschlusses nutzen können.

Kontensalden der Möller GmbH

Konto Nr.	Kontenbezeichnung	Soll
0200	Konzessionen und Lizenzen	20.000,00 €
0510	Bebaute Grundstücke	420.000,00 €
0530	Betriebsgebäude	650.000,00 €
0540	Verwaltungsgebäude	502.000,00 €
0700	Technische Anlagen und Maschinen (Sammelkonto)	860.000,00 €
0800	Betriebs- und Geschäftsausstattung (Sammelkonto)	460.000,00 €
0900	Geleistete Anzahlungen auf Sachanlagen	5.000,00 €
1500	Wertpapiere des Anlagevermögens	12.000,00 €
2000	Rohstoffe	24.000,00 €
2010	Vorprodukte/Fremdbauteile	114.000,00 €
2020	Hilfsstoffe	14.000,00 €
2030	Betriebsstoffe	22.000,00 €
2100	Unfertige Erzeugnisse	34.000,00 €
2200	Fertige Erzeugnisse	8.900,00 €
2400	Forderungen aus Lieferungen und Leistungen	115.000,00 €
2700	Wertpapiere des Umlaufvermögens	78.000,00 €
2800	Bankguthaben	89.600,00 €
2880	Kasse	6.800,00 €
6000	Aufwendungen für Rohstoffe	1.850.000,00 €
6010	Aufwendungen für Vorprodukte/Fremdbauteile	3.278.000,00 €
6020	Aufwendungen für Hilfsstoffe	65.000,00 €
6030	Aufwendungen für Betriebsstoffe	32.600,00 €
6050	Energie	463.000,00 €
6080	Aufwendungen für Waren	231.500,00 €
62/63	Löhne und Gehälter	4.360.000,00 €
6400	Soziale Abgaben	959.200,00 €
6520	Abschreibungen auf Sachanlagen	341.000,00 €
6700	Mieten/Pachten	200.000,00 €
6800	Aufwendungen für Kommunikation	320.000,00 €
6900	Versicherungsbeiträge	112.000,00 €
6950	Abschreibungen auf Forderungen	23.600,00 €
6969	Anlagenabgänge	26.000,00 €
7020	Grundsteuer	24.000,00 €
7030	Kfz-Steuer	5.700,00 €
7400	Abschreibungen auf Finanzanlagen	12.300,00 €
7510	Zinsaufwendungen	42.000,00 €
7600	Außerordentliche Aufwendungen	46.000,00 €
7700	Gewerbeertragsteuer	24.000,00 €
7710	Körperschaftsteuer	52.000,00 €

Konto Nr.	Kontenbezeichnung	Soll
3000	Gezeichnetes Kapital	1.500.000,00 €
3100	Kapitalrücklage	250.000,00 €
3200	Gewinnrücklagen	360.000,00 €
3310	Gewinnvortrag	2.000,00 €
3400	Jahresüberschuss/Jahresfehlbetrag	€
3900	Sonstige Rückstellungen	18.000,00 €
4250	Langfristige Bankverbindlichkeiten	800.000,00 €
4400	Verbindlichkeiten aus Lieferungen und Leistungen	234.700,00 €
4800	Umsatzsteuer	29.100,00 €
5000	Umsatzerlöse für eigene Erzeugnisse	12.120.000,00 €
5100	Umsatzerlöse für Waren	463.000,00 €
5200	Bestandserhöhung Erzeugnisse	24.000,00 €
5300	Aktivierte Eigenleistungen	32.000,00 €
5400	Nebenerlöse (Mieterträge)	15.000,00 €
5410	Sonstige Erlöse aus Anlagenabgängen	24.000,00 €
5710	Zinserträge	5.200,00 €
5780	Erträge aus Wertpapieren des Umlaufvermögens	4.200,00 €
5800	Außerordentliche Erträge	22.000,00 €

GuV (Gesamtkostenverfahren) nach § 275 HGB (Werte in €)

1.	Umsatzerlöse	
2.	Erhöhung oder Verminderung des Bestandes an fertigen und unfertigen Erzeugnissen	
3.	andere aktivierte Eigenleistungen	
4.	sonstige betriebliche Erträge	
5.	Materialaufwand	
6.	Personalaufwand	
7.	Abschreibungen	
8.	sonstige betriebliche Aufwendungen	
9.	Erträge aus Beteiligungen	
10.	Erträge aus anderen Wertpapieren und Ausleihungen des Finanzanlagevermögens	
11.	sonstige Zinsen und ähnliche Erträge	
12.	Abschreibungen auf Finanzanlagen und auf Wertpapiere des Umlaufvermögens	
13.	Zinsen und ähnliche Aufwendungen	
14.	Ergebnis der gewöhnlichen Geschäftstätigkeit	
15.	außerordentliche Erträge	
16.	außerordentliche Aufwendungen	
17.	außerordentliches Ergebnis	
18.	Steuern vom Einkommen und vom Ertrag	
19.	sonstige Steuern	
20.	Jahresüberschuss /Jahresfehlbetrag	

Aktiva	Bilanz nach § 266 HGB (Werte in €)	Passiva

A. Anlagevermögen

   I.   Immaterielle Vermögensgegenstände

   II. Sachanlagen

   III. Finanzanlagen

B. Umlaufvermögen

   I.   Vorräte

   II. Forderungen und sonstige Vermögensgegenstände

   III. Wertpapiere

   IV. Kassenbestand, Bundesbankguthaben, Guthaben bei Kreditinstituten und Schecks

A. Eigenkapital

   I.   Gezeichnetes Kapital

   II. Kapitalrücklage

   III. Gewinnrücklagen

   IV. Gewinnvortrag/Verlustvortrag

   V. Jahresüberschuss/ Jahresfehlbetrag

B. Rückstellungen

C. Verbindlichkeiten

Aufgabe 2
Ergänzen Sie Ihre Lernkartei.

Aufgabe 3
Führen Sie Ihr Lerntagebuch.

SB BWR ▶ Seite 169 ff. | Handlungsfeld 7, Kap. 4

LS BWR ▶ Seite 155 ff. | Lernsituation 81

Bilanz- und Erfolgsanalyse

Situation

Nach einer Woche kommt Hans-Christian Müller wieder zur Arbeit und freut sich, wie weit Bettina Lotto schon mit dem Jahresabschluss vorangekommen ist.

Jetzt möchte er noch mit ihr gemeinsam eine Bilanz- und Erfolgsanalyse durchführen. Dazu bearbeiten die beiden die erstellte Excel-Datei mit den Bilanz- und GuV-Daten der Fly Bike Werke GmbH und erstellen ein Tabellenblatt mit aussagekräftigen Kennziffern – und Bettina nutzt die Gelegenheit, sich noch einmal vor Augen zu rufen, wie die einzelnen Indikatoren berechnet werden und was sie eigentlich aussagen. Als Herr Müller sie dann bittet, die Ergebnisse der Analyse auch grafisch aufzubereiten, freut sie sich, auch hier wieder auf Kenntnisse zurückgreifen zu können, die sie im Verlauf ihrer Ausbildung bereits erworben hat.

Herr Müller legt Bettina noch die Übersicht über die berechneten Kennzahlen aus dem Vorjahr vor. Außerdem hat er im Internet den Geschäftsbericht der Deutschen Fahrradwerke AG gefunden, der die Bilanz und GuV des aktuellen Jahres enthält (siehe Seite 156).

Diese Zahlen will er nutzen, um einen Vergleich der Fly Bike Werke GmbH mit der Deutschen Fahrradwerke AG zur ermöglichen.

Handlungsaufträge

1 Strukturieren Sie Bettina Lottos Vorgehen bei den von Herrn Müller gestellten Aufgaben.

2 Rufen Sie sich anhand von Arbeitsblatt 33.1 zunächst noch einmal in Erinnerung, welche Erfolgskennziffern Sie aus dem BWL-Unterricht bereits kennen, geben Sie an, wie Sie berechnet werden, und notieren Sie, welche Kriterien die Kennzahlen nach Möglichkeit erfüllen sollten.

3 Erstellen Sie mithilfe von Excel-Tabellen und Diagrammen eine Übersicht über die Veränderungen in der Fly Bike Werke GmbH zwischen dem vorliegenden Geschäftsjahr und dem Vorjahr. Nutzen Sie hierzu auch das Arbeitsblatt 33.2

4 Bestimmen Sie – soweit möglich – die Bilanzkennzahlen der Deutschen Fahrradwerke AG aus dem aktuellen Geschäftsjahr mithilfe einer Excel-Tabelle. Erstellen Sie auch hierzu unter Einsatz von verschiedenen grafischen Werkzeugen einen Vergleich der Fly Bike Werke GmbH zur Deutschen Fahrradwerke AG.

5 Präsentieren Sie Ihre Arbeitsergebnisse im Plenum und geben Sie ihren Mitschülern ein Feedback zu deren Präsentationen.

Übersicht über die Kennziffern aus dem Vorjahr	
Kennziffer	**Wert**
Anlagenintensität	62,84 %
Deckungsgrad I	78,23 %
Deckungsgrad II	111,95 %
Eigenkapitalquote	68,47 %
Fremdkapitalquote	45,95 %
Liquidität 1. Grades	55,23 %
Liquidität 2. Grades	179,54 %
Liquidität 3. Grades	249,50 %
Eigenkapitalrentabilität	10,39 %
Gesamtkapitalrentabilität	6,97 %
Umsatzrentabilität	14,39 %

Bilanz der Deutsche Fahrradwerke AG zum 31.12.20XX			
AKTIVA		**PASSIVA**	
A. Anlagevermögen		**A.** Eigenkapital	1.138.856,00 €
I. Immaterielle Vermögensgegenstände			
II. Sachanlagen	1.521.167,00 €		
III. Finanzanlagen		**B.** Rückstellungen	800.000,00 €
B. Umlaufvermögen		**C.** Verbindlichkeiten	
I. Vorräte	740.742,00 €	*I. langfristige Verbindlichkeiten*	430.385,00 €
II. Forderungen	610.000,00 €	*II. kurzfristige Verbindlichkeiten*	732.668,00 €
III. Wertpapiere			
IV. Kassenbestand, Bundesbankguthaben, Guthaben bei Kreditinstituten und Schecks	230.000,00 €		
Summe Aktiva	3.101.909,00 €	**Summe Passiva**	3.101.909,00 €

Arbeitsblatt 33.1 | Kennzahlen der Bilanz- und Erfolgsanalyse

Kennzahlen zur Vermögensstruktur

Anlagenintensität (Anlagenquote)		Die Kennzahlen zur Vermögensstruktur zeigen _____
	$\dfrac{\text{Umlaufvermögen} \cdot 100\,\%}{\text{Gesamtvermögen}}$	_____ _____ _____
Vorratsquote		_____ _____ _____
Forderungsquote		**Grundsätzlich gilt:** So wenig Anlagevermögen wie möglich, um das Sachziel zu erreichen.

Kennzahlen zur _____

Eigenkapitalquote		Die Kennzahlen zur _____ zeigen wie stark ein Unternehmen von Kapitalgebern abhängig ist.
	$\dfrac{\text{Fremdkapital} \cdot 100\,\%}{\text{Gesamtkapital}}$	_____ _____ _____
Grad der Selbstfinanzierung		Als **Richtwert** für ein gesundes Verhältnis von Fremdkapital zu Eigenkapital
	$\dfrac{\text{Fremdkapital} \cdot 100\,\%}{\text{Eigenkapital}}$	_____ _____

Kennzahlen zur Anlagendeckung

Deckungsgrad I		Kennzahlen zur Anlagendeckung geben an,
		_____
		_____
		_____
Deckungsgrad II		**Grundsätzlich gilt:**
		_____
		_____

Liquidität I		_____
		geben Auskunft über die Zahlungsfähigkeit von Unternehmen. Ein Unternehmen muss jederzeit in der Lage sein, seine fälligen Verbindlichkeiten zu erfüllen.
Liquidität II		_____
		_____
Liquidität III		**Grundsätzlich gilt:**
		_____
		_____

Eigenkapitalrentabilität		_____
		geben Auskunft über die Rentabilität des Unternehmens, also über das Verhältnis zwischen Kapitaleinsatz und Gewinn.
	$\dfrac{(\text{Gewinn} + \text{Fremdk.zinsen}) \cdot 100\,\%}{\text{durchschnittl. Gesamtkapital}}$	_____
		_____
Umsatzrentabilität		**Grundsätzlich gilt:**
		_____
		_____

Arbeitsblatt 33.2 | Ermittlung der Bilanzkennziffern

Legen Sie in Ihrer Excel-Datei *JA_Analyse.xlsx* ein neues Tabellenblatt *Bilanzkennziffern* nach dem folgenden Muster an oder übernehmen Sie die Tabellen aus der Ihnen von Ihrer Lehrkraft zur Verfügung gestellten Datei.

Berechnen Sie alle Kennziffern aus den Ihnen zur Verfügung stehenden Daten. Arbeiten Sie dabei wieder mit Formeln und Verweisen.

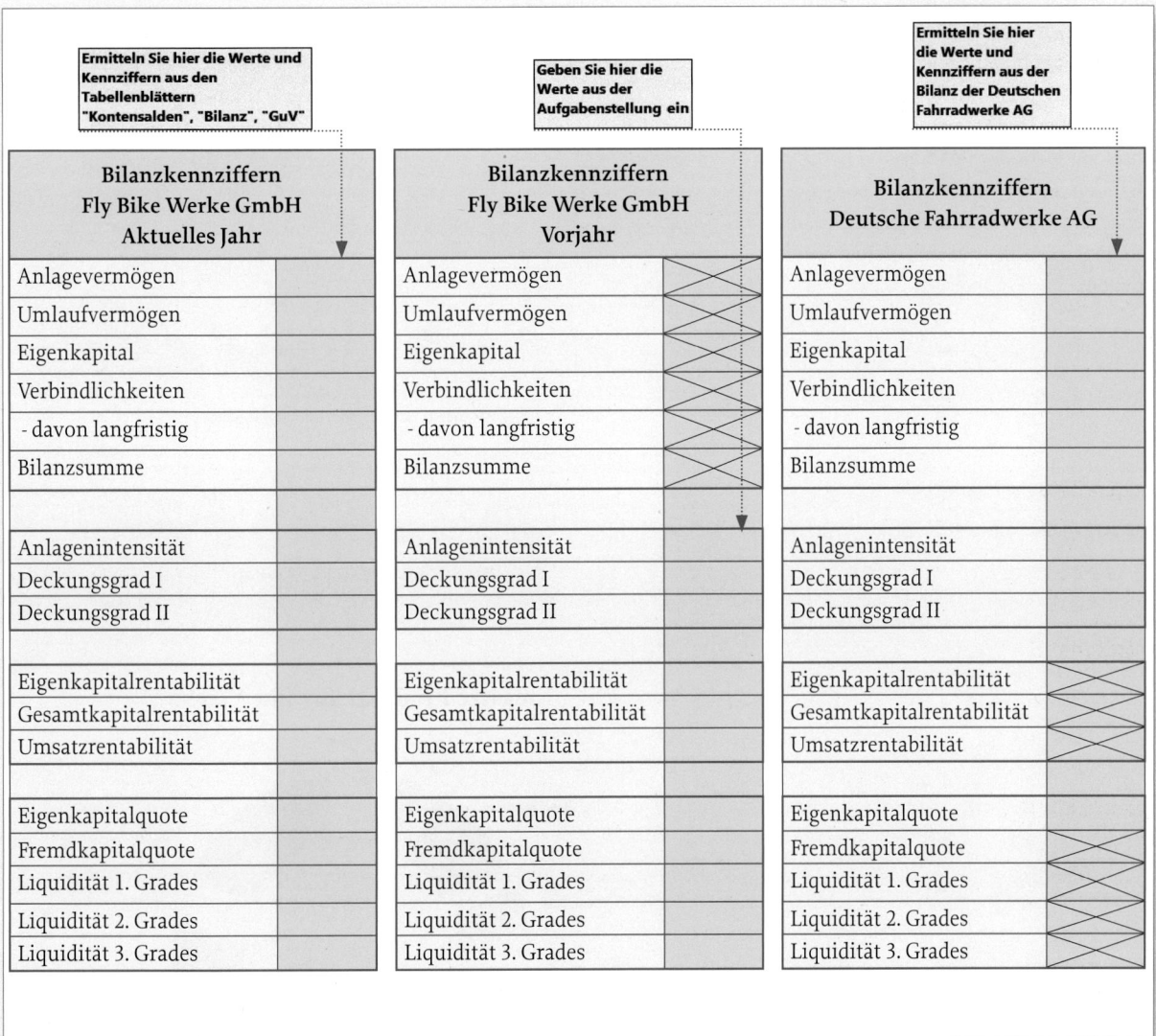

Bereiten Sie Ihre Ergebnisse anschließend grafisch auf und erstellen Sie die folgenden Diagramme mit Diagrammtitel und Legendenbeschriftung:

- Ergebnis der gewöhnlichen Geschäftstätigkeit
  (die Prozentwerte sollen im Diagramm sichtbar sein)
- Aktiva und Passiva
  (die Prozentwerte und absoluten Werte sollen im Diagramm sichtbar sein)
- Vergleich der Bilanzkennziffern des aktuellen Jahres mit dem Vorjahr
- Vergleich des aktuellen Jahres mit den Kennziffern der Deutsche Fahrradwerke AG
- Interpretieren Sie die Diagramme und ziehen Sie Schlussfolgerungen für die vergangene und zukünftige Geschäftstätigkeit der Fly Bike Werke GmbH.

Aufgaben

Aufgabe 1

Im Rahmen der Jahresabschlussarbeiten wurden von verschiedenen Mitarbeitern die folgenden Grafiken zum Produktionssortiment der Fly Bike Werke GmbH erstellt. Aufgrund eines technischen Problems kann nicht mehr auf die Ursprungsdatei zugegriffen werden. Jedoch wird dringend eine entsprechende Datei zur weiteren Bearbeitung benötigt. Erstellen Sie eine Datei mit Tabellen, die genau diese Werte enthalten, sodass die folgenden Grafiken daraus erstellt werden können.

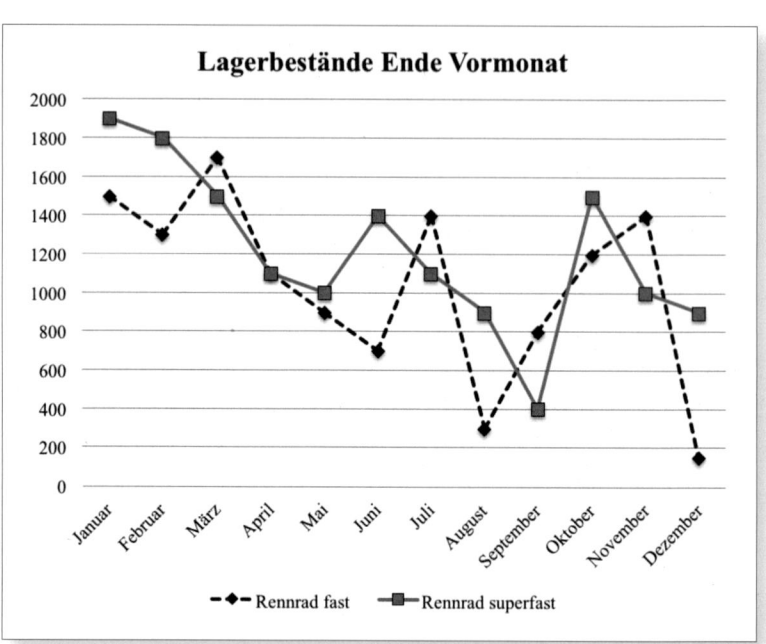

Hinweis
Alle Werte sind durch 100 teilbar.

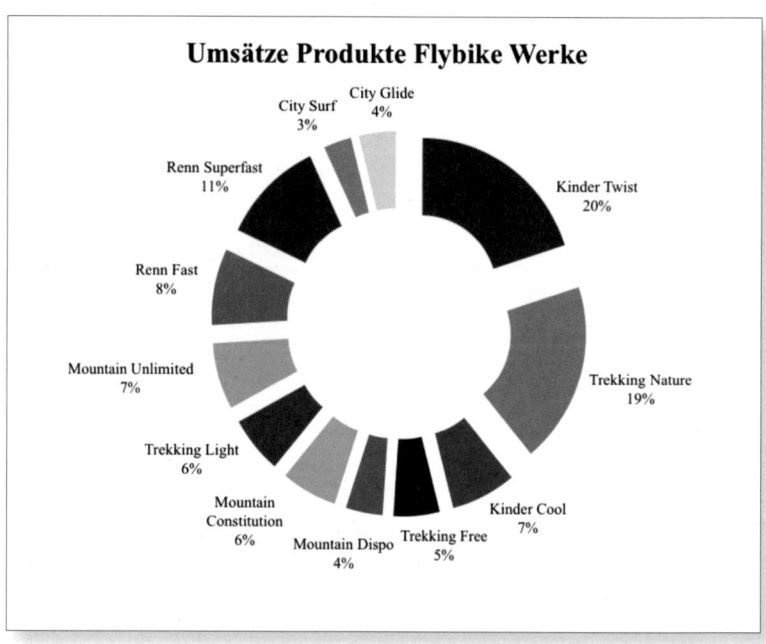

Hinweis
Der Gesamtumsatz an Fahrrädern umfasste 1.300.000 €

Aufgabe 2

Stellen Sie die Lösungen zur Übungsaufgabe 1 der Lernsituation 32 grafisch dar. Nutzen Sie hierzu wiederum entsprechend geeignete Diagramme.

Aufgabe 3

Erweitern Sie Ihre Lernkartei.

Aufgabe 4

Führen Sie Ihr Lerntagebuch.

SB BWR ▸ Seite 129 ff. | Handlungsfeld 7, Kap. 2

LS BWR ▸ Seite 112 ff. | Lernsituation 76

Einen Geschäftsbericht erstellen

Situation

Hans-Christian Müller ist sehr zufrieden mit der schnellen Erstellung der Bilanz, der GuV sowie der Bilanz- und Erfolgsanalyse. Und auch Bettina Lotto ist froh, diese Aufgabe bewältigt zu haben. Herr Müller übermittelt alle Ergebnisse per Mail noch schnell an die Geschäftsführung und macht dann Feierabend. Am nächsten Morgen findet er folgende Hausmitteilung auf seinem Schreibtisch:

Fly Bike Werke GmbH

Hausmitteilung

Absender		Empfänger	
☒	Geschäftsführung	☐	Geschäftsführung
☐	Zentralsekretariat	☐	Zentralsekretariat
☐	Rechnungswesen/Controlling	☒	Rechnungswesen/Controlling
☐	Einkauf/Logistik	☐	Einkauf/Logistik
☐	Produktion	☐	Produktion
☐	Verwaltung	☐	Verwaltung
☐	Vertrieb	☐	Vertrieb
☐	Frau/Herr	☐	Frau/Herr
☐		☐	

Mit der Bitte um

☐ Kenntnisnahme ☒ Erledigung ☐ Stellungnahme
☐ Rücksprache ☐ Rückgabe ☐ Weiterleitung
☐ ☐ ☐

Bitte geben Sie hier Ihren Text ein:

Hallo Herr Müller,

danke für die Bilanz und die GuV sowie die entsprechenden Analysen. Jedoch brauchen wir noch den Geschäftsbericht, der alle bereits erstellten Daten enthält und eventuell auch einen Lagebericht.

Leider gibt es dazu bisher nur eine unvollständige digitale Skizze, die Sie nutzen könnten. Und berücksichtigen Sie bitte dringend die gesetzlichen Vorgaben darüber, welche Informationspflichten die Flybike Werke GmbH hat.

Ich weiß, dass das noch viel Arbeit ist, zumal die Skizze noch in den Anfängen steckt. Aber Sie haben doch tatkräftige Unterstützung in Ihrer Abteilung. Lassen Sie sich bitte durch Frau Lotto helfen, den Geschäftsbericht auszuarbeiten und optisch aufzubereiten. Sie kann auch gerne ohne besagte Skizze arbeiten und eine eigene Vorlage erstellen.

Freundliche Grüße

Hans Peters

Handlungsaufträge

1 Strukturieren Sie das Vorgehen von Bettina Lotto und Hans-Christian Müller wieder wie in den vorangegangenen Lernsituationen.

2 Entwickeln Sie im Team zentrale Kriterien zur Erstellung und Aufbereitung des Geschäftsberichts und des Lageberichts und erstellen Sie mithilfe von Arbeitsblatt 34.1 eine entsprechende Vorlage in Word. Informieren Sie sich anhand Ihres BWL-Buchs über die Informationspflichten von Kapitalgesellschaften, ordnen Sie die Fly Bike Werke GmbH nach dem Ergebnis des letzten Geschäftsjahres ein und berücksichtigen Sie die ermittelten Informationspflichten der Fly Bike Werke GmbH bei der Geschäftsberichterstellung. Nutzen Sie in Ihrem Bericht unter anderem ein automatisches Inhaltsverzeichnis, Formatvorlagen oder Querverweise.

3 Präsentieren Sie Ihre Arbeitsergebnisse im Plenum und geben Sie ihren Mitschülern ein Feedback zu deren Präsentationen.

Arbeitsblatt 34.1 (4 Seiten) | Erstellung eines Geschäftsberichtes

Bettina Lotto hat ältere Geschäftsberichte durchforstet und folgende Gliederungspunkte gefunden:

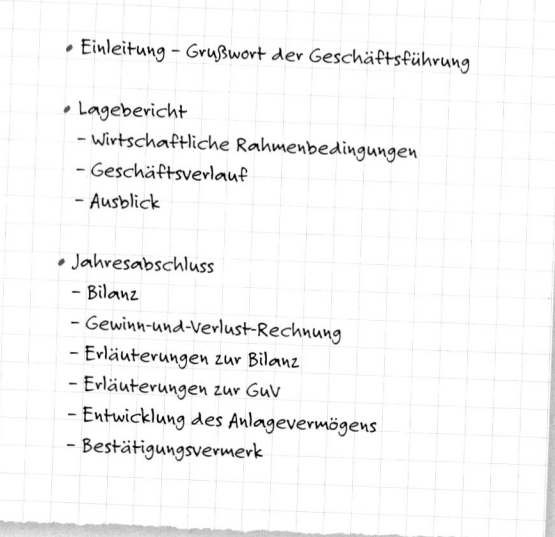

- Einleitung – Grußwort der Geschäftsführung

- Lagebericht
  – Wirtschaftliche Rahmenbedingungen
  – Geschäftsverlauf
  – Ausblick

- Jahresabschluss
  – Bilanz
  – Gewinn-und-Verlust-Rechnung
  – Erläuterungen zur Bilanz
  – Erläuterungen zur GuV
  – Entwicklung des Anlagevermögens
  – Bestätigungsvermerk

Durch welche Kapitel sind die Fly Bike Werke ihrer Informationspflicht nachgekommen und welche Angaben wurden freiwillig gemacht? Fehlten Kapitel in den vergangenen Geschäftsberichten?

Freiwillige Angaben:

_____

Fehlende Angaben:

_____

Erstellen Sie einen Geschäftsbericht, der alle Punkte enthält, die auf Bettinas Notizzettel stehen. Orientieren Sie sich dabei an den nachfolgend aufgelisteten 10 Schritten.

Schritt 1
Unformatierte Textdatei/selbst erstellte Textdatei öffnen
Öffnen Sie die Datei *Skizze_Geschäftsbericht_Fly_Bike.docx*, die Ihnen Ihre Lehrkraft zur Verfügung stellt, oder erstellen Sie auf der Basis eines Geschäftsberichts aus dem Internet einen fiktiven eigenen Text.

Sofern Sie einen eigenen Bericht erstellen, muss der Text nicht vollständig ausformuliert sein, sollte aber pro Gliederungspunkt zumindest einen Absatz (oder eine Tabelle) enthalten. Außerdem sollte mindestens ein Gliederungspunkt der zweiten Gliederungsebene noch um zwei Gliederungspunkte auf der dritten Ebene erweitert werden.

Schritt 2
Zeilennummerierung einschalten
Versehen Sie Ihren Text mit Zeilennummern. Öffnen Sie dazu im Register **Seitenlayout** in der Gruppe **Seite einrichten** das Dropdown-Menü zu **Zeilennummern**. Klicken Sie dann auf den Befehl **Fortlaufend**.

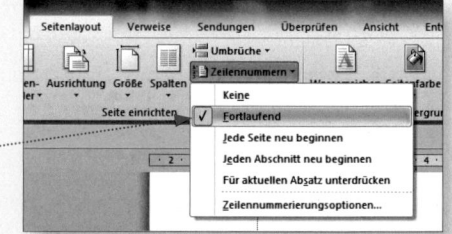

Die Zeilennummern dienen Ihnen während der Formatierung Ihres Geschäftsberichts zur leichteren Orientierung und können Absprachen im Team vereinfachen.

Schritt 3
Bereits vorhandene Textformate zuweisen bzw. neue Formatvorlagen erstellen
Weisen Sie den Kapiteln der ersten Ebene das Format **Überschrift 1** (Register **Start**, Gruppe **Formatvorlagen**) zu oder erstellen Sie eine eigene Formatvorlage mit dem Namen *ÜS1*.

Beispiel
Formatvorlage zuweisen

Register **Start**

Gruppe **Formatvorlagen**

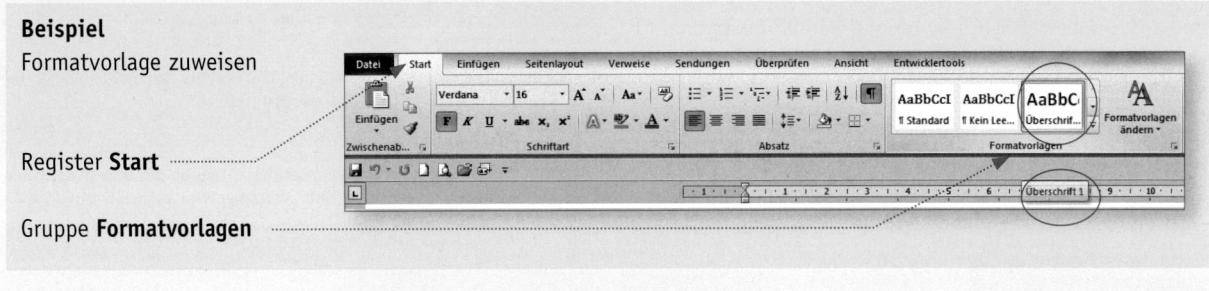

Beispiel

Formatvorlage erstellen

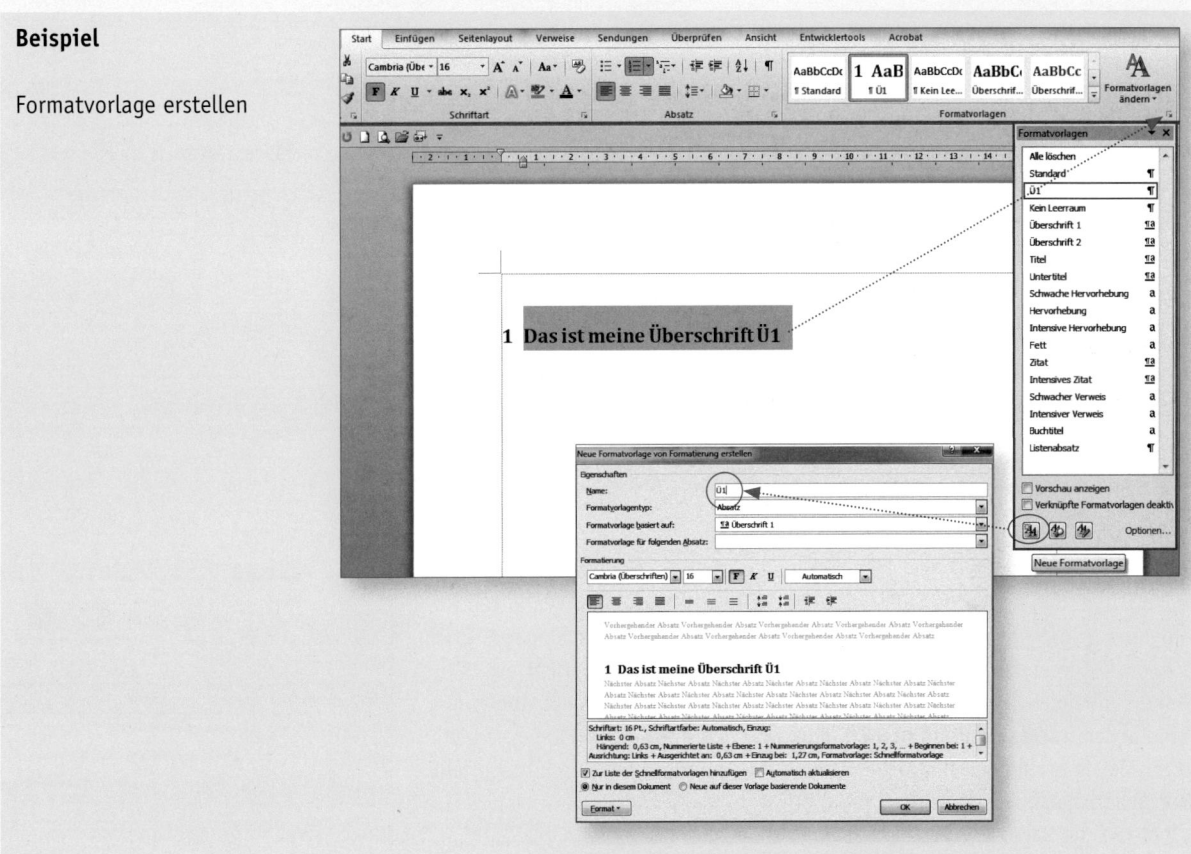

Weisen Sie anschließend den Überschriften der zweiten und dritten Gliederungsebene das Format **Überschrift 2** bzw. **Überschrift 3** (*ÜS2*, *ÜS3*) zu.

> **TIPP** Wenn Sie eine eigene Formatvorlage für die Überschrift erstellen wollen, weisen Sie dem Absatz zunächst alle Merkmale zu, die Sie haben wollen (Schriftgröße, Schriftfarbe, fett oder kursiv), markieren Sie dann den Absatz und klicken Sie anschließend auf **Neue Formatvorlage**. Sie müssen Ihrer Formatvorlage dann nur noch einen Namen geben, alle anderen Merkmale übernimmt Word automatisch aus dem markierten Absatz.

Schritt 4

Fußnoten einfügen

Fügen Sie in der Geschäftsberichtsvorlage an den jeweils angegebenen Stellen (oder in Ihrem eigenen Entwurf an der Überschrift „Wirtschaftliche Rahmenbedingungen" und an der Überschrift „Gewinn-und-Verlust-Rechnung") eine Fußnote ein. Setzen Sie dazu den Cursor an die Stelle, an der die Fußnote erscheinen soll, gehen Sie dann über das Register **Verweise** zur Gruppe **Fußnoten** und klicken Sie auf **Fußnote einfügen**. Word setzt an der ausgewählten Stelle eine Fußnote und springt automatisch in den Fußnotenbereich der Seite, in den Sie dann Ihren Text eingeben können.

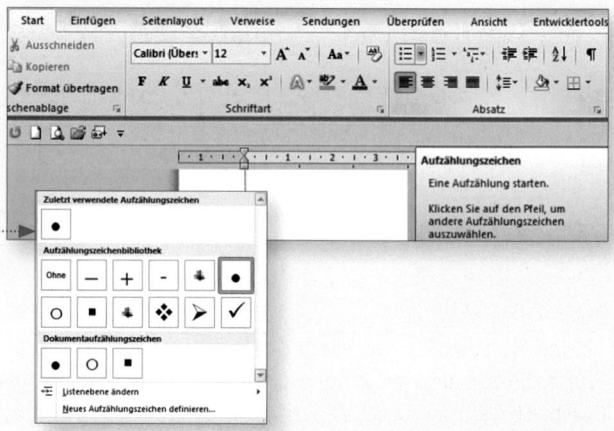

Schritt 5

Absatzformatierung

Formatieren Sie in der Geschäftsberichtsvorlage an den entsprechend gekennzeichneten Stellen das erste Wort des Absatzes jeweils **fett** und gestalten Sie die so veränderten Absätze als Aufzählung mit einem Punkt als Aufzählungszeichen (Register **Start**, Gruppe **Absatz**, Dropdown-Menü **Aufzählungszeichen**). Haben Sie einen eigenen Bericht entworfen, gestalten Sie geeignete Absätze entsprechend.

Schritt 6

Abbildungen einfügen

Fügen Sie an den angegebenen Stellen die Ihnen zur Verfügung gestellten Abbildungen ein (Register **Einfügen**, Gruppe **Illustrationen**, Schaltfläche **Grafik**) bzw. fügen Sie eigene Abbildungen in Ihren selbst erstellten Bericht ein. Sie können dabei z. B. auf Excel-Grafiken zurückgreifen oder geeignete Abbildungen aus dem Internet herunterladen; speichern Sie diese Abbildungen jedoch, bevor Sie sie einfügen, im gleichen Ordner, in dem Sie Ihren Geschäftsbericht gespeichert haben.

Schritt 7

Verknüpfte Diagramme/Tabellen einfügen

Kopieren Sie von Ihnen in Lernsituation 33 erstellte Diagramme und Tabellen aus der Excel-Datei *Situationsaufgabe_JA_Analyse.xlsx* und fügen Sie sie an den angegebenen (bzw. an geeigneten) Stellen in Ihren Geschäftsbericht ein. **Wichtig ist hierbei**, dass Sie die Excel-Datei geöffnet halten und die folgende Einfügeoption verwenden:

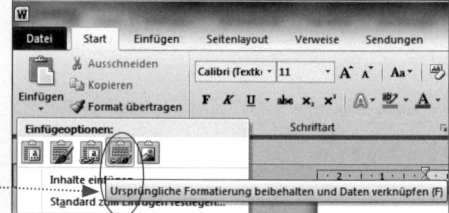

Hierdurch wird gewährleistet, dass Änderungen, die in der Excel-Datei vorgenommen werden, automatisch auch in die Word-Datei übernommen werden.

Schritt 8

Zeilennummerierungen löschen

Löschen Sie die Zeilennummerierungen wieder
(siehe Schritt 2, Befehl **Keine**).

Schritt 9

Inhaltsverzeichnis einfügen

Setzen Sie den Cursor an den Anfang Ihres Dokuments und öffnen Sie im Register
Verweise in der Gruppe **Inhaltsverzeichnis** das Dropdown-Menü zur Auswahl-
möglichkeit **Inhaltsverzeichnis**. Wählen Sie den Befehl **Automatische Tabelle 1**.

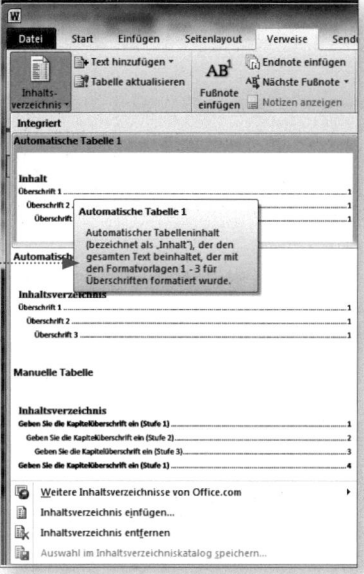

Schritt 10

Deckblatt einfügen

Wählen Sie abschließend über das Register **Einfügen** und die
Gruppe **Seiten** aus dem Dropdown-Menü **Deckblatt** ein passendes
Deckblatt für Ihren Geschäftsbericht. Bearbeiten Sie das Deck-
blatt anschließend, sodass es zum Firmenlayout der Fly Bike Werke
GmbH passt.

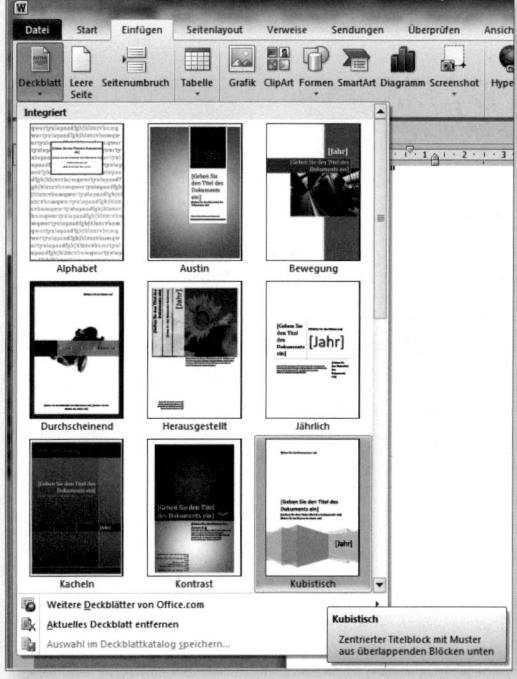

Aufgaben

Aufgabe 1

Was ist ein Geschäftsbericht und wozu dienen die Informationen darin?

Aufgabe 2

Recherchieren Sie im Internet, welche Vorschriften bei der Erstellung eines Geschäftsberichts beachtet werden müssen.

Aufgabe 3

Schauen Sie sich Geschäftsberichte einiger Fahrradhersteller bzw. -händler im Bundesanzeiger an und laden Sie die Mustervorlage des Bundesanzeigers, um diese später für den Geschäftsbericht der Fly Bike Werke GmbH zu verwenden (www.bundesanzeiger.de).

Aufgabe 4

Warum ist die Verwendung von Verzeichnissen, Querverweisen oder die Verknüpfung zu anderen Word- oder Excel-Dateien sinnvoll?

Aufgabe 5

Erstellen Sie für sich ein individuelles Lernskript zum Handlungsfeld 7.1 „Jahresabschlussarbeiten " als Lernhilfe für die Abschlussprüfung. Überlegen Sie sich einen individuellen Aufbau und erstellen Sie in einem ersten Schritt ein entsprechendes Inhaltsverzeichnis unter Verwendung von Formatvorlagen. Füllen Sie dieses anschließend mit Inhalten – wie Texten, Grafiken oder Screenshots – und fügen Sie Quellenangaben in Form von Fußnoten ein.

Aufgabe 6

Erweitern Sie Ihre Lernkartei.

Aufgabe 7

Führen Sie Ihr Lerntagebuch.

...llen

...le Werke GmbH/Anima Berten
...y Cycle Werke GmbH
...ycle Werke GmbH

S. 17 Fotolia/Jeanette Dietl
S. 51 Fotolia/contrastwerkstatt
S. 52 Fotolia/massimo_g
S. 95 Fotolia/Gina Sanders
S. 107 Henning Lüders, Berlin
S. 109 Fotolia/Picture-Factory
S. 110 Fotolia/Picture-Factory
S. 118 Fotolia/brankatekic
S. 124 Fotolia/benjaminnolte
S. 125 Joachim Gottwald, Berlin
S. 130 Fotolia/nmann77
S. 155 Fotolia/Stefan Rajewski
S. 166 Joachim Gottwald, Berlin

Titelfoto Shutterstock/Alexander Raths